**UTB 2460**

AF155586

Eine Arbeitsgemeinschaft der Verlage

Beltz Verlag Weinheim · Basel
Böhlau Verlag Köln · Weimar · Wien
Wilhelm Fink Verlag München
A. Francke Verlag Tübingen und Basel
Haupt Verlag Bern · Stuttgart · Wien
Lucius & Lucius Verlagsgesellschaft Stuttgart
Mohr Siebeck Tübingen
C. F. Müller Verlag Heidelberg
Ernst Reinhardt Verlag München und Basel
Ferdinand Schöningh Verlag Paderborn · München · Wien · Zürich
Eugen Ulmer Verlag Stuttgart
UVK Verlagsgesellschaft Konstanz
Vandenhoeck & Ruprecht Göttingen
Verlag Recht und Wirtschaft Heidelberg
VS Verlag für Sozialwissenschaften Wiesbaden
WUV Facultas Wien

Paul Walter
Schulische Integration Behinderter

Paul Walter
unter Mitarbeit von Christel Walter

Schulische Integration Behinderter

Ein Einführung in die Bedingungen,
Aufgaben und Perspektiven

Springer Fachmedien Wiesbaden GmbH

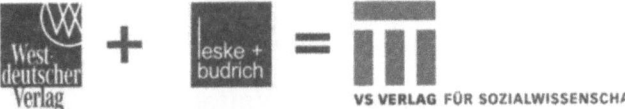

VS Verlag für Sozialwissenschaften
Entstanden mit Beginn des Jahres 2004 aus den beiden Häusern
Leske+Budrich und Westdeutscher Verlag.
Die breite Basis für sozialwissenschaftliches Publizieren

Bibliografische Information Der Deutschen Bibliothek
Die Deutsche Bibliothek verzeichnet diese Publikation in der Deutschen
Nationalbibliografie; detaillierte bibliografische Daten sind im Internet über
<http://dnb.ddb.de> abrufbar.

1. Auflage April 2004

Lektorat: Barbara Budrich-Esser

Der VS Verlag für Sozialwissenschaften ist ein Unternehmen von
Springer Science+Business Media.
www.vs-verlag.de

NE: UTB für Wissenschaft/Uni-Taschenbücher
Gesamtherstellung: Bercker, Graphischer Betrieb, Kevelaer
Einbandgestaltung: Atelier Reichert, Stuttgart

ISBN 978-3-8100-3890-6   ISBN 978-3-322-87370-5 (eBook)
DOI 10.1007/978-3-322-87370-5

Inhalt

Paul Walter

Paul Walter

Paul Walter

Paul Walter

Christel Walter, Paul Walter

Paul Walter

Einleitung

Paragraph 3 des Grundgesetzes der Bundesrepublik Deutschland enthält seit 1994 den Passus, dass niemand wegen seiner Behinderung benachteiligt werden dürfe. Die soziale Integration von Behinderten bzw. die Verbesserung dieser Integration sind somit als Aufgaben von verfassungsrechtlichem Rang bestimmt, die sich an alle Bürgerinnen und Bürger richten. Dieses einfache, wenngleich wichtige Postulat ist Grundlage für die Ausführungen des gesamten Buches. Für die Pädagogik ergibt sich aus dem Postulat eine besondere Verantwortung. Sie hat die Aufgabe, die gesellschaftliche Integration von Behinderten vorzubereiten und sie gegebenenfalls über die schulische Integration zu verwirklichen. Eine schulische Integration, die diesen Namen verdient, kann nur gelingen, wenn Sonderpädagogik und Allgemeine Didaktik sich über ihre unterschiedlichen wissenschaftlichen und praxisbezogenen Perspektiven von Integration auseinandersetzen und diese Perspektiven in das gemeinsame Projekt schulischer Integration von behinderten Kindern und Jugendlichen einbringen.

Die Integration von Behinderten geht alle Pädagoginnen und Pädagogen an!

Die Bedeutung der pädagogischen Integrationsaufgabe lässt sich präzisieren, das heißt, hervorheben und eingrenzen.

1) Die in den Schulgesetzen der Bundesländer vorgesehene schulische Integration von Behinderten stellt keinen Selbstzweck dar, wie auch die Schule ihren Zweck nicht in sich selbst hat, sondern einen gesellschaftlichen Auftrag erfüllt. Schulische Integration von Behinderten ist dann legitim und als unabdingbar zu fordern, wenn sie tatsächlich die gesellschaftliche Integration von Behinderten in außerschulische und nachschulische Lebensbereiche fördert. Auch wenn es selbstverständlich sein sollte zu überprüfen, ob eine solche Interdependenz von schulischer und gesellschaftlicher Integration besteht, wurde dies in der Vergangenheit oft versäumt. Das Ver-

säumnis brachte nicht selten Missverständnisse, Konflikte und Unterstellungen zwischen Befürwortern und Skeptikern schulischer Integration von behinderten Schülerinnen und Schülern mit sich. Dabei war Befürwortern und Skeptikern schulischer Integration aber immer das Ziel gemeinsam, die gesellschaftliche Integration von Behinderten zu erleichtern. Nur der Weg zur gesellschaftlichen Integration über die schulische Integration oder über den Umweg der Sonderbeschulung war und ist strittig.

Der fast vordergründig zu nennende Dissens hat im Übrigen verdeckt, dass das Ziel sozialer Integration von Behinderten auf ein Dilemma aufmerksam macht: Wer Integration explizit fordern muss, betont gewollt oder ungewollt die vorgängige Abgrenzung und Besonderheit dieser Personengruppe. Hinzu kommt das Faktum, dass heute dem Normalbürger nicht nur eine soziale Integrationsleistung, sondern auch hinreichende Distanz zur Gesellschaft und ihren Anforderungen abverlangt wird, damit er eine personale Identität ausbilden kann. Werden Behinderte qua Integration in ihrer Identitätsbildung behindert?

Auch wenn man das Ganze nicht dramatisieren sollte, so verlangt die Realisierung von Integration eine zweifache Prüfung, nämlich die Prüfung der Funktionalität schulischer Integrationsbemühungen für die gesellschaftliche Integration Behinderter und die Reflexion des Integrationsbegriffs bzw. der Integrationsfolgen.

2) Der Lebensabschnitt, den Individuen hier zu Lande in der Schule verbringen, hat sich ausgeweitet und beträgt heute – wenn man die Berufsbildung hinzurechnet – faktisch für alle 12 oder 13 Jahre. Die Schulzeit ist bei einer solchen Dauer nicht mehr nur ein auf das künftige Leben vorbereitender Teil, sondern selbst und für sich bereits ein eigenständiger wichtiger Lebensabschnitt. Daher gelten für diesen sozialen Lebensbereich ähnliche Forderungen wie für andere Lebensbereiche und so gewinnt auch die schulische Integration von Behinderten zusätzliche Bedeutung. Schule bereitet nicht nur die gesellschaftliche Integration von Behinderten vor, sie ist auch ein sozialer Ort, an dem soziale Integration zu realisieren ist, nimmt man das entsprechende Verfassungsgebot ernst. Schule kann die soziale Integration nicht auf später verschieben, sondern muss sich als sozialer Ort und Teilsystem der Gesellschaft der Integrationsaufgabe stellen – ob die Schule dafür ausreichend programmatisch und funktionell gerüstet ist, steht allerdings auf einem anderen Blatt.

3) Weitgehend unstrittig ist heute, dass eine verberuflichte, professionelle Sonder- oder Rehabilitations-Pädagogik eine wichtige Rolle für die Vorbereitung und Sicherung der sozialen Integration von Behinderten spielen kann. Unabhängig davon besteht jedoch Klärungsbedarf darüber, wie die Aufgaben der sonderpädagogischen Experten (um)organisiert werden sollten und wie andere Pädagogen, aber auch nichtbehinderte Schülerinnen und Schüler und deren Eltern zur Integration der behinderten Mitschülerinnen und Mitschüler beitragen können. Entgegen der Unterstellung mancher sonderpädagogischer Skeptiker der schulischen Integration ist heute kaum noch die Rede davon, dass, wer das politische Ziel der Integration von Behinderten erreichen wolle, auf bewährte professionelle Hilfe und Expertise verzichten müsse.

Mit der Festlegung auf „unstrittig" begrenze ich meine Ausführungen auf die innerpädagogisch mehrheitliche Position, die den Rationalitätsgewinn schulischer Bildung und gesellschaftlicher Entwicklung anerkennt und Postulate zur Entprofessionalisierung (z.b. Entschulungsforderungen) ausklammert, so interessant und diskussionswürdig sie sein mögen.[1]

4) Welchem Konzept und welchem Realisierungsweg einer sozialen Integration von Behinderten auch immer der Vorzug gegeben wird, es ist damit stets eine gewissermaßen gesellschaftserzieherische Aufgabe verbunden. Denn eine soziale Integration von Behinderten gründet offenbar nicht auf natürlichen oder sich gattungsgeschichtlich herausbildenden Tugenden. Vorurteile gegen, Ängste vor, Diskriminierung von Behinderten jeglicher Behinderungsform sind aktuelle Wirklichkeit, von den Atavismen beispielsweise in der nationalsozialistischen Vergangenheit ganz zu schweigen. Das die Integration proklamierende humanistische Ideal, dem sich unsere Gesellschaft und unser Staat verpflichtet weiß, muss offenbar in jeder Generation neu ausgebildet und kultiviert werden – vielleicht weil diesem Ideal phylogenetisch tief verwurzelte Strebungen und kollektive Traditionen entgegenstehen.

Zur Aufgabe gelernter Pädagogen, allgemeine Bildung zu vermitteln, gehört mithin auch, Voraussetzungen für die Kommunikation

---

[1] Zur Begründung solcher hier ausgeklammerter Positionen im Bereich der (psychischen) Behinderungen sei auf Foucault (1977) oder Barnes/Berke (1973) verwiesen.

und Interaktion gesellschaftlicher Gruppen zu schaffen und einem gewaltförmigen und naturwüchsigen sozialen Austausch entgegenzuwirken. Diese Aufgabe kann als impliziter oder expliziter Teil jeglicher verberuflichter pädagogischer Arbeit zugerechnet werden und betrifft deshalb nicht nur integrationspädagogische Spezialisten (vgl. Tenorth 1994, S. 159ff.). Nicht unerwähnt sollte man allerdings lassen, dass Schulpädagogen an der „gesellschaftserzieherischen" Aufgabe zwar mitzuwirken haben – die Existenzberechtigung von Schule hängt vom Gelingen dieser allgemeinen Bildungsaufgabe ab –, dass sie jedoch nicht allein dafür verantwortlich sind, diese Aufgabe zu bearbeiten und zu bewältigen. Es wäre geradezu vermessen und unredlich, ausschließlich den Pädagogen bzw. Lehrkräften die Verantwortung für das Erreichen eines annehmbaren Zivilisationsniveaus aufzubürden.

5) Der Fortschritt der Biowissenschaften bringt Implikationen mit sich, die das Verhältnis der so genannten Nichtbehinderten mit den Behinderten tangieren und damit auch für pädagogisches Reflektieren und Handeln eine Herausforderung bedeuten. Vertreter der Behindertenpädagogik gehörten mit zu den ersten, die auf ethische Probleme der neuen Biotechnologie wie etwa der pränatalen Diagnostik oder der so genannten In-vitro-Fertilisation aufmerksam machten. Eine Schwierigkeit hierbei beruht darin, dass naturwissenschaftliche Kenntnisse von Pädagogen generell begrenzt sind. Da aber die biotechnologische Forschung eine Grenze hin zur Pädagogik überschreitet und künftig noch tiefer in pädagogische Felder hineinwirken könnte, ist es für die Pädagogik trotzdem unumgänglich, sich rational und argumentativ mit den möglichen pädagogischen Konsequenzen der neuen Biowissenschaften auseinander zu setzen (vgl. Walter 2002). „Rational" und „argumentativ" bedeutet für mich einerseits, sich nicht von der naturwissenschaftlichen Rationalität betören zu lassen, sondern auch andere Dimensionen der Vernunft zu kennen und anzuerkennen. Andererseits heißt „rational" aber auch, nicht in Irrationalismen zu verfallen. Bei dieser Thematik heißt das dann, Ängste von Argumenten, Pseudowissen von Wissen zu trennen.

Diese wenigen Umschreibungen genügen hoffentlich, um auf die pädagogische bzw. erziehungswissenschaftliche Relevanz der Thematik „Integration von Behinderten" aufmerksam zu machen. Zwar beschäftigten sich bisher überwiegend Sonderpädagogen mit Integrationsfragen; aber man darf schon aus dem bisher Gesagten wohl folgern, dass diese Fragen sowohl in ihren theoretischen Bezügen als auch in praktischer Hinsicht Pädagogen aller Couleur, auch aller Schularten betreffen. Ich würde sogar soweit gehen und behaupten, dass die schulische und gesellschaftliche Integration von Behinderten nur dann erfolgreich, vor allem auch pädagogisch überzeugend umgesetzt werden kann, wenn Schulpädagogen allgemeinbildender Schulen und Sonderpädagogen professionell kooperieren. Insofern ist es beinahe ein Anachronismus, dass die Notwendigkeit einer Verschränkung von Allgemeiner Pädagogik und Sonderpädagogik nur selten und nicht hinreichend expliziert wird, etwa bei Sassenroth (2002) und in Form überzogener Kritik Allgemeiner Pädagogik bzw. Didaktik bei Feuser (1999) oder Eberwein (1988).

Meine bisherigen Ausführungen dürften weiterhin die Komplexität der Integrationsaufgabe verdeutlicht haben, die bloß programmatisch-moralisierende und apodiktische Antworten zwar nicht ausschließt, aber als suspekt erscheinen lässt. Die gesellschaftliche Integration von Behinderten stellt eine Zielsetzung dar, aus der allein noch nicht automatisch eine einfache, geschweige denn die bestmögliche praktische Umsetzung abgeleitet werden kann. Um praktische Lösungen der Integration und ihre theoretischen Begründungen muss gerungen werden, mit wissenschaftlichem Argument und Gegenargument, nicht mit Polemik oder Public Relations-Aktionen. Deshalb werden in diesem Buch Konzeptionen und Realisierungsversuche zur Integration Behinderter nicht einfach beklatscht, sondern kritisch untersucht. Integrationspädagogisch-sonderpädagogische Aussagen, Positionen, Vorschläge werden mit schulpädagogischen und allgemeindidaktischen Überlegungen konfrontiert. Eine vorschnelle Festlegung auf eine bestimmte Position zur schulischen Integration unterbleibt – abgesehen von der Akzeptanz der von mir eingangs genannten, verfassungsrechtlich kodifizierten Ziel-Prämisse.

Inhaltliche und formale Gliederung des Buches

Das Buch ist in 9 Kapitel untergliedert. Die Anordnung der Kapitel wurde so gewählt, dass zunächst allgemeine begriffliche und behindertenpädagogische Grundlagen abgehandelt werden. Dem schließen sich Kapitel an, die Konzepte von Integration und Aufgaben einer professionell arbeitenden Integrationspädagogik darstellen. Den Abschluss bildet ein längeres Kapitel, das sich didaktischen Fragen schulischer Integration zuwendet. Hinter der Reihenfolge der Kapitel steht das Ziel des Buches, eine systematische Hinführung zu schulischen Integrationsaufgaben, aufbauend auf ihren methodologischen und begrifflichen Voraussetzungen, bereit zu stellen. Auch wenn die Kapitelreihenfolge bedacht ist, so wurde bei der Abfassung der einzelnen Kapitel jedoch darauf geachtet, dass sie für sich gelesen werden können. Das ermöglicht Lesern, die bereits Kenntnisse über die Integrationsthematik haben, Passagen des Buches selektiv aufzunehmen. Hoffentlich begeistern sie sich über ihren so zu sagen subjektiven Lektüreplan für das neuartige Konzept des Buches, beim Thema Integration die differenten Perspektiven der Behindertenpädagogik und der Allgemeinen Pädagogik aufeinander zu beziehen.

Um den Charakter einer Einführung zu unterstreichen, endet jedes Kapitel mit einer Zusammenfassung des Inhalts in Stichworten, was die Lektüre nicht ersetzen, aber die Strukturierung und Einordnung des Gelesenen erleichtern soll. Hinzu kommen am Kapitel-Ende jeweils einige Fragen, mit denen der Leser einerseits kurzzeitig erworbenes „Faktenwissen" überprüfen, andererseits sich in seinem Textverständnis üben kann. Schließlich werden einige Hinweise auf Literatur gegeben, die eine gute Einführung in die im vorangegangenen Kapitel behandelte Thematik enthält.

1. Facetten des Behinderungsbegriffs

Unter Rückgriff auf zwei sicherlich etwas zugespitzte Beispiele lassen sich Eigenheiten eines allgemeinen Begriffes der Behinderung illustrieren.

In einem Vers aus einer Volksweise wird das Erstaunen von Leuten über einen Nicht-Behinderten berichtet, der ihnen aber als behindert erscheint. Denn in der besagten Gesellschaft hinken alle Menschen und so wird der einzige Nicht-Hinkende – ein in unseren Augen Nicht-Behinderter – als behindert wahrgenommen.

Das Beispiel belehrt uns, dass „Behinderung" nicht oder nicht nur ein objektives Faktum darstellt, sondern auch eine Frage der gesellschaftlichen oder kollektiven Definition ist. Es hängt mithin von historischen und situativen Gegebenheiten ab, welche Merkmale in Relation zur übrigen Bevölkerung für eine Behinderung maßgeblich sind. So bedeuten etwa in der analphabetischen Kultur des Mittelalters fehlende Lese- und Schreibkenntnisse allein noch nicht, als behindert definiert zu werden. In den Industriestaaten wird dagegen diese Unkenntnis in der Regel als Folge oder Symptom einer Lernbehinderung angesehen. Aber auch innerhalb einer Kultur variieren Kriterien für die Definition einer Behinderung. So werden in den deutschen Schulgesetzen zum Teil andere Persönlichkeitsmerkmale genannt und körperliche Leiden weniger differenziert berücksichtigt als zum Beispiel im Schwerbehindertengesetz.

Im zweiten Beispiel greife ich auf eine Tischrede Martin Luthers zurück, in der er die vom Kurfürsten verhinderte Tötung eines behinderten, missgebildeten Säuglings kommentiert:

> „Wenn ich gar Fürst oder Herr wäre, so wollte ich mit diesem Kinde in das Wasser, in die Mulde, so bei Dessau fleusst und wollte das Homicidium dran wagen. Aber der Kurfürst zu Sachsen so mit zu Dessau war und die Fürsten zu Anhalt wollten mir nicht folgen. Da sprach ich, so sollten sie in der Kirchen die Christen ein Vaterunser beten lassen, dass der liebe Gott den Teufel wegnähme.

Das täte man täglich zu Dessau. Da starb dasselbige Wechselkind im andern Jahr danach." (Luther, zit. nach Klee 1974, S. 15-16) [2]

Beide angeführten Beispiele zeigen, dass mit „Behinderung" eine Diskriminierung im Sinne einer Unterscheidung verbunden ist. Der Behinderte gilt als anders, als ungewöhnlich. In der zitierten Aussage Luthers kommt hinzu, dass mit der wahrgenommenen Andersartigkeit eine Abwertung einhergeht, die bis zur Vernichtung der betreffenden behinderten Personen führen kann. Ich zitierte in diesem Zusammenhang Martin Luther nicht, weil ich auf Schattenseiten des Christentums aufmerksam machen will. Vielmehr wollte ich aufzeigen, dass selbst ein so frommer Mann wie Luther in seiner Einstellung zu Behinderungen vom damaligen Zeitgeist der Diskriminierung geprägt war bzw. dass es die Öffentlichkeit anscheinend lange Zeit nicht anstößig fand, eine solche Einstellung Luther zuzuschreiben.

Bei „Behinderung" auf die entscheidende Rolle von Definitionsprozessen hinzuweisen, bedeutet selbstverständlich nicht, jetzt willkürlich oder individuell bestimmen zu können, wer als behindert oder als nichtbehindert zu gelten hat. Die Definitionsprozesse zeugen aber von der Schwierigkeit, über formale Bestimmungen hinaus allgemein und für alle Zeiten verbindlich festzulegen, was unter einer Behinderung zu verstehen ist. Ins Positive gewendet, besagt diese Unbestimmtheit und Variabilität des Behinderungsbegriffs aber auch, dass das Phänomen „Behinderung" kein bloßes Naturereignis ist und dass das Verhalten gegenüber Behinderten sich als kulturell gestaltbare Aufgabe erweist.

1.1 Ein Definitionsversuch und seine Bedeutung

Die geschilderte Unbestimmtheit des Behinderungsbegriffs können wissenschaftliche Definitionen nicht aufheben. Das gilt auch für die folgende als Beispiel herausgegriffene Behinderungsdefinition, die sich ihrer beschränkten oder vorwiegend formalen Gültigkeit bewusst ist und darin vielen Definitionen anderer Autoren gleicht:

---

2   Da ich mit dieser Aussage nur Charakteristika des Behindertenbegriffs verdeutliche, spielen Unsicherheiten über die tatsächliche Autorenschaft Luthers in Hinblick auf die zitierte Aussage letztlich eine untergeordnete Rolle (vgl. Gewalt 1974).

„Eine Behinderung ist demnach jede nicht nur vorübergehende Beeinträchtigung, die das geschädigte, d.h. körperlich, geistig oder seelisch funktionsgestörte Individuum erfährt, wenn man es mit einem nicht geschädigten Individuum gleichen Alters, Geschlechts und gleichen kulturellen Hintergrunds vergleicht und es in der Planung seiner Lebensumwelt, seiner sozialen Beziehungen oder seiner materiellen Lebenssicherung (soziale Bedarfslagen) besonderer Hilfe durch die Gesellschaft bedarf." (Roth 1996, S. 98)

Man erkennt an der Definition als erstes, dass eine Störung oder Beeinträchtigung erst dann den Behinderungsstatus erhält, wenn sie eine bestimmte Dauer oder Chronifizierung auszeichnet. Damit wird Behinderung abgegrenzt von akuten Krankheiten, die ein Individuum zwar vergleichbar mit einer Behinderung beeinträchtigen können – man denke z.B. an schwere Körperverletzungen –, die aber glücklicherweise oft vorübergehender Natur sind, so dass das Individuum nach seiner Genesung wieder im vollen Besitz seiner Kräfte ist. Ausgeschlossen sind auch ungewöhnliche Reaktionsweisen, die einer Behinderung von den sichtbaren Symptomen her gleichen mögen, aber als von außen bedingt und sogar als „gesunde" Reaktionen gelten können. Darunter fällt etwa die Trauerreaktion eines Menschen nach Verlust eines Angehörigen, die eine gewisse Ähnlichkeit mit Symptomen des chronisch depressiv Erkrankten bzw. psychisch Behinderten aufweist.

Man entnimmt der Definition des Weiteren, welche individuellen Merkmale Anlass zur Anerkennung einer Behinderung sein können: Es handelt sich um körperliche, geistige und seelische Merkmale bzw. Funktionsbereiche. Diese Unterscheidung ist pragmatisch und sicherlich vielfach brauchbar, wenn auch je nach anthropologischer oder psychologischer Position angreifbar. Ist z.B. eine chronische Schizophrenie eine körperliche, körperlich bedingte oder eine psychische bzw. seelische Erkrankung? Sind geistige Funktionen eigenständig oder nicht doch eine Untergruppe seelischer Funktionen? Ohne die hier sich andeutende Einteilungs-Problematik vertiefen zu wollen, kann man der Einteilung immerhin auch entnehmen, was in unserer Gesellschaft nicht mehr unter Behinderung fällt, zumindest nicht mehr offiziell: Behinderungen werden nicht mehr als von überirdischen Mächten verursacht angesehen, eine Auffassung, die wir in der Tischrede Martin Luthers beobachten konnten.

Ferner nimmt die zitierte Definition eine Relativierung vor, indem sie Alter, Geschlecht und kulturellen Hintergrund als Vergleichsmaßstäbe berücksichtigt. Das heißt, ein bestimmtes Verhalten oder eine bestimmte Verhaltensunmöglichkeit eines Individuums genügt für sich allein noch

17

nicht, um über das Vorliegen einer Behinderung zu befinden. Wenn eine Frau einen Rock oder ein Kleid trägt, so ist das in unserer Kultur ein normales Verhalten. Anders verhält es sich, wenn ein Mann einen Rock anzieht. Hier vermuten wir mindestens eine sexuelle Identitätskrise; es sei denn, wir haben einen Schotten im traditionellen Kilt vor uns. Noch schwieriger ist die Situation bei der Altersabhängigkeit, da die menschliche Entwicklung z.B. der Sprache oder der Motorik größere zeitliche Divergenzen zulässt, die trotz der Beunruhigung vieler Eltern keine Behinderung ankündigen müssen.[3] Die Einführung der genannten Vergleichsmaßstäbe erinnert aber jedenfalls daran, dass das Entscheiden über Behinderung und Nicht-Behinderung an bestimmten Normen, sei es an der statistischen Mehrheitsnorm, an einer funktionellen Norm oder an einer kulturellen Norm, also einem Gebot oder Verbot, festgemacht wird. Schwierig zu entscheiden und oft auch strittig ist, bei welchem Grad oder bei welcher Häufung einer solchen Normabweichung der Variationsspielraum des Normalen, der Nichtbehinderung aufhört und eine Behinderung beginnt.

Der angeführten Definition ist schließlich eine Bestimmung der Hilfsbedürftigkeit als Kriterium von Behinderung zu entnehmen. Dies ist ein ziemlich modernes Kriterium der Behinderung, mit dem die soziale Dimension der Behinderung anerkannt und positiv gewendet wird. Denn die Nennung des Bedarfs an Hilfe durch Andere impliziert das Ziel, Behinderten die Teilhabe am „normalen" sozialen Leben zu ermöglichen. In einem atavistischen Behinderungsbegriff, der Vernichtungsaktionen, Leprosorien oder andere Asyle und Ghettos für Behinderte nicht ausschlösse, würde ein solches Bestimmungsmerkmal der Hilfe nicht vorkommen.

Diesen Fortschritt des modernen Behinderungsbegriffs gilt es festzuhalten. Er kann auch nicht durch die Kritik in Frage gestellt werden, die in den letzten Jahrzehnten am Hilfekriterium geübt wird, wonach ein gut gemeintes Zuviel an Hilfe diskriminierend oder behinderungsverstärkend wirken kann. Diese Kritik benennt lediglich „Nebenwirkungen" von Hilfe, widerspricht aber nicht grundsätzlich der Berechtigung, „Behinderung" und „Hilfe" definitorisch zu verbinden.

---

3   Solche Entwicklungsverzögerungen können für die Eltern zu ernsthafter, weil allenfalls wissenschaftlich lösbarer Entscheidungsunsicherheit darüber führen, ob eine heilpädagogisch-pädiatrische Behandlung angezeigt oder die elterliche Beunruhigung als Überfürsorglichkeit zu werten ist.

1.2 Abweichende Klassifikationen

Indessen weichen Klassifikationen nicht unerheblich voneinander ab, z.b. wenn es um die Festlegung geht, welche individuellen Merkmale wie zur Behinderung objektiviert werden. Aufschlussreich ist in diesem Zusammenhang etwa der Behindertenbegriff, der dem Schwerbehindertengesetz zugrunde liegt. Das Gesetz unterscheidet Schweregrade einer Behinderung. Sie werden in Prozentsätzen der Minderung der Erwerbsfähigkeit angegeben. Der Gesetzgeber orientiert sich in seinem Verständnis von Behinderung also am Beschäftigungssystem. Hinter dieser Orientierung verbirgt sich eine janusköpfige sozialpolitische Zielsetzung. Einerseits erfolgt die Bemessung von Behinderungen und damit auch von Behinderten am Grad der ökonomischen Verwertbarkeit der beeinträchtigten Arbeitskraft. Andererseits ist ein Bemühen um die Wiederherstellung der Arbeitsfähigkeit und um die Wiedereingliederung Behinderter in die Berufswelt zu konstatieren, das heißt, es soll ihnen weitestgehend eine Normalbiographie ermöglicht werden. Die Zahl der Behinderten nach dem Schwerbehindertengesetz beträgt ungefähr zehn Prozent, wobei die Mehrheit der so definierten Behinderten aus der Bevölkerungsgruppe der über Sechzigjährigen kommt (vgl. Roth 1996, S. 98). Angesichts dieser Altersverteilung erweist sich die genannte Prozentuierung von Behinderungsgraden wenigstens teilweise als Frühverrentungsinstrument und – im Rentenalter – als völlig fragwürdig.

Im Schwerbehindertenrecht dominieren körperliche Behinderungen, wie man beispielsweise den Überschriften eines „Behindertenreports" entnehmen kann, der wichtige, wenngleich bei weitem nicht alle auftretenden Beeinträchtigungen vorstellt:

Tab. 1: Formen der Behinderung

Anfallsleiden (Epilepsie)	Kehlkopflose
Anus-praeter-Träger	Mucoviscidose
Autismus	Multiple Sklerose
Blinde	Muskelkrankheiten
Hämophilie	Sehbehinderung
Geistige Behinderung	Querschnittslähmung
Hirnverletzte	Infantile Zerebralparese
Hörbehinderung	Spina bifida und Hydrocephalus
Impfgeschädigte	

(vgl. Klee 1974, S. 190ff)

Dagegen betonen Behindertendefinitionen, die in der Pädagogik und Sonderpädagogik üblich sind und hier vor allem interessieren, die pädagogische oder therapeutische Förderung. Das heißt, es wird eine Korrektur der Behinderung bzw. eine Rehabilitation des behinderten jungen Menschen zu erreichen versucht oder eine Kompensation der Behinderung angestrebt, indem man die nicht beeinträchtigten Funktionen fördert. Deutlicher als anderen behindertenbezogenen Disziplinen ist der Pädagogik ferner die Fragwürdigkeit von Behindertenbegriffen bewusst. So sei kaum „einsichtig zu machen, warum der Geistigbehinderte und der Körperbehinderte in die gleiche Kategorie gehören sollen wie der ‚Verhaltensauffällige' oder der ‚Lernbehinderte'" (Haeberlin 1996, S. 27). Offensichtlich ist das Ungenügen eines allgemeinen Behindertenbegriffs, der nicht nur unterschiedliche Menschen beinahe wie Äpfel und Birnen zusammenaddiert, sondern darüber hinaus auch kaum übergreifende pädagogische und therapeutische Perspektiven eröffnet. Dieses Ungenügen spüren auch die von solchen Definitionen Betroffenen. So wehren sich etwa die so genannten Verhaltens- und Lernbehinderten selbst vehement und nicht zu Unrecht (antizipiert man ihre nachschulische Biographie) gegen eine Zurechnung zu den „Behinderten" (vgl. Wocken 1983).

Ein Versuch, die Unzulänglichkeit des Behinderungsbegriffs zu mindern, ist im Bemühen der Pädagogik zu sehen, diesen Begriff mit Bezug auf die Weltgesundheitsorganisation WHO (1980) zu dimensionieren und verschiedene Aspekte voneinander abzugrenzen (vgl. Humphreys/Müller 1996; kritisch: Edwards, S.D. 1997). Bei einer Behinderung werden danach unterschieden:

- die objektivierbare Schädigung („impairment"),
- die daraus resultierende Funktionseinschränkung („disability") und
- die damit verbundenen sozialen Negativfolgen („handicap").

1.3 Behinderte in der Schulstatistik

Wie in der Pädagogik bzw. der Sonderpädagogik der Behinderungsbegriff zentriert und differenziert wird, kann aus den regelmäßig publizierten Bildungsstatistiken erschlossen werden. Tabelle 2 enthält für die beiden hier ausgewählten Jahre 1995 und 1999 neben den Schülerzahlen und Länderquoten die Anteile der Schülerinnen und Schüler in Sonderschulen generell und in speziellen Sonderschulen. Berücksichtigt wurden in der Tabelle die Zahlen für Berlin als Stadtstaat, für Nordrhein-Westfalen als bevölkerungsreichstes Bundesland sowie für Sachsen, das größte unter den so genannten neuen Bundesländern.

Zu den Zahlen in Tabelle 2 ist vorausschickend anzumerken, dass Schülerinnen und Schüler, die als Behinderte in allgemeinbildenden Schulen und Schulklassen unterrichtet werden, unberücksichtigt bleiben. Vom Fortschritt oder Stillstand der schulischen Integration berichten diese Zahlen also allenfalls indirekt, indem sie Unterschiede zwischen den ausgewählten Ländern und zeitliche Veränderungen mitteilen. Da sich die schulische Integration quantitativ weit weniger durchgesetzt hat, als es die öffentlichen Verlautbarungen vielleicht vermuten lassen, vermitteln die vorliegenden Statistiken zum Sonderschulbesuch jedoch nach wie vor ein einigermaßen zutreffendes Bild von den Behinderten gemäß pädagogischer Maßgabe.

Die beiden oberen Zahlenfelder und hier die Angaben für die gesamte Bundesrepublik zeigen, dass von insgesamt 9.931.500 Schülerinnen und Schülern, die 1995 eine allgemeinbildende Schule besuchten, 391.110 Kinder und Jugendliche Sonderschüler waren. Das macht einen Anteil von 3.94 Prozent aus. Für 1999 veränderten sich die Zahlen nur wenig. Die Schülerschaft wuchs in diesem Zeitraum von vier Jahren bundesweit um gut 100.000 Schülerinnen und Schüler oder um ca. 1.2 Prozent. Auch der Anteil der Sonderschülerinnen und -schüler stieg leicht an. Der minimale prozentuale Anstieg der Sonderschülerinnen und -schüler ist in sich zwar kaum aussagekräftig, spricht aber immerhin nicht für eine besondere Integrationsdynamik in diesen Jahren.

Bemerkenswert an den Schülerzahlen für die ausgewählten Bundesländer sind die Veränderungen zwischen 1995 und 1999. In Berlin stellen wir einen leichten, in Sachsen einen beträchtlichen Rückgang der Schülerzahlen – hier ein Verlust um rund 15 Prozent! – zwischen den beiden Zeitpunkten fest. In der Tabelle ist nur für Nordrhein-Westfalen ein Anstieg der Schülerzahlen zu verzeichnen. Der bekannte, relativ hohe Geburten- und Bevölkerungsrückgang in den östlichen Bundesländern scheint für schulische Integrationsbemühungen, unabhängig vom Ausgangsniveau wenig günstig zu sein. Das zeigt sich an der leichten Erhöhung der Anteile der Sonderschülerinnen und -schüler in Berlin und in Sachsen.

Tab. 2: Besuch von Sonderschulen 1995 und 1999 im Bundesgebiet und in einzelnen Bundesländern*

		BRD	BRD %	Berlin %	Nordrhein-Westf. %	Sachsen %
Allgemeinbildende Schulen	1995	9931726	100.00	4.33 (=429800)	21.83 (=2167600)	6.34 (=629800)
	1999	10048773	100.00	4.02 (=403600)	22.86 (=2297100)	5.30 (=532100)
Sonderschüler insgesamt	1995	391118	3.94	3.09 (=13297)	4.05 (=87718)	4.31 (=27121)
	1999	415425	4.13	3.38 (=13659)	3.99 (=91621)	4.93 (=26237)
Anteil an Sonderschülern insgesamt:						
Schulen f. Lernbehinderte	1995	220977	56.50	49.73	52.59	68.32
Sonderpäd. Förd. „Lernen"***	1999	229641	55.28	49.85	50.02	67.97
Sch f Geistigbehinderte	1995	56194	14 37	12.85	14.29	16.41
So päd. F. „geistige Entw."	1999	63725	15.34	14.33	15.15	17.32
Sch f. Sprachbehinderte	1995	31393	8.03	17.86	10 15	5.12
So.päd. F. „Sprache"	1999	34578	8.32	17.47	10.37	4 88
Sch. f. Verhaltensgestörte	1995	20954	5.36	2.71	8.82	5.35
So.päd. F. „emotionale u soziale Entw."	1999	25239	6.08	2.74	9.96	5.77
Sch. f. Korperbehinderte	1995	19364	4.95	6 52	6.48	1.87
So.pad. F. „körperliche u. motorische Entw."	1999	20782	5.00	7 39	6 91	1 79
Sch. f. Gehörlose/Schwerhör.	1995	10213	2.61	4 58	2.98	2.22
So.pad. F. „Hören"	1999	10346	2.49	3.44	2.99	1.65
Sch. f. Blinde/Sehbehinderte	1995	4196	1.07	1.80	1.60	0.61
So.päd. F. „Sehen"	1999	4659	1.22	1.62	1.60	0.63

* Eigene Berechnungen nach „Grund- und Strukturdaten" 1996/97 und 2000/01.
** Man beachte die veränderten Bezeichnungen in den neuen Statistikunterlagen.

Für das innerpädagogische Verständnis von Behinderung ist besonders interessant, wie die Verteilung der bundesweit ungefähr vier Prozent der Schülerinnen und Schüler auf die verschiedenen Sonderschultypen aussieht.[4] Der weitaus größte Anteil von ihnen, das heißt ca. 221.000 von rund 391.000 oder umgerechnet 56.5 Prozent, besuchte 1995 eine Schule für Lernbehinderte. Für 1999 scheint der Anteil der Schüler mit dem Förderschwerpunkt „Lernen" leicht gefallen zu sein und sich vor allem zugunsten des Anteils der Geistigbehinderten verschoben zu haben. Die bundesweit nächst größere Gruppe, die Schulen für Geistigbehinderte besucht, macht 1995 und 1999 nur einen Anteil von ca. 15 Prozent aus. Der Anteil beider Gruppen zusammen genommen dokumentiert die quantitative Dominanz intellektueller Behinderungen im schulischen bzw. sonderschulischen Feld. Die Sonderschulen haben nicht vorwiegend körperliche oder sensorische Hindernisse und Erschwernisse für Lernprozesse zu bewältigen, sondern müssen bei ihrem Auftrag, Schülerinnen und Schülern das Lernen des Lernens zu ermöglichen, vor allem nicht-körperliche Beeinträchtigungen, also geistige, sprachliche, emotionale Beeinträchtigungen berücksichtigen. Mit anderen Worten: Diejenigen Schüler, die ansonsten, so etwa im Schwerbehindertenrecht überhaupt nicht auftauchen – die Lernbehinderten –, machen über die Hälfte der schulischen „Behinderten"-Klientel aus. Der bundesweit zu beobachtende leichte Trend (von 1995 nach 1999) zur Verminderung des Anteils der Besucher von Lernbehindertenschulen zugunsten der anderen Behinderungsformen, speziell der Geistigbehinderten, könnte mit einer Verbesserung differentialdiagnostischer Bemühungen zusammenhängen, die bei einer angestrebten schulischen Integration gegenüber der ziemlich vagen Diagnose „Lernbehinderung" an Bedeutung gewinnen.

Mit weitem Abstand folgen den beiden dominierenden Sonderschulformen bundesweit zwei Schulen mit Behinderungen, die wiederum weitgehend spezifisch pädagogische Auffassungen reflektieren: Schülerinnen und Schüler mit dem sonderpädagogischen Förderschwerpunkt „Sprache" und „emotionale und soziale Entwicklung", wobei mit der zweiten Gruppe die früher als Verhaltensgestörte bezeichneten Schüle-

---

4   Die in der offiziellen Statistik zwischenzeitlich veränderten Bezeichnungen der
     Sonderschulformen tragen dem bildungspolitischen Bemühen um eine weniger
     diskriminierende Auffassung von Behinderung Rechnung und verleihen dem
     politischen Wunsch und Willen Ausdruck, integrative schulische Fördermöglichkeiten
     zu nutzen. Schulorganisatorisch entsprechen die neuen den alten Bezeichnungen,
     die ohnehin von Bundesland zu Bundesland variierten.

rinnen und Schüler gemeint sind. Die Schulen für die anderen aufgeführten Behinderungen, also für körperliche und motorische Beeinträchtigungen sowie für sensorische Behinderungen beherbergten 1995 und
1999 zusammen genommen nicht einmal zehn Prozent der schulischen
Behindertenpopulation.

Wie sehr bildungspolitische Prioritäten und schulorganisatorische
Traditionen die Behindertendefinition beeinflussen und de facto die
Quantität und Zusammensetzung der Sonderschulpopulation bestimmen,
ergibt ein Vergleich der Zahlen für die Bundesländer. In Berlin gab es
1995 und 1999 um knapp einen Prozentpunkt weniger Sonderschülerinnen und -schüler als im Bundesdurchschnitt. Der Grund für diese Differenz ist darin zu sehen, dass in Berlin, speziell in West-Berlin vor der
Wiedervereinigung, die schulische Integration bildungspolitisch propagiert wurde. Deswegen verschwinden relativ viele Berliner Schülerinnen
und Schüler aus der Statistik der Sonderschulen. Selbstverständlich bedeutet dies keineswegs, dass sich hier auch der sonderpädagogische
Förderbedarf verringert hätte. Tabelle 2 lässt vermuten, welche Schülergruppen in Berlin schulisch integriert werden. Es scheinen überwiegend
ehemalige Schülerinnen und Schüler aus Lernbehindertenschulen zu
sein, die an so genannten Regelschulen – vor allem an Grundschulen –
unterrichtet werden. Auch die so genannten Schulen für Verhaltensgestörte beherbergen prozentual weit weniger Schülerinnen und Schüler,
als es im übrigen Bundesgebiet der Fall ist. Dagegen näherte sich zwischen 1995 und 1999 der Anteil der Berliner Schülerinnen und Schüler,
bei denen eine geistige Behinderung diagnostiziert wurde und eine entsprechende Beschulung erfolgte, dem Bundestrend an. Offenbar stag-
niert die schulische Integration für diese Behindertengruppe in Berlin
(allerdings auch in den anderen in Tabelle 2 berücksichtigten Bundesländern). Eine Berliner Besonderheit ist der Ausbau der Schule für
Sprachförderung. Zwischen 17 und 18 Prozent der Sonderschüler gehören in Berlin dieser Schulform an. Damit ist in Berlin die Chance, dass
einer Schülerin oder einem Schüler eine Sprachstörung oder -behin-
derung attestiert wird, im Bundesvergleich stark erhöht. Dieser Sachverhalt ist unter Fördergesichtspunkten positiv zu werten, wegen der mit einer solchen Diagnose und Umschulung verbundenen Stigmatisierungs-
tendenz zugleich aber zu problematisieren.[5]

---

5 Der optische Eindruck der Prozentangaben für die Berliner Besucher dieser
   Sonderschulform in Tabelle 2 ist etwas zu relativieren, da Tabelle 2 nur die

Die übrigen Abweichungen in der Berliner Statistik für die Besucher von Schulen mit körperlichen und sensorischen Beeinträchtigungen sind dagegen weniger gravierend. Wenn sie über dem Bundesdurchschnitt liegen, besagt das, dass diese Schulformen seit Jahren in der Stadt gut ausgebaut sind.

Die Zahlen für die Sonderschülerinnen und -schüler Nordrhein-Westfalens sind insofern wenig spektakulär, als sie weitgehend den bundesrepublikanischen Verhältnissen entsprechen, die durch dieses bevölkerungsreichste Bundesland nicht unerheblich mitgeprägt werden. Wie in Berlin liegt die Quote der Lernbehinderten an allen Sonderschulbesuchern unter dem Bundesdurchschnitt. Im Vergleich zu den beiden übrigen Bundesländern ist der Prozentanteil an Verhaltensgestörten bzw. an Schülerinnen und Schülern mit sonderpädagogischer Förderung in ihrer emotionalen und sozialen Entwicklung stark erhöht und macht 1999 fast zehn Prozent der Schülerschaft der Sonderschulen aus.

An den Zahlen für Sachsen lässt sich noch deutlich der andere Verlauf der Schulentwicklung in den neuen Bundesländern erkennen. Einerseits ist das Schulsystem in Sachsen vergleichsweise hochselektiv: bei über 4 Prozent 1995 und bei fast 5 Prozent 1999 liegt der Anteil der Schülerinnen und Schüler des Freistaates, die eine Sonderschule besuchen. Andererseits scheint das Sonderschulsystem weniger differenziert und ausgebaut zu sein als das in den Ländern der „alten" Bundesrepublik: Fast 70 Prozent der Sonderschülerinnen und -schüler konzentriert sich in Schulen mit dem Förderschwerpunkt Lernen. Überproportional hoch ist weiterhin der Anteil der Sonderschülerinnen und -schüler Sachsens in Schulen für Geistigbehinderte. Die bundesweit anzutreffende Ausrichtung des Sonderschulwesens auf intellektuelle Beeinträchtigungen ist in Sachsen besonders ausgeprägt. Dagegen sind hier Besucher spezieller Schulen für die pädagogische Förderung bei körperlichen und sensorischen Beeinträchtigungen unterrepräsentiert. Tabelle 2 bzw. die zugrunde liegenden Daten lassen offen, an welchen Schulen Sachsens die so beeinträchtigten Kinder beschult werden, da im Gegensatz zu den diagnostisch als weniger ge-

---

relativen Besucheranteile der einzelnen Sonderschulformen an allen Sonderschulbesuchern wiedergibt. Da die Rate der Berliner Sonderschüler unter dem Bundesdurchschnitt liegt, fielen sämtliche Berliner Zahlen im Bundesvergleich etwas niedriger aus, würden sie an der gesamten Schülerschaft des Landes gemessen.

sichert geltenden Zahlen für Lernbehinderte die Zahl dieser Beeinträchtigungen bundesweit als relativ konstant anzusetzen ist.

Behinderte nach der Schulstatistik sind, fasst man die Zahlen von Tabelle 2 zusammen, überwiegend Kinder und Jugendliche mit intellektuellen Beeinträchtigungen. Die weitaus größte Gruppe stellen darunter die Schülerinnen und Schüler mit einem Förderbedarf im „Lernen" dar. Bei diesen im Lernen Beeinträchtigten handelt es sich weder um eine ätiologisch noch eine persönlichkeitstheoretisch abgegrenzte Gruppe, sie ist lediglich durch ihr Versagen gegenüber schulischen/intellektuellen Anforderungen bestimmt. Weiterhin zeigen die Statistiken für die Bundesländer große Abweichungen in der Verteilung von Kindern auf die einzelnen Sonderschulen. Hierin manifestiert sich eine Unschärfe pädagogisch bzw. schulisch verwendeter Definitionen von Behinderungen. Offensichtlich bestimmen nicht nur die subjektive Befindlichkeit und Hilfsbedürftigkeit der betreffenden Kinder, sondern weitgehend auch schulorganisatorische Traditionen und bildungspolitische Prioritätensetzungen, wie viele Schülerinnen und Schüler zu welchen Behindertengruppen zu rechnen sind. Diese Feststellung gilt sowohl für diagnostisch schwerer zu objektivierende intellektuelle Beeinträchtigungen als auch für scheinbar evidente Störungen im körperlichen, motorischen und sensorischen Bereich.

Zusammenfassung von Kapitel 1

Die Gemeinsamkeiten eines allgemeinen Behinderungsbegriffs beschränken sich auf die folgenden Aspekte. Behinderungen sind zum einen durch objektivierbare Beeinträchtigungen bestimmt. Um von einer Behinderung zu sprechen, müssen jedoch soziale Definitionsprozesse hinzukommen. Meist ist mit der Zuschreibung einer Behinderung eine Diskriminierung des Trägers der Behinderung verbunden.

Die sozialen Definitionsprozesse führen zu abweichenden Bestimmungen des Behindertenbegriffs:

- Schwerbehindertenrecht: Bestimmung einer Behinderung in Prozentsätzen der Minderung der Erwerbstätigkeit;
- Pädagogik: Betonung intellektueller Beeinträchtigungen.

Fragen

1. Worin unterscheidet sich ein pädagogischer Begriff von Behinderung von rechtlichen Definitionen? Diskutieren Sie die Bedeutung dieser Unterscheidungen!

2. Welcher Anteil der Schülerinnen und Schüler gilt als behindert und besucht Sonderschulen? Wie verteilen sich die Schülerinnen und Schüler auf die einzelnen Formen der Sonderschule? Worauf deuten die unterschiedlichen Quoten behinderter Schülerinnen und Schüler in verschiedenen Bundesländern hin?

Einführende Literatur

Balgo, R. (2002) Sonderpädagogik im historischen und aktuellen Kontext. In: Werning, R. et al.: Sonderpädagogik. Lernen, Verhalten, Sprache, Bewegung und Wahrnehmung. München, S. 15-128

Klee, E. (1974) Behinderten-Report. Frankfurt a.M.

2. Behinderung als Stigma

Die Bestimmung und der Umfang dessen, was als Behinderung gilt, ist das Ergebnis von variablen gesellschaftlichen Definitionsprozessen, bezieht sich also auf keine rein objektiven Fakten, allenfalls auf objektivierbare Sachverhalte. Die soziale Definiertheit ist selbstverständlich nicht nur dem Phänomen „Behinderung" eigen, sondern gilt auch für andere Gruppenbezeichnungen. Man darf davon ausgehen, dass kulturell oder gesellschaftlich spezifische Festlegungen stets entscheidend sind, ob ein Individuum einer größeren Einheit, einer Gruppe zugerechnet oder zugewiesen wird. Definieren kann im Übrigen durchaus in seiner Wertigkeit neutral sein oder manchmal sogar positive Folgen zeitigen: Man denke z.B. an Gruppenbegriffe wie „Genie" oder „Künstler" (wenn damit nicht gerade die Spezies der Hungerkünstler gemeint ist).

Im Falle der „Behinderung" ist es jedoch so, dass das Definieren mit einer Stigmatisierung des Trägers einer „Behinderung" verbunden ist. Dieses Schicksal einer Abwertung teilen „Behinderte" in unserer Kultur mit so unterschiedlichen Gruppen wie den „Rothaarigen" (hier ist die Stigmatisierung in den letzten Jahrzehnten zugegebenermaßen schwach oder schwächer geworden), „Legasthenikern", „Neurotikern" oder „Kriminellen".

Gegenstand der folgenden Abschnitte des Kapitels 2 ist, wie die Stigmatisierung und die daraus resultierende Ausgrenzung speziell von Behinderten in der Geschichte erfolgte und wie diese Stigmatisierung sozialwissenschaftlich erklärt werden kann.

2.1 Zur Geschichte der Diskriminierung Behinderter

Wer in die Geschichte blickt, entwickelt rasch Verständnis für das heutige, manchmal etwas übertrieben erscheinende Bemühen von Sonderpädagogen und Sozialwissenschaftlern um eine politisch korrekte Wortwahl und verbale Zurückhaltung, wenn es um die Klassifikation und Bezeichnung von Menschen geht, die irgend eine Beeinträchtigung aufweisen.

Denn etwa in der Antike, aus der wir bekanntlich unsere humanistischen Ideale beziehen, fällt eine in unseren Augen martialische Praxis gegenüber Behinderten auf. Für die Griechen, ähnlich wie später für die Römer widersprach das Vorliegen einer (körperlichen) Behinderung bzw. die Geburt eines Kindes mit Missbildungen dem Tugendideal, das Schönheit, Geist, Güte und Erhabenheit vereinte. Dieses Tugendideal konnte für verkrüppelte Kinder bedeuten, getötet oder ausgesetzt zu werden. Missbildungen wurden damals nicht als äußeres Merkmal einer leidenden, Hilfe verdienenden Person interpretiert, sondern als Anzeichen eines schicksalhaften Frevels gewertet. Beispielsweise erscheint in der Sage von König Ödipus eine solche Wertung in literarisch-mythologischer Form: Der doppelte Frevel, (unwissentlich) den Vater getötet und die Mutter zur Frau genommen zu haben, verlangt die selbst zugefügte Schädigung, die Selbstblendung, als Sühne.

Mit dem Christentum erlangen andere Wertungen von Behinderung Bedeutung. Die Einflüsse aus dem in der Behindertenfrage der Antike anverwandten Alten Testament sowie außerchristliche Überlieferungen und andere Atavismen führten aber zu uneindeutigen, um nicht zu sagen widersprüchlichen Einstellungen des Christentums zu Behinderungen und Erkrankungen. Die verschiedenen Einstellungen konnten zeitgleich koexistieren oder in der Kirchengeschichte einander ablösen (vgl. Antor/Bleidick 1995, S. 18ff.). Das Kaleidoskop christlicher Auffassungen illustriere ich im Folgenden.

Eine dem heutigen christlichen Selbstverständnis in bestimmter Hinsicht nahe kommende Haltung finden wir im Johannesevangelium, Kapitel 9(2,3), als Jesus einem blind geborenen Menschen begegnet:

> „Und seine Jünger fragten ihn und sprachen: Meister, wer hat gesündigt, dieser oder seine Eltern, dass er blind geboren ist? Jesus antwortete: Es hat weder dieser gesündigt noch seine Eltern, sondern es sollen die Werke Gottes offenbar werden an ihm."

Die Szene schließt mit der Heilung des Blinden.

Man erkennt an dieser neutestamentlichen Szene unschwer eine Gegenposition zur jüdischen und antiken Tradition, die von den Jüngern Jesu verkörpert wird und Behinderungen und Krankheiten ursächlich mit Sünde in Verbindung bringt. Zugleich negiert Jesus das

Kontaktverbot und heilt den Blinden. Man kann hier – andere Szenen des Evangeliums sind allerdings deutlicher – auch bereits den caritativen, helfenden Zug des Christentums im Umgang mit Leiden jeglicher Art erkennen.

Zugleich fällt an diesem Bibelzitat auf, dass Jesus hier keine im heutigen Sinne rationale Erklärung von Behinderung wählt, vielmehr eine metaphysische Erklärung beibehält. Er wechselt von einer kausalen zu einer finalen Deutung, indem er den höheren Sinn der Behinderung betont. Diese in der Kirchengeschichte später weiter elaborierte finale oder teleologische Betrachtungsweise, nach der im Leid und in der Behinderung das Werk Gottes offenbar und ein Gnadenerweis Gottes sichtbar werde, wird in ihren Konsequenzen als mitunter fatal kritisiert: Sie kann als Rechtfertigung medizinischer oder pädagogischer Inaktivität gegenüber Behinderten, zur Verweigerung von Hilfe dienen. Zumindest legt diese Auffassung eine Haltung nahe, die dem Behinderten das geduldige Ertragen seines Leidens als moralisches Gebot auferlegt, seinem Kampf und seiner Auflehnung gegen das Leid ein Stück weit die Legitimation nimmt. Diese Einschränkung erfahren und/oder unterstellen Behinderte auch in der jüngeren Vergangenheit noch, wie die folgende Äußerung eines spastisch Gelähmten verdeutlicht:

> „Es ist nicht die Behinderung, die lähmt, sondern die Rolle des Outsiders nimmt uns die Möglichkeit der Bewährung: nicht das Mitleid tötet, sondern dass man es als Anmaßung empfindet, so wie die anderen sein zu wollen." (zit. nach Klee 1974, S. 12)

Wie wir schon an dem Ausschnitt aus den Lutherschen Tischreden sahen, vermischten sich in der Einstellung zur Behinderung bis ins ausgehende Mittelalter christliches Gedankengut mit außerchristlichen Einflüssen. So wurde die Tötung missgebildeter Kinder lange Zeit geduldet. Wie sich Volksglaube mit christlichem Gedankengut vermischen konnte, zeigt sich an der verbreiteten Vorstellung von den so genannten Wechselbälgen. Nach dieser Vorstellung wechselte der Teufel das neugeborene Kind aus und unterschob der Mutter an seiner Stelle das missgebildete Kind (vgl. Antor/Bleidick 1995, S. 21).

Ebenfalls der Förderung und Unterstützung Behinderter wenig zuträglich war die calvinistische Prädestinationslehre. Ihr zufolge darf bekanntlich weltlicher Erfolg und Wohlergehen als Zeichen des Auserwähltseins für die jenseitige Ewigkeit gewertet werden. Dementsprechend mussten Behinderung, Krankheit und Armut nicht nur als schweres Los, sondern als Vorboten der ewigen Verdammnis der mit diesen Lasten versehenen Menschen gewertet werden.

Solche metaphysisch begründeten Vorurteile konnten sich zum Teil mit ökonomischen Interessen verbinden. Wie schon im römischen Reich nutzte man Verkrüppelungen, die mitunter künstlich verstärkt wurden, um die betroffenen Menschen als Bettler zu missbrauchen.

> „In zahlreichen Ländern gab es Krüppelfabriken, wie in der Provinz Haute Garonne, über die ein spanischer Forscher, Bernaldo de Quires berichtet: ‚Man nimmt ein Kind unter 10 Jahren, krümmt ihm die Beine und drückt sie mit einer Schlinge gegen die Muskeln, zunächst leicht, um den Brand zu verhüten. Allmählich sterben die Glieder ab und alles Leben konzentriert sich gewissermaßen auf den Rumpf. Nun setzt man den Krüppel in eine Kiste, aus der er nicht einmal zum Schlafen herauskommt und kreuzt ihm die Beine so, dass sie nie ihre Kraft wieder zurückerlangen können.'" (zit. nach Klee 1974, S. 17)

Trotzdem ist es historisch unzulässig, etwa in einem solchen Amalgam christlicher und pseudochristlicher Auffassungen einen direkten Vorläufer der Gräueltaten an Behinderten zu sehen, die ihren späten Höhepunkt in der systematischen Ausrottungspolitik im Nationalsozialismus hatten (ausführlicher dazu Kapitel 3). Denn zwischen beiden zeitlichen Eckpunkten lag die gesellschaftliche Anerkennung des Rechts auf Leben und Fürsorge für Behinderte, die in der Neuzeit gerade auch von christlicher Seite propagiert wurde. Die Widerstände gegen die Kindestötung, die in der zitierten Luther-Rede angesprochen werden, zeugen bereits davon. Dieses Recht wurde im 19. Jahrhundert allmählich zum Recht der Behinderten auf Bildung erweitert. Allerdings ist frappierend, wie nationalsozialistisches Gedankengut frühere gesellschaftliche Einstellungen gegen Behinderte quasi reaktivierte, die sich vielleicht aus triebhaften und deshalb stets latent vorhandenen Neigungen des Menschen speisen.[6]

Die Bemerkung über die Parallelen in den Einstellungen zu Behinderten über historisch entfernte Epochen hinweg und die – nicht unbegründete – anthropologische Verankerung dieser Einstellung hat einige ernste Folgen für pädagogisches und speziell integrationspädagogisches Handeln. Sollten in der Einstellung zu Behinderten solche tief verwurzelten Vorurteile im Spiele sein, dann lehrt uns die Sozialpsychologie seit langem, dass diese durch verstandesmäßige Aufklärung allein kaum überwunden werden können. Einer Pädagogik, die via

---

6   Eine solche Deutung wählt Levi-Strauss (1994[1952]) in einem berühmten Aufsatz zur Erklärung des verwandten Phänomens des Rassismus.

schulischen Unterricht vor allem den Verstand der Schüler „anspricht", wären damit Grenzen der Aufklärung gesetzt. Allenfalls könnte sie sich bemühen, solche Vorurteile im Latenten zu halten, durch andere Einstellungen und Ideale zu überlagern. Über die Möglichkeiten der Pädagogik hinausgehen würde dagegen der Versuch, Vorurteile vollständig zu beseitigen, mag dies auch ein anerkennenswertes und erstrebenswertes Erziehungsziel sein. Aber gerade deshalb muss sich die Gesellschaft integrationspädagogischer Aufgaben in einer professionellen Form annehmen und diese mit adäquaten politischen und juristischen Maßnahmen absichern und ergänzen.

2.2 Grundzüge der Stigmatheorie

Wir hatten bereits mehrfach die Bedeutung sozialer Definitionsprozesse hervorgehoben und betont, dass tatsächlich oder vermeintlich abweichende körperliche oder psychische Merkmale nicht ausreichen, um das Abweichen von irgend einer Norm oder Normalität zu einer „Behinderung" zu machen. Es müssen vielmehr klassifikatorische bzw. symbolisch-begriffliche Akte hinzukommen, die aus dem tatsächlichen oder vermeintlichen Abweichen eine wahrgenommene, anerkannte Abweichung machen. „Behinderung" ist also ein Begriff, der sowohl vom Einzelnen und Besonderen abstrahiert (Typisierung), als auch bestimmte Erscheinungen selektiert (Definition).

Es ist eine ausgesprochen wichtige sozialwissenschaftliche Errungenschaft, Begriffe wie „Behinderung" vom Nimbus einer ausschließlich individuellen Eigenschaft zu befreien (vgl. Keupp 1992; Homfeldt 1996). „Behinderung" kann weder wie im spontanen Alltagsverständnis noch wie im so genannten medizinischen Modell, dessen Bezeichnung an das frühere Definitionsmonopol der Medizin bzw. Psychiatrie erinnert, als eine zweifelsfrei wahrnehmbare bzw. diagnostizierbare individuelle Eigenheit verstanden werden. Für diese Eigenheit gibt es deshalb auch keine einem objektiven Befund entsprechende „Medizin" bzw. kein medizinisches, psychologisches oder pädagogisches „Mittel". In die Wahrnehmung einer Behinderung ist nach sozialwissenschaftlicher Auffassung vielmehr stets der Wahrnehmende involviert; die Wahrnehmung einer Behinderung gibt mithin nicht nur über die Person des „Behinderten" Auskunft, sondern stets auch über den Beobachter, d.h. über seine sozial und kulturell geprägten Einstellungen und Wissensbestände. Diese Auffassung ist wissenschaftstheoretisch derzeit meines Erachtens nicht zu überbieten. Sie leugnet keineswegs – wie manchmal unterstellt wird – die Wirklichkeit von körperlichen oder psychischen Behinderungen, sie zeichnet nur ein vollständigeres Bild dieser Phänomene als die überkommenen Theorieansätze. Sie negiert nicht die Möglichkeit von therapeutischen Interventionen oder von medizinisch-therapeutischen Fortschritten; es lässt sich mit ihr keine therapeutische Resignation bei bestimmten Behinderungen rechtfertigen. Allerdings ist mit ihr auch kein überzogener therapeutischer Optimismus vereinbar; denn Normalisierungs- und Rehabilitationsmaßnahmen beseitigen bestenfalls Symptome, nicht das soziale Feld, das eine Behinderung konstituiert.[7]

Das Definitionstheorem der Behinderung geht in Stigmatheorien ein, die berücksichtigen, dass die Definition von Behinderung kein neutraler Vorgang ist, sondern dass mit der Verleihung des Etiketts „behindert" eine gesellschaftliche Abwertung einhergeht, die sich je nach politisch-kultureller Konstellation in Gestalt der Einschränkung von Grundrechten bis hin zur Aberkennung des Rechts auf Leben artikulieren kann.

Das Gesagte wird im Folgenden durch einige theoretische Kategorien begrifflich systematisiert. Zu diesem Zweck wird der (in sich heterogene) sozialwissenschaftliche Ansatz einer Stigmatheorie vorgestellt, die z.B. auch unter der Bezeichnung „Labeling approach" bekannt wurde. Einschränkend sei hinzugefügt, dass dieser Ansatz das komplexe Phänomen „Behinderung" zwar umfassend und minutiös zu analysieren vermag, sich aber auf in anderen Ansätzen vernachlässigte soziale Definitionsprozesse konzentriert. Deshalb darf man in den nachfolgenden Abschnitten keine hinreichenden Klärungen erwarten, wenn es etwa um biologische Grundlagen von Behinderungen oder um die Historie der Behindertenpolitik geht.

---

7   Das medizinische Modell der Behandlung ist nicht einmal für viele kausal eingrenzbare Infektionskrankheiten gültig. Obwohl Mittel gegen Krankheiten wie Cholera oder Lepra vorhanden sind, hängt das Erkrankungsrisiko für ein Individuum von seiner regionalen Herkunft und von seiner ökonomischen Lage ab. Hinzu kommt, dass Fortschritte medizinischer Therapien für heute noch unzureichend behandelbare Erkrankungen zum Teil ökonomisch motiviert sind.

2.2.1 Abweichung und Identität

Von einer gesellschaftlichen oder institutionellen Norm abweichendes
Verhalten – sei es kriminelles Handeln, sei es behindertes Verhalten –
wird in der soziologischen Theorie des Symbolischen Interaktionismus (und einer Reihe verwandter theoretischer Spielarten; vgl. Arbeitsgruppe Bielefelder Soziologen 1978; Sack 1978) nicht einfach als
Abweichung bezeichnet. Soweit dieses Handeln oder Verhalten ihre
Ursache in einem Merkmal oder einer Eigenart der Person hat, spricht
man vielmehr von „primärer Abweichung". Was der Common Sense
und andere wissenschaftliche Theorien als „Abweichung" definieren,
gilt hier, eingeschränkt durch das Adjektiv „primär", nur als ein
Aspekt der Abweichung. Und die primäre Abweichung ist darüber
hinaus nicht das zentrale Thema dieser soziologischen Theorie. Sie
hält es mitunter sogar für nachrangig oder unwichtig, ob mit der – der
Person zugeschriebenen – primären Abweichung eine tatsächliche
oder nur eine vermeintliche Abweichung vorliegt. Auf diese Weise gerät
auch in den wissenschaftlichen Blick, dass mit vermeintlichen Abweichungen, also z.B. mit fälschlich als Verbrecher verurteilten oder mit
fälschlich als behindert diagnostizierten Personen zu rechnen ist.

Als zentrale Aussage der mit dem Symbolischen Interaktionismus
verbundenen Stigmatheorie ist festzuhalten, dass eine primäre Abweichung, also ein bestimmtes Persönlichkeitsmerkmal oder eine bestimmte Verhaltenseigenart, grundsätzlich nicht ausreicht, um zu einer
allgemein anerkannten Abweichung zu werden. Primäre Abweichungen führen so lange nicht zu einer Stigmatisierung, so lange sie unent-
deckt bleiben oder nicht als abnorm wahrgenommen werden. Ob die
Abweichung ein Prädikat, ein „Label" der betreffenden Person wird,
hängt von den sozialen Reaktionen auf die primäre Abweichung ab.

Die eingeschränkte Bedeutung primärer Abweichung kann an einem Beispiel aus der Kriminologie verdeutlicht werden, da der Sachverhalt in diesem Falle vergleichsweise evident erscheint: Vor einigen
Jahren erregte der Fall des Immobilienbetrügers Schneider öffentli-
ches Interesse, im Übrigen nicht der einzige spektakuläre Fall von
White-collar-Kriminalität im jung vereinigten Deutschland. Bevor
Herr Schneider zum Fall für Staatsanwalt und Justiz wurde, machte er
sich, mit welchen finanziellen Mitteln auch immer, mit seiner in
Darmstadt ansässigen Jürgen-Schneider-Stiftung um die Wissenschaft
„verdient". Für die Honoratioren aus der Wissenschaft in Darmstadt

war es geradezu chic, zu den Bekannten, zu den Mitstreitern in Sachen Wissenschaftsförderung des damals noch Toupet tragenden Herrn Schneider zu gehören. Tatsächlich hätten die Taten dieses Herrn bereits damals, während er also in den besten Kreisen verkehrte, die Bezeichnung „kriminell" gerechtfertigt. Aber erst später, als diese Taten verfolgt wurden, mied man seinen Kontakt, auch Hinweise auf seine frühere Bekanntschaft. Unschwer ist an diesem Fall zu erkennen, dass nicht das abweichende Verhalten selbst Herrn Schneider zu einem Abweichenden, zu einem Stigmatisierten machte. Erst die öffentliche Reaktion brachte ihm den Ruf des Kriminellen ein. Das geschah aber zu einem Zeitpunkt, an dem er – auf der Flucht bzw. in Haft – kaum noch etwas einschlägig Kriminelles tun konnte. An der Reaktion der mit ihm bekannten Honoratioren ist weiterhin die Furcht vor einer „Ansteckung" zu erkennen. Durch Meidung des Kontakts scheint man verhindern zu wollen, dass das Stigma auf einen selbst übertragen wird.

Entscheidend für die Anerkennung einer Abweichung ist die von Howard S. Becker in seinem klassischen Werk „Outsiders" (1963) so genannte sekundäre Abweichung. Mit sekundärer Abweichung ist der soziale Akt gemeint, der eine vermeintliche oder tatsächliche Auffälligkeit in ein dauerhaftes Label bzw. in ein „Stigma" überführt. Entscheidend ist danach, „was aus einer Handlung [oder einem sonstigen Merkmal, C. & P.W.] gesellschaftlich gemacht wird" (Schur 1980, S. 10). Ein öffentlich mehr oder minder deutlich wahrnehmbares Stigma bedeutet dann für dessen Träger, dass seine Diskriminierung auf Dauer gestellt wird bzw. dass er eine neue soziale Rolle erhält. Allerdings stellt die Verleihung eines sozialen Stigmas, das sollte über der Metaphorik des Begriffs beachtet werden, nur selten einen bewussten und planmäßigen Vorgang dar. Das gilt für die „Verleiher", aber auch für den „Empfänger" eines Stigmas. Eine Ausnahme von dieser Regel war beispielsweise die Verpflichtung jüdischer Mitbürger im nationalsozialistischen Deutschland, auf der Kleidung „den Judenstern" zu tragen. Aber in diesem Vorgang äußerte sich so etwas wie eine Form „repressiver Entsublimierung", wobei vom Bewusstsein normalerweise verdrängte oder abgeschwächte destruktive Tendenzen kollektiv und bewusst ausgelebt wurden.

Worin bestehen die negativen, identitätsverändernden Folgen sekundärer Abweichung für die Stigmatisierten? Wie erwähnt, ist mit der Zuschreibung eines Stigmas eine dauerhafte Diskriminierung verbunden, die den Stigmatisierten in eine neue soziale Rolle beispielsweise als „Krimineller", „Behinderter" bringt. Das heißt, es verändern sich Erwartungen und Anforderungen an das stigmatisierte Individuum. Die neue, mit Diskriminierung verbundene Rolle beschränkt sich dabei in der Regel nicht auf einen eng umschriebenen Verhaltens- bzw. Anforderungsbereich, der mit einer vielleicht offensichtlichen primären Abweichung in Verbindung steht. Von der Rollenübertragung und der Diskriminierung sind vielmehr die gesamte Person oder größere Persönlichkeitsbereiche betroffen. Das geschieht durch Extrapolation und Generalisierung von umschriebenen Verhaltensweisen auf stabile Persönlichkeitseigenschaften. Das bekannte Sprichwort, „Wer lügt, der stiehlt", drückt diesen Sachverhalt der Generalisierung aus. Dabei ist es für die Stigmatheorie wiederum nicht entscheidend, ob die Verallgemeinerung im Einzelfall oder mit einer gewissen (subjektiven) Wahrscheinlichkeit zutrifft oder nicht. Entscheidend für die diskriminierenden Folgen einer Abweichung ist danach die Notwendigkeit, dass ein solcher Generalisierungsvorgang auftritt.

Auch professionelle Institutionen, die mit abweichenden Personen strafrechtlich, pädagogisch, medizinisch betraut sind, unterliegen derselben Generalisierungstendenz. Sie zeichnet sich hier durch eine besondere Systematik aus. Von Professionellen wird mitunter die gesamte Biographie der abweichenden Person „umgeschrieben". Bereits zurückliegende Ereignisse (etwa frühkindliche Erlebnisse) werden zu der aktuellen Abweichung in Beziehung gesetzt und dementsprechend neu interpretiert. Auf diese Weise erhält die als abweichend geltende Person eine völlig neue Identität. Man spricht in diesem Falle von einer „retrospektiven Interpretation" der Biographie. Im Nachhinein wird etwa nach der Devise verfahren: „Bei den traumatischen Gewalt-Erfahrungen a, b und c in der Kindheit ist es kein Wunder, dass er zum Gewalttäter wurde". Genauso gut könnte aus denselben Kindheitserfahrungen – wenn z.B. neurotische Symptome, eine Insuffizienzproblematik o.Ä. Anlass der Begutachtung wären – eine gegenteilige Biographie retrospektiv herausinterpretiert und verstehbar gemacht werden: „Bei dieser Kindheit voller Gewalt ist es kein Wunder, wenn er kein angemessenes Durchsetzungsverhalten gelernt und sich zum gehemmten, handlungsunfähigen Neurotiker entwickelt hat". Solche retrospektiven Interpretationen sind erforderlich, weil biographische Ereignisse und Erfahrungen mehrdeutig sind und erst durch die interpretative Leistung des Beobachters in ihrer Bedeutung eingegrenzt werden können. Sie sind auch im wissenschaftlichen Vorgehen unvermeidlich und sind charakteristisch beispielsweise für die Anamnese des Arztes oder die Diagnostik des Sonderpädagogen. Sie verdienen durchaus das Prädikat „wissenschaftlich" und können deshalb auch nicht einfach als falsch oder unzulänglich abqualifiziert werden. Es ist nur insofern Vorsicht gegen wissenschaftliche Deutungen von Abweichungen angebracht, wenn sie nichts als eine objektive Wahrheit versprechen und die eigenen Konstituenten der wissenschaftlichen Konstruktionen verleugnen (vgl. hierzu auch Edwards, D. 1997).

Bisher konzentrierte sich unsere Beschreibung auf die Aktivitäten derjenigen gesellschaftlichen Akteure, die per Stigmatisierung eine Identitätsveränderung beim stigmatisierten Individuum in Gang setzen. Aber auch die Betroffenen selbst tragen zur Verfestigung ihrer Stigmatisierung bei. Zu nennen ist in diesem Zusammenhang das bekannte Phänomen der self-fulfilling prophecy: Mit der Zeit verhält sich der Stigmatisierte tatsächlich so, wie es von ihm als Träger des bestimmten Stigmas erwartet wird. Wie aber kommt es zur Übernahme von gesellschaftlichen Erwartungen durch den Stigmatisierten, die gesellschaftlichen Normvorstellungen und Vorstellungen von einer Normalbiographie widersprechen? Wieso nimmt er diese Erwartungen in sich auf, die für ihn eine Abwertung seiner Person bedeuten, die, für sich genommen, schon neurotische oder andere psychopathologische Abwehrreaktionen herausfordern?

Die identitätsverändernde Wirkung von Stigmata ist für die Theorie des Symbolischen Interaktionismus ein Ergebnis der sozialen, interaktiven Entwicklung und Veränderung von Identität. Das Individuum kann eine Identität nur ausbilden, indem es in Kontakt zu anderen tritt und sich seine soziale Umwelt als „generalisierter Anderer" gewissermaßen einverleibt. Zum Erwerb von identitätsstiftenden Handlungstendenzen und -routinen muss danach jeder Mensch intuitiv eine dreifache Interpretationsleistung vollbringen. Er muss interpretieren,

- was er selbst als Angesprochener tun soll (Erwartung),
- was der andere ihm gegenüber zu tun beabsichtigt (Rollenübernahme)
- und schließlich was die gemeinsame Handlung sein soll (symbolische Interaktion)
  (vgl. Blumer 1978).[8]

---

8   Um die Gültigkeit dieses Sozialisationsvorgangs, unabhängig von der Qualität der jeweiligen Handlungsnormen, zu erläutern, verwendet Blumer (1978, S. 88f.) bezeichnenderweise auch die Interaktionsfigur des Überfalls.

Um handlungsfähig zu bleiben, um sinnhaft mit anderen zu interagieren, d.h. am alltäglichen Handlungsaustausch teilzunehmen, ist der Stigmatisierte gezwungen, sich mit seiner so definierten Rolle zu identifizieren.

Um verbreiteten Missverständnissen zu begegnen, sollte auf die Besonderheit der sozialwissenschaftlichen Bedeutung von sozialen „Erwartungen" aufmerksam gemacht werden. Mit Erwartung wird hier eine Größe umschrieben, die ein zwar bewusstseinsfähiges, selten jedoch bewusstes Ist-Soll-Gefälle beschreibt. „Erwartungen" sind streng genommen keine Beschreibungen psychischer Strebungen, sondern werden aus Interaktionen erschlossen und quasi alltagspsychologisch bezeichnet. Insofern sind „Erwartungen" dieser Art etwas anderes als Wünsche oder Hoffnungen, die wir an Mitmenschen richten. Beispielsweise erhoffen wir als Pädagogen von einem und für einen Lernbehinderten, dass er mit unserer Unterstützung den Leistungsrückstand zu seinen Mitschülern wettmachen oder verringern kann. Aber unsere „Erwartung" an ihn ist eine andere. Wir „erwarten" von ihm Lernschwierigkeiten; denn sonst würden wir für ihn keine besonderen pädagogischen Fördermaßnahmen vorsehen. Es besteht also eine wichtige Differenz zwischen dem wissenschaftlichen Erwartungsbegriff, der Handlungen erklärt (und sachliche Kritik ermöglicht), und moralisch-normativ zu bewertenden Erwartungen, mit denen jeder Mensch seinen Alltag gestaltet und die auch für den traditionellen pädagogischen Diskurs typisch sind. Die in der Vergangenheit schiefe Rezeption oder affektive Ablehnung symbolisch-interaktionistischer Überlegungen in der Pädagogik dürfte durch das Vernachlässigen dieser Differenz mitbedingt sein.

2.2.2 Stigma und „totale Institution"

Wir betonten bereits, dass es nicht dem Belieben oder Ermessen des Einzelnen anheim gestellt ist, jemanden zu stigmatisieren oder nicht zu stigmatisieren. Zwar können stigmatisierende „Labels" vermieden und eine Sprache nach den Regeln der „political correctness" gepflegt werden; solche Maßnahmen allein verhindern jedoch nicht Stigmatisierungen. Die identitätsverändernde bzw. – weniger euphemistisch – identitätszerstörende Rolle am Stigmatisierungsvorgang kommt weniger der Bezeichnung, als vielmehr den Folgen der Bezeichnung zu. Zu diesen Folgen der Stigmatisierung zählt, dass die Lebenschancen des betreffenden Individuums vermindert und ihm Inferioritätsempfindungen vermittelt werden.

Wenn man der kulturellen und historischen Achse entlang geht, wird man weiterhin feststellen, dass nicht beliebige Merkmale und Verhaltenstendenzen der Stigmatisierung unterliegen, deren Abweichung bemessen und sanktioniert wird. Folgt man Goffman (1967), gibt es im Wesentlichen drei Merkmalsgruppen, denen Stigmata entstammen:

- körperliche Anomalien,
- individuelle Charakterfehler sowie
- phylogenetisch oder historisch begründete Abwertungen (nach Rasse, Religion etc.).

Im Falle des Stigmas „Behinderung" sind vor allem der erste, in Bezug auf die Sonderschulpopulation jedoch auch der zweite Merkmalsbereich ausschlaggebend. Das Vorhandensein der dritten Merkmalsgruppe, das heißt die Zugehörigkeit einer Schülerin, eines Schülers zu einer niedrig bewerteten Bevölkerungsgruppe („Arme", „Ausländer", „Verwahrloste"), führt im pädagogischen Sektor nicht unmittelbar zu einem Stigma. Eine solche Zugehörigkeit scheint jedoch eine erhöhte Sensibilität für Abweichungen nach sich zu ziehen und so mittelbar die Wahrscheinlichkeit für die betreffenden Individuen zu erhöhen, das Stigma „Behinderung" zu erhalten.

Stigmata, wie sie definiert werden und wie sie auf andere Persönlichkeitsbereiche ausstrahlen, sind im Allgemeinen relativ, also in der Regel nicht universell über alle Zeiten oder Kulturen gültig. Sie sind abhängig von den jeweiligen Normen der maßgeblichen Gruppe (Familie, Nation, Kultur). Existiert ein Stigma in einer bestimmten Gruppe, wird es allerdings tendenziell von allen Mitgliedern der betreffenden Gruppe geteilt. Je kleiner die Gruppe ist, die ein Stigma kennt, desto instabiler und leichter abbaubar ist dieses.

Ein als abweichend klassifiziertes Merkmal kann im Übrigen umso leichter zum Stigma der Person werden, wenn der Stigmatisierende bzw. eine das Stigma verabreichende Institution über hinreichend große Sanktionsgewalt verfügt, mit sozialer Kontrollmacht ausgestattet ist. Die soziale Kontrolle wird heute oft dadurch verstärkt oder gewährleistet, dass Institutionen mit wissenschaftlicher oder besonderer professioneller Expertise ausgestattet werden, wodurch ihre Sanktionen und Stigmata Legitimität und Vernünftigkeit erhalten und damit gegen „Allerweltskritik" immun sind. Die Macht solcher Institutionen ist des Weiteren dadurch gekennzeichnet, dass sie den ihnen zugewiesenen Individuen wenig Raum zur interpretativen Ausgestaltung ihrer Rolle lassen.

Für Einrichtungen, die den Status der Individuen abwerten und deren Verhaltensspielraum einengen, prägte Goffman (1973) den Begriff der „totalen Institution". Er unterschied fünf Prototypen:

1) Fürsorgeinstitutionen für unselbständig geltende, „harmlose" Personen (Blinden-, Altersheime);
2) Einrichtungen für unselbständige und unabsichtlich bedrohliche Personen (Tuberkulose-Sanatorien, Irrenhäuser);
3) Institutionen zum Schutz vor Individuen, die als gefährlich für ihre soziale Umwelt gelten (Gefängnisse, KZ);
4) arbeitsähnlichen Aufgaben dienende Institutionen (Schiffe, Kasernen, Internate);
5) Asyle, Zufluchtsorte (Klöster, Konvente).

Diese höchst unterschiedlichen totalen Institutionen haben eine Reihe von entscheidenden Merkmalen gemeinsam, die es nach Goffman rechtfertigen, sie unter einen gemeinsamen Begriff zu subsumieren:

– Totale Institutionen verfügen über besondere Aufnahmerituale;
– sie schirmen ihre Mitglieder vor dem Kontakt zur Außenwelt ab;
– sie regulieren das Leben der Insassen umfassend, beschränken oder zerstören so deren Autonomie und verleihen ihnen eine neue Identität;
– sie behindern oder verhindern nach der Entlassung eine Reintegration des betreffenden Individuums in die Gesellschaft.

In Erweiterung der Goffmanschen Überlegungen wurde häufiger die Frage gestellt, ob bzw. inwieweit die Schule und speziell die Sonderschule den totalen Institutionen zuzurechnen seien. Aufgrund des Stigmas, das Schülerinnen und Schüler aus Sonderschulen anhaftet, scheint die Frage für diese Schulform berechtigt zu sein. Speziell in der Sonderschule für Lernbehinderte sieht Homfeldt (1973, 1996) Merkmale einer totalen Institution gegeben. So stellt für ihn die sonderpädagogische Begutachtung, die der Aufnahme eines bestimmten Schülers in eine Sonderschule vorausgeht, ein Aufnahmeritual dar, wie es für totale Institutionen typisch ist. Allerdings ist diese Klassifikation des sonderpädagogischen Aufnahmerituals nicht ganz zutreffend. Denn im Allgemeinen erfolgt die Begutachtung nicht auf Betreiben der (totalen?) Institution Sonderschule, sondern der abgebenden Institution, vor allem der Grundschule. Außerdem ist das räumliche Dispositiv dieses Rituals ein anderes: es findet oft nicht in einer Sonderschule, sondern zum Teil wenigstens in der abgebenden Schule statt (beispielsweise gehören hierzu Beobachtungen des Unterrichts bzw. des betreffenden Schülers im Unterricht). Im Falle der integrativen Beschulung und Förderung relativiert sich die diskriminierende Rolle der sonderpädagogischen Begutachtung weiter. Es findet auch nach Feststellung eines sonderpädagogischen Förderbedarfs kein Institutionenwechsel statt.

Ein weiteres Merkmal einer totalen Institution sieht Homfeldt bei der Sonderschule für Lernbehinderte darin gegeben, dass diese Schule für ihre Schülerinnen und Schüler einen Verlust ihrer bisherigen Identität mit sich bringt und später – nach der Schulentlassung – ihre soziale und berufliche Mobilität und Selbstverwirklichung einengt. Die empirische Befundlage zur Identitätsbildung der Schülerinnen und Schüler in Lernbehindertenschulen ist nicht völlig eindeutig. Ein Wechsel der Bezugsgruppe könnte es Schülerinnen und Schülern dieser Institution nämlich erleichtern, ein positives Selbstbild der eigenen Leistungsfähigkeit aufrecht zu erhalten und die Schuld für ihr schulisches Versagen zu externalisieren, zum Beispiel dem abgebenden Grundschullehrer die Verantwortung dafür zuzuschreiben. Die vorläufige Befundlage wird von Eberwein (1996) folgendermaßen zusammengefasst:

> „Verschiedene Studien konnten zwar belegen, dass ‚intelligentere' Lernbehinderte im Laufe ihrer Schulzeit aufgrund von Bezugsgruppeneffekten ein positives Selbstbild entwickeln, dass aber nach der Umschulung in die Sonderschule und vor der Entlassung aus dieser Schule eine erhebliche Stigmatisierung aufgrund des Etiketts ‚lernbehindert' besteht." (Eberwein 1996, S. 206)

Man kann es jedoch bereits als negativ bewerten, wenn ein solches „positives Selbstbild" nur dadurch begünstigt wird, dass die betreffenden Schülerinnen und Schüler durch ihren Schulaufenthalt von ihrer Gleichaltrigengruppe und der übrigen sozialen Realität abgeschirmt werden – trotz des Halbtagscharakters auch dieses Schultyps. Hinzu kommt, dass die Schule für Lernbehinderte die Rolle der Stigmatisierung ihrer Schülerinnen und Schüler nolens volens schon allein dadurch übernimmt, dass sie selbst stigmatisiert ist (Homfeldt 1996,

S. 182). Das spüren neben der Schülerschaft auch die Sonderschullehrkräfte, die trotz gleicher Bezahlung ein geringeres soziales Prestige besitzen als ihre Kolleginnen und Kollegen an Gymnasien.

Homfeldt, für den die Sonderschule für Lernbehinderte eine „Spielart einer totalen Institution" ist (Homfeldt 1996, S. 183), plädiert konsequenterweise nicht nur für die schulische und unterrichtliche Integration der „Lernbehinderten", sondern darüber hinausgehend auch für eine Integration der Sonderpädagogik in die anderen Lehrämter. Der Vorschlag beinhaltet eine interessante Erweiterung des Integrationsgedankens. Ob es sich dabei um eine realistische und Erfolg versprechende Alternative handelt, das kann und soll hier nicht zu beantworten versucht werden. Mir scheint diese Option jedoch in der aktuellen bildungspolitischen Diskussion nicht favorisiert zu werden.

Obwohl die Integrationsdiskussion darauf nicht explizit Bezug nimmt, scheinen auf Sonderschulen für Schülerinnen und Schüler mit körperlichen und sensorischen Beeinträchtigungen in stärkerem Maße als für die Sonderschule für Lernbehinderte Attribute einer totalen Institution zuzutreffen. Sie übernehmen eine identitätsstiftende Rolle für ihre Schülerinnen und Schüler und erfüllen dieses Kriterium einer totalen Institution vor allem dann, wenn sie mit stationärer Unterbringung gekoppelt sind. Gerade für diese Schulen und Einrichtungen könnte die Diskussion um totale Institutionen hilfreich sein. Eine kritische Auseinandersetzung mit der eigenen Rolle könnte dazu beitragen, die unbeabsichtigten sozialen Nebenwirkungen ihrer pädagogischen Förderprogramme und ihrer unbestreitbaren Fördererfolge zu bedenken.

2.3 Integrationspädagogik als Reaktion auf die Stigma-Diskussion?

Die Behindertenpädagogik und speziell die Integrationspädagogik können sicherlich nicht ausschließlich als eine Reaktion auf wissenschaftliche Diskurse aufgefasst werden. Interessant und legitim ist aber trotzdem der Versuch, sonderpädagogische Entwicklungen und Entwürfe als Reaktionen auf die von der Stigmatheorie aufgezeigte, vermeidbare wie unvermeidliche Verstrickung der Sonderpädagogik in die Konstitution ihres „Gegenstandes" zu begreifen. Der reaktive

Charakter der im Folgenden aufgeführten Aktivitäten der Sonderpädagogik bedeutet im Übrigen nicht, dass diese als falsch oder als irrational zu verurteilen und abzulehnen wären.

Man kann drei Reaktionen in der pädagogischen Diskussion um Behinderung ausmachen, die durch die stigmatheoretische Diskussion hervorgerufen bzw. wesentlich angeregt wurden.

1. Eine frühe Reaktion auf die Stigma-Diskussion bestand darin, die Zumutung zurückzuweisen, die sonderpädagogische Etikettierung oder Stigmatisierung eines Schülers/einer Schülerin als „behindert", speziell als „lernbehindert" oder als „verhaltensbehindert", sei entscheidend für die weitere Biografie des Schülers. Deshalb versuchte man die Stigmatheorie zu verwässern. Ihre „Logik" wurde unkenntlich gemacht, indem man Stigmata die eingeschränkte Rolle einer neuen, zusätzlichen Ursache von Behinderung zuwies. Nach dieser sonderpädagogischen Lesart der Theorie würden Stigmatisierungsprozesse Behinderungen verfestigen und verstärken können (vgl. Antor 1976; im historischen Überblick: Balgo 2002). Zum Teil wurden Stigmata neben andere ätiologische Faktoren von Behinderung gestellt und etwa in heute verbreitete biopsychosoziale Modelle abweichenden Verhaltens integriert.

   Gegenüber dieser Lesart ist jedoch hervorzuheben, dass die Stigmatheorie prinzipiell kein Konkurrenz- oder Ergänzungsmodell für andere Ursachenkonzepte von Behinderung darstellt, seien diese soziologischer oder medizinisch-biologischer Art. Solchen Konzepten begegnet die Stigmatheorie indifferent, da sie eine völlig andere Zielsetzung hat. Ihr Hauptanliegen besteht darin, „Behinderung" als soziales Geschehen zu begreifen. Objektive Gegebenheiten, bestimmte Entstehungsbedingungen einer Behinderung sind für die Stigmatheorie nur insoweit relevant, als sich in und an ihnen manifestiert, wie sie institutionell interpretiert, konstruiert, rekonstruiert und systematisiert werden. Der sonderpädagogischen Wissenschaft versetzt die Stigmatheorie die „Kränkung", selbst Teil dieses Stigmatisierungsgeschehens zu sein, also keine – humanistisch und intellektuell unantastbare – Position über dem Geschehen beanspruchen zu können.

2. Als zweite Reaktion auf die Stigma-Diskussion ist innerhalb des Diskurses der Sonderpädagogik ein beinahe übersteigertes Bemühen um „political correctness" festzustellen. Die mehrmaligen Um-

benennungen der Sonderschule sind hier anzuführen, die von der „heilpädagogischen" Anstalt zur „Hilfsschule", später von der „Sonderschule" zur Schule mit einem speziellen Förderangebot umdefiniert wurde. Auch die konkurrierenden Bezeichnungen der Disziplin als „Heilpädagogik", „Sonderpädagogik" oder – in Berlin und in neuen Bundesländern – als „Rehabilitationswissenschaft", spiegeln das Bemühen wider, möglichst ausgrenzende und stigmatisierende Bezeichnungen für ihre Klientel zu vermeiden. Wenn man an die unselige Tradition der Stigmatisierung und Verfolgung von Behinderten denkt, ist ein solches Bemühen um eine nicht-diskriminierende Sprache zweifellos zu respektieren. Man darf sich von solchen Sprachregelungen allein jedoch keine dauerhafte Beseitigung von Diskriminierung erhoffen. Denn mit den Bezeichnungen verschwinden noch nicht die dahinter liegenden und institutionell verfestigten Erwartungen.

Zum Bemühen um „political correctness" ist auch die hierzu gegenteilige Reaktion zu rechnen. Gemeint ist damit der neuerdings aktualisierte, anthropologisch begründete Versuch, Gestörtsein, Behindertsein als Wesensaspekt des Menschen aufzufassen (vgl. z.B. Bundschuh 1997, S. 310). Es wird proklamiert, die Imperfektheit sei ein Merkmal des Menschen schlechthin, Behinderung sei der Normalfall. Dementsprechend könne jeder das Recht für sich in Anspruch nehmen, seine Behinderung zu leben und unter Umständen auch an die künftige Generation weiterzugeben. Die moderne Reproduktionsmedizin rückt diese Forderung in den Bereich des Machbaren, wie das am spektakulären Fall der gezielten Zeugung gehörloser Kinder durch gehörlose Eltern resp. Mütter deutlich wird (vgl. Spiewak/Viciano 2002).

3. Eine dritte Reaktion auf die Stigmatheorie und den Umstand, dass wissenschaftliches und professionelles Vorgehen nicht von Stigmatisierungstendenzen freigesprochen wird, stellen die schulischen Integrationsbemühungen dar, die in ihren verschiedenen Varianten innerhalb der Sonderpädagogik heute auf breite Zustimmung stoßen. Aus dem reaktiven Charakter der Integrationsbemühungen ist zu erklären, weshalb „Integration" vor allem von sonderpädagogischer Seite (neben Eltern behinderter Kinder) thematisiert und propagiert wurde und wird, während die Resonanz auf die vielen vorgebrachten Argumente in der übrigen Lehrerschaft bisher eher gering ist. Dieses Ungleichgewicht zwischen befürwortender und

skeptischer Haltung gegenüber der schulischen Integration Behinderter ist sowohl in der Schulpraxis als auch in der erziehungswissenschaftlichen Diskussion zu konstatieren.

Dem reaktiven Entstehen der Integrationsdiskussion mag auch das Übergewicht programmatischer Aussagen im Integrationsdiskurs geschuldet sein. Das Wie der schulischen Integration scheint dagegen etwas ins Hintertreffen geraten und auch noch nach Jahren schulischer Integrationspraxis eine Herausforderung zu sein (vgl. Heimlich 2002).

Zusammenfassung von Kapitel 2

Behinderung gilt seit jeher als Stigma. Die Diskriminierung und die Unterdrückung von Behinderten in der Vergangenheit – und zum Teil noch in der sich humanistisch verstehenden Gegenwart – verweisen auf tief verwurzelte, triebhafte Einstellungen und Vorurteile, die sich pädagogisch nur bedingt verändern lassen.

Darüber hinaus beschreibt die Stigmatheorie, die in der soziologischen Theorietradition des Symbolischen Interaktionismus steht, wie „Behinderungen" und andere Abweichungen sozial hergestellt werden und über die so entstehende „sekundäre Abweichung" ihre diskriminierende und identitätsverändernde Wirkung entfalten. Die Verfestigung von Abweichungen kann verstärkt werden, wenn so genannte totale Institutionen die soziale Kontrolle über die betreffenden Individuen erhalten.

Die Stigmatheorie bereitet wissenschaftlichen und professionellen Ansätzen wie der Sonderpädagogik eine „Kränkung", da sie diese an der Produktion von Abweichung und an der Stigmatisierung von Abweichenden beteiligt sieht. Die soziale Wirkung dieser Ansätze erschöpft sich demzufolge nicht in ihrer selbst gesetzten Zielsetzung, Abweichende, Behinderte zu schützen, zu unterstützen und zu rehabilitieren.

Fragen

1. Was versteht man unter sekundärer Abweichung und welche Folgen sind damit für die abweichenden Individuen verbunden?

2. Nennen Sie die Goffmanschen Prototypen totaler Institutionen und diskutieren Sie, ob die Sonderschulen als totale Institutionen gelten können!

Einführende Literatur

Goffman, E. (1973) Asyle. Über die soziale Situation psychiatrischer Patienten und anderer Insassen. Frankfurt a.M. (S. 13-122)

Homfeldt, H.G. (1996) Die Schule für Lernbehinderte unter labelingtheoretischen Aspekten – Konsequenzen für schulisches Lernen. In: Eberwein, H. (Hg.): Handbuch Lernen und Lern-Behinderungen. Weinheim, S. 176-191

3. Die Historie von Eugenik und Euthanasie

Der Mensch gilt gemeinhin als „animal sociale", als „soziales Lebewesen". Anderen, den Eltern, einer Gemeinschaft verdankt er seine Existenz und seine Entwicklung. Ohne Hilfe, ohne Anregung seiner sozialen Umwelt ist der Mensch nicht lebensfähig. Aber die lebensnotwendige Unterstützung anderer bedeutet für das Individuum immer auch eine Einschränkung und Lenkung des Handelns. Diese Zweischneidigkeit des sozialen Einflusses gilt im Übrigen seit Kant als die unaufhebbare Antinomie der Pädagogik (und anderer fürsorglicher Bemühungen), die Freiheit des Individuums über den Zwang zu „kultivieren" (vgl. Helsper 1995).

Eine Zivilisation wie die unsere, die Würde und Rechte des Einzelnen betont, setzt sich damit einer Dauerproblematik aus und hat immer wieder erneut zu klären, welche Eingriffe wie tief in das Leben und Handeln eines Individuums zulässig sind. Diese Zivilisationsproblematik verstärkt sich dadurch, dass mit dem rechtlichen Individualismus zeitlich und ideengeschichtlich die Durchsetzung der modernen Wissenschaften und ihrer Doktrin verbunden ist, die neben objektiven Erkenntnissen eine planmäßige, vernünftige Gestaltung von Natur und Mensch versprechen – also die Beseitigung natürlicher Beschränkungen des Menschen, die Verhütung und Heilung von Krankheiten, die rechtliche und gesetzliche Begründung der Gesellschaft und ihrer Institutionen. Von diesen umfassenden Bestrebungen um mehr Rationalität und den damit gegebenen unbeabsichtigten Nebenwirkungen bleibt das Individuum nicht unberührt.

Für das Thema „Integration Behinderter" interessiert in diesem Zusammenhang der im letzten Jahrhundert aufgekommene, nennen wir es einmal bewusst naiv, „wissenschaftliche" Umgang mit Krankheit und Behinderung. Wenig rühmlich entwickelten sich hierbei die unter den Bezeichnungen „Eugenik" und „Euthanasie" eingebrachten Vorstellungen für den gesellschaftlich-planmäßigen Umgang mit Behinderungen, die bekanntlich im Nationalsozialismus zu grausamen Exzessen ausuferten. Auf die Entstehung und auf die nationalsozialistische „Version" dieser Vorstellungen gehe ich in diesem Kapitel ein. Mit der aktuellen Renaissance von Eugenik- und Euthanasie-Vorstellungen, wie sie sich aus der Weiterentwicklung der Biowissenschaften, also der Medizin und der Humanbiologie, beinahe unweigerlich ergeben, setze ich mich erst danach in einem eigenen Kapitel (4.) auseinander.

3.1 Die Entstehung der Eugenik

Das Erscheinen des Werkes von Charles Darwin im Jahr 1859 „The Origin of Species", auf Deutsch und ausführlich „Die Entstehung der Arten durch natürliche Zuchtwahl oder die Erhaltung der begünstigten Rassen im Kampf ums Dasein" wird allgemein als entscheidender Durchbruch angesehen, die Entwicklung der Menschheit biologischen Gesetzmäßigkeiten zu unterwerfen. Allerdings vollendete Darwin erst gut ein Jahrzehnt nach Erscheinen seines bahnbrechenden Werkes die „biologische Kränkung" des Menschen und übertrug die Evolutionstheorie von den anderen Lebewesen auf den Menschen, indem er die Entstehung der Menschheit nicht mehr als Schöpfungsakt begriff, sondern in die natürliche Entwicklungsgeschichte einordnete.

Die heute im Prinzip kaum noch umstrittene Deszendenztheorie Darwins beinhaltet jedoch nicht per se die Empfehlung, die Prinzipien der natürlichen Auslese auf die Weiterentwicklung menschlicher Gesellschaften zu übertragen oder dort durch entsprechende Aktivitäten und Maßnahmen zur Wirkung kommen zu lassen. Die Bezeichnung „Sozialdarwinismus", der die natürlichen Selektionsprinzipien auf das menschliche Sozialleben angewandt sehen möchte, ist insofern irreführend, als er zwar auch in Darwins Schriften zu entdecken sein mag, aber insgesamt auf viel älteren und unabhängig von Darwin entwickelten Vorstellungen beruht (vgl. Levi-Strauss 1994, S. 148ff.). Allenfalls lässt sich nachweisen, dass Darwins Theorie durch diese ältere geistige Strömung beeinflusst und begünstigt wurde, was der folgende Abschnitt aus Darwins 1871 erschienenen Schrift „Die Abstammung des Menschen und die geschlechtliche Zuchtwahl" belegt:

„Bei Wilden werden die an Geist und Körper Schwachen bald beseitigt und die, welche leben bleiben, zeigen gewöhnlich einen Zustand kräftiger Gesundheit.

Auf der anderen Seite tun wir zivilisierten Menschen alles nur Mögliche, um den Prozess dieser Beseitigung aufzuhalten. Wir bauen Zufluchtsstätten für die Schwachsinnigen, für die Krüppel und die Kranken, wir erlassen Armengesetze, und unsere Ärzte strengen die größte Geschicklichkeit an, das Leben eines jeden bis zum letzten Moment noch zu erhalten. Es ist Grund vorhanden anzunehmen, dass die Impfung Tausende erhalten hat, welche infolge ihrer schwachen Konstitution früher den Pocken erlegen wären. Hierdurch geschieht es, dass die schwächeren Glieder der zivilisierten Gesellschaft auch ihre Art fortpflanzen. Niemand, welcher der Zucht domestizierter Tiere seine Aufmerksamkeit geschenkt hat, wird daran zweifeln, dass dies für die Rasse des Menschen im höchsten Grade schädlich sein muss. Es ist überraschend, wie bald ein Mangel an Sorgfalt oder eine unrecht geleitete Sorgfalt zur Degeneration einer domestizierten Rasse führt; aber mit Ausnahme des den Menschen betreffenden Falls ist kein Züchter so unwissend, dass er seine schlechtesten Tiere zur Nachzucht zulässt." (Darwin 1971[1871], S. 146)

Der große Teil der Vertreter und Anhänger der von Darwin entworfenen Deszendenztheorie emanzipierte sich mittlerweile von dem im Zitat aufscheinenden ideologischen Hintergrund. Das galt nicht für den Amateurforscher Francis Galton, einen Vetter Darwins, der die „sozialdarwinistische" Ideologie und Bewegung unter ausdrücklicher Bezugnahme auf seinen berühmten Verwandten ausbaute. Galton interessierte sich für die Vererbung geistiger Fähigkeiten und inspirierte auf dieser „genetischen" Grundannahme die damals aufkommende Intelligenzforschung.[9] Hinter Galtons Bemühungen stand der Wunsch, das Erbgut der Menschheit zu verbessern, dessen vermeintliche Qualitätseinbußen wettzumachen, die er und seine Mitstreiter zivilisatorischen Errungenschaften wie Nächstenliebe, Sozialfürsorge und hygienischen Maßnahmen zuschrieben. In einer 1883 in den USA erschienenen Publikation führt Galton den Begriff der Eugenik ein, einen aus dem Griechischen abgeleiteten Begriff, der soviel wie „gute Abstammung" bedeutet (vgl. Beck 1996, S. 82f.; Wolff 1996, S. 94).

Galton propagierte die später so genannte positive Eugenik, das heißt die Verbesserung des Erbguts und damit die Stärkung einer Population bzw. – in der damaligen ideologieträchtigen Terminologie – einer „Rasse". Die Fortpflanzung von Personen mit besonders guten, vermeintlich ererbten körperlichen, geistigen und charakterlichen Eigenschaften sollte gefördert und deren Nachkommenschaft vergrößert

---

9   Die entstehende psychometrische Intelligenzforschung konnte sich zwar stark ausbreiten, aber sich bis heute nicht entscheidend von dem ursprünglichen „Webfehler" erholen.

werden. Das Erreichen von „the survival of the fittest" im Humanbereich sollte durch soziale Maßnahmen, etwa durch die finanzielle Unterstützung der betreffenden Familien, garantiert werden. Die positive Eugenik fußte auf der unbewiesenen Annahme der Vererbung komplexer Eigenschaften. Damit aber war der – ohnehin allenfalls langfristig zu erwartende – Erfolg positiv eugenischer Maßnahmen zweifelhaft. So blieben denn etwa auch die späteren Versuche der Nationalsozialisten, Herrenmenschen zu züchten, lediglich – im Nachhinein rabiat erzielte wie lächerliche – Propagandaerfolge.

Von der „positiven Eugenik" ist die „negative Eugenik" zu unterscheiden. Mit Maßnahmen negativer Eugenik soll die Verbreitung schlechten, kranken Erbgutes unterbunden oder eingeschränkt werden. Öffentliche oder staatliche Interventionen konzentrierten sich auf diese Variante der Eugenik, deren Durchführung leichter (das heißt mit Gewalt oder sozialem Druck) zu gewährleisten war und deren Erfolg sich so zu sagen mit ihrer Durchführung einstellte. Die verbreitetsten Maßnahmen negativer Eugenik waren Sterilisationen oder Heiratsverbote.

Trotz der damals beschränkten genetischen Kenntnisse und den aus heutiger Sicht zu konstatierenden Fehlannahmen über die Vererbung komplexer Eigenschaften stieß Galtons Eugenik zu Beginn des 20. Jahrhunderts in den USA und in Europa auf beachtliche Resonanz. Im Jahre 1907 erließ beispielsweise der amerikanische Bundesstaat Indiana ein Gesetz, das die Sterilisierung Geisteskranker, Krimineller und Nichtsesshafter – in der Regel auf freiwilliger Basis – vorsah und das viele der anderen Bundesstaaten übernahmen (vgl. Antor/Bleidick 1995, S. 181). Darüber hinaus wurden in den USA am Anfang des 20. Jahrhunderts genetische Beratungsstellen eingerichtet. In deren Selbstverständnis ging es, völlig konform mit den Annahmen Galtons, um die „Verbesserung der biologischen Rasse, der Struktur des Gehirns, der geistigen Begabung und somit des Verhaltens der Menschen" (zit. nach Wolff 1996, S. 96).

In Deutschland und anderenorts in Europa waren zur gleichen Zeit ebenfalls eugenische bzw. so genannte rassenhygienische Überlegungen und Aktivitäten im Anwachsen begriffen. Das hohe Maß an Zustimmung zur Eugenik belegt beispielsweise ein gegen Ende der Weimarer Republik eingebrachter Gesetzentwurf, der die eugenische Sterilisierung vorsah. Auch in der evangelischen Kirche Deutschlands war Eugenik kein Tabu. Im Jahr 1931 sprach der Centralausschuß für Innere Mission von einer „Pflicht zur Sterilisation aus Nächstenliebe" (zit. nach Beck 1996, S. 85). Eugenische Überlegungen waren also schon im Kaiserreich und in der Weimarer Republik weit verbreitet und über Deutschland hinaus akzeptiert. Es existierten schon die grundlegenden Überlegungen und Überzeugungen, an die der Rassismus des Nationalsozialismus gewissermaßen nahtlos anknüpfen konnte.

3.2   Euthanasie

„Euthanasie ist die Fortsetzung der Eugenik mit gesteigerten Mitteln der Inhumanität". So beginnt ein Kapitel in dem lesenswerten Buch von Antor/Bleidick (1995, S. 30). Diese Aussage ist jedoch einzuschränken; denn Eugenik und ihre wissenschaftliche Grundlagendisziplin, die Humangenetik, müssen nicht zwingend mit Euthanasie verbunden sein. Erst die historische Konstellation aus wissenschaftlichen Erkenntnissen und dominierenden Ideologien führte zu Beginn des 20. Jahrhunderts im Ergebnis dazu, dass Eugenik und Euthanasie ineinander übergingen und in den Verstümmelungen und Tötungen Behinderter und anderer als minderwertig angesehener Bevölkerungsgruppen während der nationalsozialistischen Herrschaft kulminieren konnten.

Der Begriff „Euthanasie" verlor deswegen erst Ende des 19. Jahrhunderts seine „Unschuld" (vgl. Beck 1996, S. 86f.). Der ebenfalls aus dem Griechischen stammende Begriff, der mit „schöner Tod" übersetzt werden kann, war bis dahin Bestandteil der ärztlichen Kunst und bedeutete, einem sterbenden Menschen durch Zuwendung, Pflege und Schmerzlinderung das Hinüberscheiden in den Tod zu erleichtern. Eine künstliche Verkürzung des Lebens durch bestimmte Substanzen und dergleichen gehörte nicht zur ärztlichen Kunst und war folglich auch nicht notwendig Bestandteil von Euthanasie. Von der Bedeutung als Sterbebegleitung zum Unwort wurde „Euthanasie" erst im Verlauf des 19. Jahrhunderts, als man im Zusammenhang mit sozialdarwinistischen Gedanken nicht nur das Recht auf den eigenen Tod (Alfred Ploetz) propagierte, sondern auch den gesellschaftlichen Wert eines Menschen zu taxieren begann (Alfred Jost) und bei bestimmten Individuen zu Werten „unter Null" gelangte.

Aus heutiger Sicht wurde die pseudowissenschaftliche Grundlage für die späteren nationalsozialistischen Verbrechen an Behinderten bereits im Jahre 1920 gelegt. In diesem Jahr erschien die nur etwas über sechzig Seiten umfassende Schrift der Freiburger Hochschullehrer Karl Binding und Alfred Hoche unter dem Titel „Die Freigabe der Vernichtung lebensunwerten Lebens. Ihr Maß und ihre Form" (vgl. Beck 1996, S. 86f.). Die Tötung von Menschen wird darin in den folgenden Fällen für nicht strafbar gehalten:

- im Falle des Selbstmordes (etwa wenn jemand schwer erkrankt sei);
- in Form des so genannten Gnadentodes, wenn z.b. ein Arzt einen Sterbenden von seinem Leiden „erlöst";
- bei nicht schützenswerten Menschen. Das sind in dieser Schrift Kranke und Verwundete, die im vollen Bewusstsein den Todeswunsch zu erkennen geben; außerdem Menschen, die als „unheilbar Blödsinnige" ohne eigenen Willen bezeichnet werden und schließlich bewusstlose Personen, deren geistig-körperliche Genesung nicht mehr zu erwarten ist.

3.3 Eugenik und Euthanasie im Nationalsozialismus

Auf der geschilderten wissenschaftlich, ideologisch und politisch vorbereiteten Basis konnten die Nationalsozialisten bald nach der Machtergreifung mit der praktischen Umsetzung ihres rassistischen und behindertenfeindlichen Programms beginnen (vgl. hierzu vor allem Beck 1996). Bereits am 14.07.1933 wurde – aufbauend auf der Gesetzesvorlage aus der Weimarer Zeit – das „Gesetz zur Verhütung erbkranken Nachwuchses" (GzVeN) erlassen. Von eugenischen Regelungen in anderen Ländern wich das Gesetz ab, indem es massenhafte unfreiwillige Sterilisierungen propagierte. Als Opfer solcher Zwangsmaßnahmen zählten die folgenden Personengruppen, bei denen Erbkrankheiten unterstellt wurden: angeborener Schwachsinn, Schizophrenie, manisch-depressive Psychosen, schwerer Alkoholismus und, soweit als ererbt angesehen, Epilepsie, Veitstanz, Blindheit, Taubheit und körperliche Missbildungen. Später wurden die im Gesetz vorgesehenen Sterilisierungen auf weitere Personengruppen ausgeweitet, nämlich auf sozial auffällige Jugendliche, Straffällige, Prostituierte, Juden, Sinti und Roma.

Der Hinweis auf eine Vererbung der genannten Krankheiten bzw. Personenmerkmale konnte in vielen Fällen nur eine vorgeschobene

Begründung sein; denn die Erblichkeit war damals bei keiner der angegebenen Krankheiten, Behinderungen oder Merkmale nachweisbar und wird vielfach auch künftig nicht nachweisbar sein, sofern eine Erblichkeitsannahme unsinnig ist. Aber selbstverständlich hätte auch eine erwiesene Erblichkeit bei den als erbkrank klassifizierten Personen damals nicht die Durchführung einer Sterilisation gerechtfertigt.

Den nationalsozialistischen Zwangssterilisationen waren nach Schätzungen zwischen 300000 und 400000 Menschen ausgesetzt. Diese Zahl umfasst ca. zwei Drittel aller damals in Deutschland als erbkrank geltenden Personen. Die Hilfsschullehrer scheinen an dem nationalsozialistischen Sterilisierungsprogramm zahlreich beteiligt gewesen zu sein; sie übernahmen dabei gutachterliche und archivarische Aufgaben (vgl. Vernooij 2000, S. 107f.).

In der Vorkriegszeit verlor das Sterilisierungsprogramm an Bedeutung, unter anderem weil im Zuge der Kriegsvorbereitung für Wehrmacht und (Rüstungs-)Industrie nutzbare „Erbkranke" benötigt wurden. Außerdem steigerte sich das eugenische Sterilisierungsprogramm ab 1939/1940 zur eugenischen Euthanasie, zur Vernichtung des so genannten lebensunwerten Lebens. Im Unterschied zum Programm der Zwangssterilisation wurde die Euthanasie nicht offiziell auf gesetzlicher Grundlage durchgeführt, sondern lief als geheime Aktion, als „Aktion T-4", benannt nach der Berliner Tiergartenstraße 4, dem Ort der Verbrechensplanung.

Das nationalsozialistische Euthanasie-Programm setzte die systematische Erfassung und Meldung von missgebildet oder mit Behinderungen geborenen Säuglingen und Kleinkindern voraus und beruhte weiterhin auf einer als statistische Erhebung getarnten Erfassung von schwer erkrankten und behinderten Patienten in Heil- und Pflegeanstalten. Die so Erfassten fanden in eigens dafür vorgesehenen Anstalten oder Abteilungen psychiatrischer Krankenhäuser ihren Tod durch tödlich wirkende Substanzen oder durch Nahrungsmittelentzug. Die Zahl der allein bis Kriegsende durchgeführten Kindestötungen wird auf 5000 bis 8000 geschätzt. Nach den erhaltenen statistischen Unterlagen wurden in den gut anderthalb Jahren der Vernichtungsaktion in den Jahren 1940 und 1941 insgesamt sogar über 70000 psychisch und geistig kranke Menschen umgebracht. Im August 1941 wurde die „Aktion T-4" offiziell gestoppt. Als ein Grund für den Stopp wird vermutet, dass damals das „Planziel" erreicht gewesen wäre. Denn diese 70000 Getöteten entsprachen der Berechnung, wonach auf 1000

Personen zehn psychiatrisch behandelte Personen kämen, von denen fünf stationärer Behandlung bedürften, von denen einer wiederum als „lebensunwert" gelten könne. Allerdings wurden auch nach dem offiziellen Euthanasie-Stopp noch mindestens 50000 bis 60000 Personen in den Vernichtungsanstalten umgebracht.

Ich denke, diese Zahlen bedürfen keines weiteren Kommentars.

3.4 Zur Rolle der deutschen Hilfsschulpädagogik unter nationalsozialistischer Herrschaft

Ich hatte bereits die Mitwirkung von Hilfsschullehrern am Sterilisierungsprogramm der Nationalsozialisten erwähnt. Wie steht es um die generelle Verstrickung der damaligen Behindertenpädagogik in die nationalsozialistischen Verbrechen gegen Behinderte?

Man versteht diese Verstrickung am besten, wenn man die Politik der Behindertenpädagogik in der Zeit vor und in der Zeit nach dem Nationalsozialismus berücksichtigt. Nach Ellger-Rüttgardt, die über reiches Quellenmaterial aus dieser Zeit verfügt, waren die politischen Überzeugungen der Hilfsschullehrer bereits während des Kaiserreichs überwiegend konservativ-nationalistisch geprägt. Die Grundhaltung manifestierte sich auch im Urteil über ihre Klientel:

> „Die Hilfsschulkinder als Angehörige der unteren Gesellschaftsklassen wurden als Untertanen betrachtet, denen wohl private und staatliche Wohltätigkeit, aber nicht bürgerliche Rechte zuerkannt wurden und die im späteren Erwerbsleben einen gesellschaftlichen Platz einnehmen sollten, der ihnen aufgrund von Herkunft und persönlicher Leistungsfähigkeit zukam." (Ellger-Rüttgardt 1998, S. 55)

Solche Überzeugungen konkretisierten sich in einer unnötigen Beschränkung der unterrichtlichen Ziele in Hilfsschulen und konnten darüber hinaus auch eine Aufgeschlossenheit für die sich damals ausbreitenden eugenischen und rassistischen Vorstellungen implizieren. Die Geringschätzung der Kinder in den Hilfsschulen konnte sich in heute unvorstellbaren, auch unbeholfen klingenden Formulierungen niederschlagen wie in denen des Quedlinburger Hilfsschullehrers Erich Gossow aus dem Jahre 1931:

> „Dass die Kinder aus diesen verseuchten Volksschichten nicht vollwertig sein können, wurde mir nach diesen Feststellungen besonders klar. Es treffen in die-

sem Milieu so viele negative Faktoren zusammen, die miteinander verknüpft sind wie die Fäden zum Fischernetz. Es gibt nur selten ein Entschlüpfen. Diese Menschen sind morsch durch eigene Schuld oder durch die Schuld ihrer Eltern und Großeltern und sind körperlich und seelisch nicht fähig, sich ein gesundes Lebensmilieu zu schaffen." (zit. nach Ellger-Rüttgardt, ebd., S. 58).

Solche Haltungen waren während der Weimarer Republik symptomatisch und durchaus typisch für die Überzeugungen, wie sie in der „Vorstandsetage" des damaligen Berufsverbandes, des Verbandes der Hilfsschulen Deutschlands, vertreten wurden. Aus „rassenhygienischen" Gründen befürwortete etwa der Schriftführer der Verbandszeitschrift, August Henze, bereits 1930 für bestimmte Hilfsschüler eine „lebenslängliche Unterbringung in Arbeitsheimen", um damit die Arbeitskraft der Betreffenden optimal zu nutzen und um zugleich ihre Fortpflanzung zu verhüten. Ich zitiere seine damals schriftlich niedergelegte Haltung zur Sterilisation von Behinderten:

„Andererseits muss aber betont werden, dass angesichts der vorliegenden Notlage unseres Volkes selbst bei der Möglichkeit vereinzelter Missgriffe man den Gedanken der Sterilisation nicht einfach abweisen darf. Der moderne Heilpädagoge muss sich heute auf den Standpunkt stellen, dass er an seinem Teile nach Kräften dabei mitzuwirken hat, dass sein Wirken in Zukunft möglichst überflüssig werde, und er hat sich deshalb dafür einzusetzen und dazu beizutragen, dass weiteste Kreise sich an den Gedanken der Sterilisation gewöhnen und dass so die Zeit reif wird für die Berücksichtigung des Gedankens im Strafrecht der Völker." (zit. nach Ellger-Rüttgardt 1998, S. 62)

Man darf annehmen, dass der Nationalsozialismus auf solche Pädagogen trefflich bauen konnte, und zwar sowohl in politisch-ideologischer als auch in personeller Hinsicht. Daher braucht man auch nicht über die relativ problemlose „Gleichschaltung" der Hilfsschulpädagogik nach der Machtübernahme der Nationalsozialisten zu erstaunen. Trotz verbandlicher Veränderungen war eine weitgehende personelle und politische Kontinuität in der Standesvertretung zu verzeichnen.

Die fatale politische Anpassungsleistung verdeutlicht das Hilfsschulprogramm, das der Verband Anfang März 1933, vor seiner Auflösung und Gleichschaltung (d.h. Überführung in den NSLB, den Nationalsozialistischen Lehrerbund), in vorauseilendem Gehorsam formulierte. Der Verband tat dies also zu einem Zeitpunkt kurz nach der Machtergreifung Hitlers, als die innenpolitischen Konsequenzen der nationalsozialistischen Diktatur noch nicht völlig überschaubar waren.

Abb. 1: Hilfsschulprogramm aus dem Jahre 1933
(Möckel 1998a, S. 300)

Die Hilfsschule ist nach ihrem Gesamtcharakter eine Heil-Erziehungsschule. Sie hat die Aufgabe, geistig gehemmte Kinder, die im Rahmen der Volksschule nicht ausreichend gefördert werden können, zu sozial und wirtschaftlich brauchbaren Menschen heranzubilden. Langjährige Erfahrung und die Feststellungen staatlicher Behörden erweisen einwandfrei die Tatsache, dass die Hilfsschule imstande ist, diese Aufgabe zu lösen.

Schwerschwachsinnige und ausgesprochene Psychopathen, die in ihrem späteren Leben nicht in den produktiven Arbeitsprozess und die soziale Lebensgemeinschaft eingegliedert werden können, gehören nicht in die Hilfsschule.

Einrichtung und Ausbau der Hilfsschule sind allgemein durchzuführen. Insbesondere ist auch in kleineren Städten und auf dem Lande die Einrichtung von Hilfsschulen und Kreishilfsschulen zu erstreben.

Jede Hilfsschule ist eine selbständige Einrichtung mit eigener Leitung. Aus unterrichtlicher und erzieherischer Notwendigkeit wird die räumliche Trennung von jeder anderen Schulgattung gefordert.

Zur Regelung der besonderen Daseins- und Arbeitsbedingungen der Hilfsschule fordern wir ein Hilfsschulgesetz. Solange diese gesetzliche Regelung nicht erfolgt ist, erscheint der einheitliche Meldungszwang für alle geistig gehemmten Schüler vordringlich notwendig. Hilfsschüler, deren Zustand sich durch intensive heilpädagogische Behandlung so gebessert hat, dass sie mit Erfolg am Unterricht der Normalschule teilnehmen können, werden in diese zurückgeschult.

Alle Lehrenden der Hilfsschule erhalten eine heilpädagogische Ausbildung. Diese erfolgt in besonderen heilpädagogischen Instituten (Universität – Heilpädagogisches Fachseminar – Heilpädagog. Übungsschule). Die Aufnahme erfolgt bei geeigneten Bewerbern, welche den Nachweis der Berechtigung zur endgültigen Anstellung besitzen, nach vorausgegangener mindestens dreijähriger Beschäftigung und Bewährung im Volksschuldienst. Die besondere Eignung für den Hilfsschuldienst ist durch die Schulaufsichtsbehörde zu bescheinigen.

Die Schulaufsicht wird ausgeübt durch heilpädagogisch ausgebildete und in der heilpädagog. Praxis bewährte Persönlichkeiten. Die Übertragung der Schulaufsichtsbefugnisse erfolgt unter Beibehaltung lebendiger Verbindung mit der praktischen Hilfsschularbeit. Auf dieser Grundlage ist der Umfang der einzelnen Schulaufsichtsbezirke entsprechend zu bemessen.

In Gemeinden mit Hilfsschuleinrichtung gehört in jedem Falle ein Hilfsschullehrer in die örtlichen Schuldeputation an.

Für das Unterrichtsministerium wird ein heilpädagogisch erfahrener Fachreferent gefordert. Ihm wird ein heilpädagogischer Fachausschuss, dem drei Mitglieder der heilpädagogischen Praxis angehören, zur Seite gestellt.

Verband der Hilfsschulen Deutschlands.
Lesemann, 1. Vorsitzender.

Bemerkenswert an diesem Programm (vgl. Abbildung 1) ist im vorliegenden Zusammenhang zweierlei. Es wird zum einen der Ausschluss eines Personenkreises aus der damaligen „Hilfsschule" propagiert, der während des Nationalsozialismus besonderen pädagogischen Schutzes und besonders mutiger Anwälte bedurft hätte (siehe Absatz 2): „Schwerschwachsinnige und ausgesprochene Psychopathen" wurden aus der Population der Hilfsschulen, das heißt, aus dem zur Bildung berechtigten Personenkreis ausgegrenzt. Zum anderen wird ein „Meldungszwang für alle geistig gehemmten Schüler" verlangt (siehe Absatz 5). Beide Forderungen konnten von den Nationalsozialisten aufgegriffen werden und waren funktional für ihr Eugenik- und Euthanasieprogramm. Das von den Nationalsozialisten kurze Zeit später erlassene „Gesetz zur Verhütung erbkranken Nachwuchses", das auch in der Verbandszeitschrift gefeiert wurde, passt also durchaus mit der vorherrschenden Verbandspolitik zusammen – ebenso wie die Mitwirkung der Hilfsschulpädagogen bei der Anzeige und Begutachtung vermeintlich „erbkranker" Kinder und damit die Mitwirkung am nationalsozialistischen Sterilisationsprogramm. Denn, wie Ellger-Rüttgardt ausführt (1998, S. 87), die Mitwirkung geschah mehr oder weniger freiwillig, da „der einzelne Hilfsschullehrer weder zur Anzeige noch zur Auskunft gegenüber den Organen der NSDAP verpflichtet war".

Als „mildernde Umstände" für die Eugenik-Faszination unter den Hilfsschullehrern vor und während der nationalsozialistischen Herrschaft führt Ellger-Rüttgardt an, dass solche Haltungen auch in der Wissenschaft und zum Teil in den Kirchen sowie in der Bevölkerung vorgeherrscht hätten. Zudem hätten „überzeugende Gegenargumente" gefehlt. Das Hinübergleiten der Verbandsideologie in eine nationalsozialistische Behindertenpolitik lässt sich vielleicht so erklären. Gestützt wird so auch die „Kontinuitätsthese", das Fortbestehen der traditionellen Hilfsschulpädagogik während des Nationalsozialismus. Und diese Kontinuität wirft auch ein Licht auf theoretische resp. ideologische Fundamente der heutigen Sonderpädagogik. Nicht entschuldigen lässt sich damit allerdings das aktive Mitwirken von Pädagogen an verbrecherischen Exzessen der Nationalsozialisten. Über das quantitative Ausmaß der Mitwirkung der Hilfsschullehrerschaft scheint im Übrigen wenig bekannt zu sein.

Die geringen bzw. späten Einblicke in das aktive Involviertsein der Hilfsschulpädagogik in den nationalsozialistischen Staat hängen ebenfalls mit dieser Kontinuität zusammen: Funktionäre der Sonderpädagogik (z.B. Lesemann, Tornow) wirkten auch nach dem Zweiten Weltkrieg im Verband oder im Umfeld des Verbandes der Sonderschullehrerschaft mit und trugen zur Verschleierung der Vergangenheit, der berufsständischen und ihrer persönlichen Verstrickung, bei. Erst in den siebziger Jahren begann man in der Sonderpädagogik mit der wissenschaftlichen Aufarbeitung der eigenen Geschichte bzw. der Verstrickungen während der nationalsozialistischen Herrschaft.

Mit dem verspäteten Beginn der Vergangenheitsbewältigung steht die Sonderpädagogik jedoch nicht allein. Skandalös auf politischer Seite war etwa das mehrfache Scheitern von Versuchen, das nationalsozialistische Zwangssterilisationsgesetz für nichtig zu erklären, statt es nur außer Kraft zu setzen, und so wenigstens eine halbwegs angemessene Entschädigung der Opfer zu ermöglichen. Die personelle und ideologische Kontinuität in Politik, Medizin und Justiz verhinderte auch nur annähernd so zu nennende Wiedergutmachungsversuche gegenüber den Opfern nationalsozialistischer Sterilisation und Internierung (vgl. Antor/Bleidick 1995, S. 42f.).

Was kann das Fazit sein, das aus der Verstrickung der Hilfsschulpädagogik in den Nationalsozialismus zu ziehen ist? Die ideologische Verstrickung der Behindertenpädagogik ähnelt sicherlich der anderer Professionen, wobei diese Feststellung selbstverständlich nicht als Entschuldigung zu werten ist. Was aber die Verstrickung der Hilfsschulpädagogik als Institution gegenüber der gewöhnlicher deutscher Bürger besonders verwerflich macht, war die Verantwortung für ihre Schülerinnen und Schüler, die sie seit Beginn des 20. Jahrhunderts übernommen, ja erstritten hatte. Diese Verantwortung und das damit verbundene professionelle Wissen wurden während der nationalsozialistischen Herrschaft nicht im Interesse aller ihr Anvertrauten genutzt. Die Hilfsschulpädagogik missbrauchte ihre „Anwaltsrolle", indem sie mehr gewollt als ungewollt der nationalsozialistischen Eugenik- und Euthanasie-Praxis Vorschub leistete. Aus dieser Vergangenheit der Sonderpädagogik folgt nun nicht unbedingt, dass die Sonderpädagogik und eine nicht-integrative Pädagogik als solche versagen müssten, wie das manchmal unterstellt wird (zur Kritik der Kritik vgl. Antor/Bleidick 1995, S. 39ff.). Dagegen liegt die Folgerung nahe, selbst ernannten „Anwälten" von bestimmten unterstützungsbedürftigen Personengruppen generell vorsichtig zu begegnen. Deshalb sollte die Sonderpädagogik, wenn sie heute wieder ernsthaft und glaubwürdig ihre Anwaltschaft für Behinderte aller Art propagiert, die Maxime beachten, sich der Argumente und der Kritik anderer Disziplinen, etwa auch der Allgemeinen Didaktik zu stellen. Erst aus einer solchen Auseinandersetzung und Zusammenarbeit kann sich die proklamierte Verantwortungsübernahme für die Behinderten zu einer verantwortbaren Anwaltsrolle entwickeln. Das könnte die „Lehre" der Geschichte sein, die gerade angesichts der zunehmenden Wichtigkeit der gegenwärtigen Biopolitik in Erinnerung zu rufen ist.

Zusammenfassung von Kapitel 3

Gegen Ende des 19. Jahrhunderts veränderte sich der Umgang der Wissenschaft mit Krankheit und Behinderung. Mit der so genannten Eugenik kam der Gedanke auf, die gesellschaftliche Entwicklung durch Eingriffe in die Fortpflanzung zu steuern. Eugenik steigerte sich oft zur Forderung der Euthanasie, der Erlaubnis zum Töten „lebensunwerten Lebens". Zu Beginn des 20. Jahrhunderts wuchs die Akzeptanz der Eugenik in vielen Staaten.

Ihren menschenverachtenden Höhepunkt erreichten Maßnahmen der Eugenik und Euthanasie mit der Herrschaft der Nationalsozialisten in Deutschland. Unzählige kranke und behinderte Menschen wurden Opfer von Zwangssterilisationen oder wurden in systematischen Vernichtungsaktionen getötet. Die deutsche Hilfsschulpädagogik machte sich durch ihre Verbandspolitik und durch die aktive Beteiligung an der Registrierung behinderter Menschen mitschuldig an den nationalsozialistischen Verbrechen.

Fragen

1. Diskutieren Sie die Annahme, Euthanasie sei die Fortsetzung der Eugenik mit gesteigerten Mitteln der Inhumanität!
2. Weshalb kann von einer Kontinuität der traditionellen Hilfsschulpädagogik während der nationalsozialistischen Herrschaft gesprochen werden?

Einführende Literatur

Beck, C. (1996) Zur Geschichte von Eugenik und Euthanasie unter besonderer Berücksichtigung der behinderten Menschen. In: Zwierlein, E. (Hg.): Handbuch Integration und Ausgrenzung behinderter Mitmenschen in der Gesellschaft. Neuwied, S. 81-93

Ellger-Rüttgardt, S. (1998) Der Verband der Hilfsschulen Deutschlands auf dem Weg von der Weimarer Republik in das „Dritte Reich". In: Möckel, A. (Hg.): Erfolg – Niedergang – Neuanfang. 100 Jahre Verband Deutscher Sonderschulen – Fachverband für Behindertenpädagogik. München, S. 50-95

Vernooij, M.A. (2000) Sonderschule zwischen Bildungsauftrag und Rassenhygiene. Sonderpädagogik 30, S. 102-110

4. Aktuelle Diskurse über Behinderung und „Biopolitik"

In diesem Kapitel werden zwei aktuelle Themen angeschnitten. Zum einen geht es um wieder aufkommende Euthanasie-Bestrebungen, zum anderen um die Einschätzungen und Folgen pränataler Diagnostik. Vorausschicken werde ich einige Hinweise auf die Bedeutung, die eine Beschäftigung mit diesen Fragen moderner „Biopolitik" für Pädagogen und für das hier interessierende Thema „Integration von Behinderten" hat.

Einen ersten Grund, weshalb wir von biopolitischen Fragen betroffen sind, sprach ich bereits an. Es scheint tief verwurzelte Vorurteile gegen Mitmenschen zu geben, die von gesellschaftlich gesetzten oder von vorgefundenen Normen abweichen. Biopolitische Maßnahmen, die sich auf eine abweichende Gruppe von Mitmenschen, auf Behinderte, beziehen können, verdienen eine kritische Durchleuchtung, inwieweit sie womöglich solche Vorurteile begünstigen und zu Kritik bzw. Gegenmaßnahmen aus integrationspädagogischer Perspektive herausfordern.

Hinzu kommt, dass das systematische, von der damaligen Wissenschaft gestützte Vorgehen des Nationalsozialismus gegen behinderte Menschen generelles Misstrauen gegenüber einer biologisch fundierten Politik hervorrufen muss. Die damalige Instrumentalisierung der Wissenschaften für eine menschenverachtende, behindertenfeindliche Politik und – in den Jahrzehnten zuvor – die Rolle der Wissenschaften als Wegbereiter nationalsozialistischer Ideologie müssen grundsätzliche Zweifel am Segen einer Politik aufkommen lassen, die in ihren Standards der Zwischenmenschlichkeit so zu sagen dem wissenschaftlichen Fortschritt folgt. Die Verantwortung für die gesellschaftliche Verwertung von wissenschaftlichen und selbstverständlich auch von humanwissenschaftlichen Ergebnissen ist auf jeden Fall etwas, das nicht an die betreffenden Wissenschaftler delegiert werden darf – was nicht bedeutet, dem Wissenschaftler als Person oder im Einzelfall verantwortungsvolles und rationales Handeln abzusprechen.

Der wissenschaftliche Fortschritt auf den Gebieten der modernen Biologie und Medizin manifestiert sich derzeit als ein Amalgam aus Machbarem, Wünschbarem und Zu-Befürchtendem. Pädagogen, die eine besondere Verantwortung für Personengruppen tragen, an die sich diese nicht eindeutig klassifizierbaren Bestrebungen richten, können meines Erachtens einer nüchternen Analyse der neuen Situation nicht ausweichen. Sie sind gezwungen, einen rationalen Standpunkt zu erarbeiten, auch wenn sie dabei auf Expertenwissen von Biologen und Medizinern angewiesen bleiben, also um ihre beschränkte Urteilskompetenz wissen sollten.

4.1 Euthanasie oder Sterbehilfe?

Von der modernen Biopolitik bzw. Medizin ist jeder von uns potenziell betroffen – als Eltern, die die Geburt eines Kindes erwarten, als Kinder unserer kranken oder sterbenden Eltern. Wer die lebensbedrohende Erkrankung von Vater oder Mutter erlebt hat, kennt die Hoffnungen, die dann in die Errungenschaften der modernen Medizin gesetzt werden, auch wenn man sie zuvor vielleicht abfällig „Apparatemedizin" nannte. Er kennt vielleicht auch die Empfindungen, wenn die Hilfsmaßnahmen für den Erkrankten nur eine Verlängerung eines Leidens zu bedeuten scheinen und die Situation die Angehörigen mit seelischen Qualen und mit Trauer erfüllt.

Wie wir die Rolle der modernen Medizin und die sich daraus ergebenden biopolitischen Aufgaben auch definieren mögen, Fakt ist zweifellos, dass die Fortschritte der Medizin beispielsweise es ermöglichen, sterbenskranke Menschen ohne Aussicht auf Genesung für lange Zeit am Leben zu halten. Sicherlich wird dabei niemand der Medizin eine Intention oder ein Interesse unterstellen, Menschen unnötig zu quälen. In den skizzierten Fällen handelt es sich vielmehr um die unbeabsichtigten und unerwünschten Nebenwirkungen von medizinischen Hilfsmaßnahmen. Das Sterbenlassen dieser Patienten, die mitunter gegen ihren Willen, unter großen Schmerzen weiterleben müssen, bereitet wegen des Fortschritts an medizinischer Hilfe und Therapie Schwierigkeiten, bringt ernst zu nehmende juristische und ethische Probleme mit sich.

Ein Arzt oder eine sonstige Person, die einen schwerstkranken Patienten auf dessen Verlangen töten oder bei der Tötung mitwirken

würde, hätte sich der aktiven Sterbehilfe, die auch „freiwillige Euthanasie" genannt wird, schuldig gemacht. Sie wird rechtlich zwar anders
bewertet als die aktive Euthanasie, die bewusste Tötung zur Leidmin-
derung, die strafrechtlich den Tatbestand des Mordes erfüllt. Aber
auch die aktive Sterbehilfe wird in unserem Rechtssystem geahndet
und ist mit einer Freiheitsstrafe zwischen 6 Monaten und 5 Jahren
verbunden. Kompliziert, zumindest ethisch fragwürdig ist die Abgrenzung der aktiven Sterbehilfe von der so genannten indirekten Sterbehilfe. Von der straffreien indirekten Sterbehilfe wird dann gesprochen,
wenn ein Arzt z.B. mit dem Hauptzweck der Schmerzlinderung durch
die Medikamentierung etwa mit Morphin zugleich den Todeseintritt
beim Patienten beschleunigt. Ein – im Einzelfall allerdings schwer
nachweisbares – ärztliches Hauptmotiv der Lebensverkürzung des von
seinem Leiden gezeichneten Patienten wäre dagegen strafbar. Grundsätzlich straffrei ist nach bundesdeutschem Recht auch die passive
Sterbehilfe. Sie besteht darin, dass auf eine erkennbare Willensbekun-
dung des Patienten hin lebensverlängernde Intensiv-Therapien bei
Krankheiten mit sicherer Todesprognose oder schwerster Schädigung
unterbleiben oder eingestellt werden.

So eindeutig die definitorische Abgrenzung der genannten Hand-
lungsweisen zu sein scheint, so schwierig ist sie jedoch in der Praxis,
da hier die Übergänge zwischen den genannten Formen der Sterbehilfe fließend sind. Man denke beispielsweise an den Fall, bei dem ein
Arzt auf Wunsch der Eltern eines schwerbehinderten Kindes passive
Sterbehilfe leistet, obwohl wirksame Therapie und ein möglicherweise
erfülltes Leben für das Individuum möglich wären. Juristisch mag hier
von einer passiven Sterbehilfe auszugehen sein, de facto ist ein solcher Fall aber von aktiver Sterbehilfe kaum abzugrenzen.

Die nicht durch einfache Definitionen zu lösenden, „pragmati-
schen" Probleme schlagen sich seit einiger Zeit in ethischen Diskursen
nieder, in denen Argumente für und gegen eine Erweiterung zulässiger
Sterbehilfe vorgetragen werden. Eine der ethischen Grundfragen überhaupt betrifft das Recht eines menschlichen Individuums auf Leben.
Hier stehen sich zwei Grundpositionen gegenüber. Die eine Position
postuliert ein natürliches Lebensrecht, nimmt die „sanctity of life" an.
Dem widerspricht die utilitaristische Vorstellung, die unsere Hand-
lungsmaximen vom Wohlergehen aller Betroffenen (von der „quality
of life") abzuleiten versucht (vgl. Antor 1988). Für die erste dieser
beiden Positionen gleicht eine Entscheidung über Leben und Tod, die

durch einen (anderen) Menschen getroffen wird, einer Anmaßung des Menschen, sich über die Natur oder die Schöpfung zu erheben. Konsequenterweise hat diese Position nicht nur Implikationen für die Sterbehilfe-Thematik. Auch in der Weltgesellschaft verbreitete Praxen wie die Todesstrafe, der Schwangerschaftsabbruch oder kriegerische Auseinandersetzungen sind mit der Vorstellung einer „sanctity of life" nur schwer und nur unter Zuhilfenahme von Zusatzannahmen vereinbar (sieht man von der fatalistischen Variante dieser Position ab, die jeglichen Eingriff moderner Medizin in das Leben und Sterben eines Menschen für unstatthaft hält und damit im Grunde genommen Sterbehilfe begünstigt). In sozialpolitischer Hinsicht verlangt die Befürwortung eines natürlichen Lebensrechts des Menschen nicht nur eine Toleranz der Gesellschaft gegenüber Schwerstbehinderten, sondern darüber hinaus angemessene materielle und soziale Unterstützung für die Betroffenen, um ihnen ein würdiges Leben trotz Beeinträchtigung zu ermöglichen.

Die zuletzt genannte sozialpolitische Forderung ist auch mit der Position vereinbar, die das Wohlbefinden als zentralen Wert setzt. Ansonsten ist die Position mit der Maxime der „quality of life" jedoch der ersten Position diametral entgegengesetzt. Die utilitaristische Position ist in Deutschland, wegen eines Auftrittskandals anlässlich seiner Vortragsreise, eng mit dem Namen des australischen Philosophen Peter Singer verknüpft. Er befürwortet die Legalisierung der aktiven Sterbehilfe, also der „Tötung auf Verlangen", und zwar in Fällen, wenn leidvolles Leben ohne Lebensqualität vorliegt. Für dieses Vorgehen plädiert er auch bei schwerster Behinderung von Neugeborenen. Ein offensichtliches Problem ergibt sich für die utilitaristische Position bereits bei der Klärung einer angemessenen Interessenvertretung der von aktiver Sterbehilfe Bedrohten. Sind Angehörige von Schwerstkranken, sind die Eltern Ungeborener und Neugeborener immer die besten Anwälte? Des Weiteren dürfte auch rechtlich kaum einzugrenzen sein, was im Zweifelsfall als so schwere Behinderung einzustufen ist, dass dem betreffenden Individuum kein Lebensrecht zustünde bzw. dass der Verzicht auf das Recht auf Leben für das Individuum zuträglicher wäre als die Wahrung des Rechts.

Die eigentliche Provokation durch den Utilitarismus besteht darin, dass er unsere intuitive, „natürliche" Moral zugunsten einer gattungsübergreifend zu denkenden Moral angreift. Singer wirft dem intuitiven Moralverständnis vor, die Sonderstellung des Men-

schen im Kosmos überzubetonen und einen überzogenen Gattungsegoismus zu pflegen. Eine Folge dieses Gattungsegoismus ist für
ihn, Schwerstbehinderte oder Sterbende mit allen Mitteln am Leben
zu erhalten. Singer propagiert stattdessen eine Ethik, die Tiere in
das moralische Räsonieren einbezieht. Er selbst kommt aufgrund
des Vergleichs zu der Folgerung, „dass etwa die Tötung eines
Schimpansen schlimmer ist als die Tötung eines schwer geistesge-
störten Menschen, der keine Person ist" (Singer 1984, S. 135). Unzulänglich ist diese Aussage, weil das Personsein und das Lebensrecht des Menschen aus seiner Fähigkeit (hier: denken zu können)
abzuleiten versucht wird. Diskussionswürdig an der Haltung Singers
ist allein die Überlegung, dass wir als Menschen den Schutz tieri-
schen Lebens in vielen Fällen nicht nur zu Gunsten unseres eigenen
Überlebens, sondern auch aus Nachlässigkeit hintanstellen, obwohl
wir es mit empfindenden und geistig aktiven Lebewesen zu tun haben. Der intuitiven Moral fehlt offensichtlich eine Dimension, die
man in Analogie zur Erkenntnistheorie von Bateson (1982) evolu-
tionär oder ökologisch nennen könnte.

Aus der Unhaltbarkeit der Singerschen Annahmen lässt sich aber
per se noch keineswegs auf die Lösung aller Probleme im Umgang mit
Schwerstbehinderten und Sterbenden schließen. In ein ethisches Dilemma stürzt uns einerseits die Verpflichtung des Menschen zur Erhaltung von Leben und andererseits die Ansicht, die Zustimmung oder
der Wille des betreffenden Menschen zum Weiterleben oder zum
Sterben solle die Maxime helfenden Handelns sein. Die erste Position
beschreibt den Status quo, in dem wir aufgrund des medizinischen
Fortschritts der vergangenen Jahrzehnte gefangen sind und bei dem
Lebenserhaltung in manchen Fällen die Grenzen der Lebenswürde
überschreitet. Die zweite Position impliziert eine Anmaßung des Menschen, über Leben und Tod zu entscheiden, und basiert auf einer
fragwürdigen Konstruktion, der Annahme des „freien Willens" des
Betroffenen. Aufgrund von Beobachtungen (vgl. Antor/Bleidick 1995,
S. 75) scheinen jedoch betroffene Pflegebedürftige oder Alte heutzu-
tage verstärkt vermutete Umwelterwartungen zu übernehmen und deshalb den Wunsch zu äußern, aus dem Leben zu scheiden. Dies tun sie
demnach nicht oder nicht allein, weil sie unerträglich leiden würden,
sondern weil sie pflegende Angehörige oder andere von ihnen Belas-
tete von sich „erlösen" möchten. Besonders problematisch wird ein
angenommenes Recht auf den eigenen Tod im Falle suizidaler Nei-

gungen, wenn aufgrund von Stimmungsschwankungen oder von belastenden Lebensereignissen (z.B. schwere Erkrankungen) ein zwanghafter oder vorübergehender Wunsch zu sterben entsteht.

Können resp. dürfen rechtliche Regelungen erfolgen, die Widersprüche der modernen Medizin beseitigen, indem sie die Sterbehilfe erleichtern und deren Legalität erweitern? Dazu lässt sich von dieser Stelle aus sagen, dass diese Frage selbstverständlich rhetorisch gemeint ist. Denn de facto steht wohl eine rechtliche Liberalisierung der Sterbehilfe per Gesetz in Deutschland nicht auf der Tagesordnung (im Gegensatz etwa zu Holland). Aber es besteht in der politischen Öffentlichkeit auch hier zu Lande eine Tendenz, Recht und Moral zu trennen, d.h. im zu prüfenden Einzelfall die Tötung schwerstbehinderter Säuglinge trotz ethischer Bedenken bzw. Ablehnung hinzunehmen und rechtlich zu tolerieren. Es wird deshalb von einer rechtlichen „Liberalisierung" der Sterbehilfe z.B. die Gefahr des „Dammbruchs" befürchtet, mit anderen Worten, eine Ausweitung der fragwürdigen Euthanasie-Praxis über Einzelfälle hinaus erwartet. Eine solche Praxis wiederum könnte die bestehende Werteordnung mit dem Lebensrecht als hohem oder höchstem Wert aushöhlen. Recht und Moral nur an die herrschende Interessenlage anzupassen, wäre also ein gefährliches Spiel. Denn niemand, gewiss auch nicht die Befürworter einer legalisierten aktiven Sterbehilfe, könnte an der Infragestellung des Lebensrechts interessiert sein – die Historie belegt die Folgen solcher Versuche.

Wie kann man aber angesichts fehlender rechtlicher Alternativen faktisch mit unbestreitbar unerwünschten Nebenfolgen der modernen Medizin umgehen? Der Psychiater und bekannte Kritiker der nationalsozialistischen Psychiatrie-Praxis, Klaus Dörner, betrachtet das Problem als existenzielles, betont die persönliche Verantwortung des Individuums. Diese Position wird in einem Interview-Statement deutlich, in dem er trotz der Sterbehilfe-Problematik die Beibehaltung bestehender strafrechtlicher Regelungen befürwortet:

> „Wenn es sich um meine Frau, meine Tochter, meine Mutter oder meinen Vater oder einen anderen Nächsten handelt, kann ich mir sehr gut vorstellen, deren Leiden aktiv zu beenden. Aber dann will ich dafür auch bestraft werden." (zit. nach Antor/Bleidick 1995, S. 73)

Es ist nicht meine Absicht, diese zuletzt zitierte Haltung Dörners als die „Lösung" des ethischen Dilemmas um die Sterbehilfe auszugeben. Seine Äußerung vermag vielmehr zugespitzt zu verdeutlichen, dass es

eine einfache, widerspruchsfreie Positionsbestimmung bei der Sterbehilfe nicht zu geben scheint.

4.2 Genetische Beratung und pränatale Diagnostik

Wie bei der Sterbehilfe geht es auch bei der pränatalen Diagnostik um
Leben und Tod eines – im zweiten Falle ungeborenen – Menschen.
Deshalb stellen sich auch bei der pränatalen Diagnostik ähnliche ethi-
sche Fragen wie bei der Sterbehilfe. Wie die Sterbehilfe sind die ent-
standenen ethischen Probleme hier Nebenfolgen wissenschaftlichen
Fortschritts.

Dank der Fortschritte in der Biologie und Medizin werden seit den
50er Jahren zunehmend die biochemischen Mechanismen bei der Entstehung von Krankheiten und ihre teilweise erbliche Weitergabe bekannt. 1959 entdeckte man beispielsweise die chromosomale Trisomie
21, also die Existenz eines zusätzlichen Exemplars zum 21. Chromoso-
menpaar beim Down-Syndrom, umgangssprachlich Mongolismus. Derartige wissenschaftliche Erfolge begünstigten in der Bundesrepublik die
Einrichtung genetischer Beratungsstellen. Seit Ende der 70er Jahre gilt
die genetische Beratung als kassenärztlich abrechenbare Leistung. Un-
tersuchungsschwerpunkt im Rahmen der genetischen Beratung ist die
pränatale Diagnostik. Heute möglich geworden ist eine nicht-invasive
Diagnostik, die risikofrei für die Leibesfrucht durch die genetische Untersuchung fetaler Zellen aus dem Blut der Mutter erfolgt (zu den heute
möglichen Verfahren pränataler Diagnostik vgl. Schäfer 2002).

Definitionsgemäß versteht man unter genetischer Beratung „ein
ärztliches Angebot an alle, die eine genetisch bedingte Erkrankung
oder ein genetisch bedingtes Risiko für sich selbst oder Nachkommen
befürchten. Sie ist also ein spezielles, individuelles Beratungs-, Unter-
suchungs- und Informationsangebot, das auf eigene Initiative oder Anregung des betreuenden Arztes ... in Anspruch genommen werden
kann" (Wolff 1996, S. 99). Genetische Beratung besteht also in der
Regel aus zwei Beratungsphasen, die die diagnostische Untersuchung
einrahmen (ebd., S. 101).

Die pränatale Diagnostik dient vorrangig der Feststellung des Risi-
kos, ein behindertes Kind zu gebären. Dieses Risiko ist z.B. bei älteren Schwangeren erhöht. Beratungsthemen sind bei einer zu erwarten-

den Störung des Ungeborenen Art und Schwere der Behinderung, die aufgrund der Untersuchungsergebnisse anzunehmen ist. Weiterhin sollen die Gesamtsituation der Schwangeren sowie die Belastungen eines Schwangerschaftsabbruchs oder die Konsequenzen einer Austragung der Schwangerschaft (etwa Hinweis auf Angebote der Frühförderung) erörtert werden. Bei einem auffälligen Befund in der vorgeburtlichen Diagnostik bleibt bekanntlich ein Schwangerschaftsabbruch straffrei. Nach heute herrschender Auffassung hat die genetische Beratung letztlich der Schwangeren die Entscheidung für Geburt oder Abbruch zu überlassen. Dieses Beratungsprinzip kann bei der einen wie bei der anderen Entscheidung zu schweren Konflikten für die Schwangere führen, zumal es so ist, dass für den Umgang mit einem pränataldiagnostischen Befund weder medizinisch noch rechtlich eindeutige handlungsleitende Normen existieren (ebd., S. 106).

Die bisherige Praxis der Pränataldiagnostik stößt unter Sonderpädagogen, seltener auch unter Humangenetikern auf Kritik. Ich greife zwei Stellungnahmen heraus, in denen die auch anderenorts geäußerten Bedenken konzis formuliert werden. Da die wahrscheinliche Folge eines positiven Befundes ein Schwangerschaftsabbruch sei, spricht die Humangenetikerin Stengel-Rutkowski (2002, S. 47) von der Gefahr, dass die Pränataldiagnostik, „zum Instrument einer gesellschaftlich erwünschten, negativen Eugenik" werden könne. Die Sonderpädagogin Schlüter (1998, S. 115) vermutet eine andere negative Folge der pränatalen Diagnostik. Sie könne „durchaus als Instrumentarium zur Unterstützung behinderungsfeindlicher Tendenzen angesehen werden." Beide Äußerungen arbeiten nach meiner Einschätzung mit Unterstellungen bzw. Übergeneralisierungen. Eine Schwangere, die ein potenziell behindertes Kind in sich trägt, wird wohl nicht von eugenischen Motiven im herkömmlichen Sinne zum Abbruch motiviert werden, sondern vielmehr in einem konflikthaften Prozess das Pro und das Contra eines Schwangerschaftsabbruchs für sich und das Kind abgewogen haben. Hierbei sind auch psychosoziale Motive in Rechnung zu stellen: So sollten die Belastungen, die die Erziehung eines schwer behinderten Kindes in der heutigen „Leistungsgesellschaft" mit sich bringt, nicht ignoriert werden, mögen sie den Schwangerschaftsabbruch ethisch auch nicht rechtfertigen. Vor allem ist zu betonen, dass das geltende Recht in der Bundesrepublik die ethische Problematik von Schwangerschaftsabbrüchen gleich welcher Indikation verdeutlicht. Es ist daher ungerechtfertigt, dieses Ethos als bloße Retusche

70

eugenischer Bestrebungen zu deuten. Am Fehlen hinreichender empirischer Belege krankt hingegen die Annahme Schlüters, die pränatale Diagnostik und der Schwangerschaftsabbruch bei genetisch bedingten Beeinträchtigungen der Leibesfrucht würde einer Behindertenfeindlichkeit Vorschub leisten. Da durch pränatale Diagnostik weder alle vorgeburtlich entstehenden Beeinträchtigungen noch postnatale Behinderungen auszuschließen sind, scheint die Annahme Schlüters auf einer falschen Prämisse zu fußen, nämlich der, dass für die generelle Einstellung zu Behinderten, ihre gesellschaftliche Akzeptanz und Integration, die Zulassung oder die Vermeidung genetisch bedingter Behinderungen entscheidend sei (vgl. van der Daele 2002).

Die beiden angeführten typischen wie unzureichenden Aussagen verdeutlichen, dass sich auch bei der pränatalen Diagnostik grundsätzliche ethische Fragen ergeben, deren Beantwortung Entscheidungen im Einzelfall jedoch eher erschwert als erleichtert. So ist bei einem nach pränataler Diagnostik durchgeführten Schwangerschaftsabbruch grundsätzlich die Trennungslinie zur Eugenik und wohl auch zur Euthanasie unscharf. Aber wer darf auf der anderen Seite für sich das Vorrecht beanspruchen, eine Frau mit Abtreibungswunsch moralisch zu verurteilen oder gar zu zwingen, ein schwerstbehindertes Kind auszutragen? Ein ethisches Gebot, Behinderungen unbedingt zu akzeptieren, wäre nicht nur unrealistisch, es würde darüber hinaus bedeuten, die Folgen einer Behinderung für das betroffene Individuum zu verharmlosen und therapeutischen und präventiven Nihilismus zu begünstigen. Allerdings konfrontiert die Möglichkeit pränataler Diagnostik therapeutische Bemühungen mit der Aufgabe, Präventions- und Therapieangebote zu begründen und zu klären, wie weit man präventive Aktivitäten ontogenetisch nach vorne verlegen darf. Gesellschaftlich weitgehend anerkannt ist dabei, dass die Verhütung oder die Beseitigung von Behinderung und Leid ein Ziel pädagogischen Handelns ist. Solche Aktivitäten grundsätzlich zu verdächtigen, sie würden Behindertenfeindlichkeit begünstigen, wäre zynisch und zugleich realitätsfern. Fraglich ist jedoch, ob man bei der pränatalen Diagnostik von einer Aktivität sprechen kann, die den Terminus „Prävention" berechtigt trägt. Fest steht lediglich, dass der Mensch mit dieser Aktivität, mit seinen „Verbesserungs"- und Präventionsversuchen in bisher weitgehend natürlich verlaufene Prozesse eingreift. Dieses Urteil gilt selbstverständlich auch, wenn Eltern aufgrund genetischer Befunde präventiv ein behindertes einem „normalen" Kind vorziehen würden.

71

Weitere ethische Probleme sind vom künftigen, noch nicht zu überblickenden wissenschaftlichen und medizinischen Fortschritt zu erwarten. Einen ersten „Vorgeschmack" liefert die heute schon gegebene Möglichkeit der In-vitro-Fertilisation mit anschließender Präimplantationsdiagnostik (PID). Die PID gestattet prinzipiell, einen genetisch mit bestimmten Merkmalen ausgestatteten Embryo auszuwählen und in die Gebärmutter zu transferieren. Damit könnten sich bei weiterem wissenschaftlichem Fortschritt und bei rechtlicher Zulassung die Wahlmöglichkeiten der Frau erweitern. Ihr würde sich nicht nur die Alternative „Schwangerschaft ja oder nein" bieten, ihr eröffnete sich auch die weitergehende Entscheidung, „wenn ja, welche". Forschungsvisionen enthalten bereits für die Zukunft die Möglichkeit des so genannten Gen-Tunings. Diese noch hypothetische Maßnahme würde erlauben, über zelldiagnostische Untersuchungen hinaus Eingriffe am Genom zur Therapie genetischer Defekte oder zu genetischen Optimierungen vorzunehmen. (vgl. Buchanan et al. 2000).

Bereits die Möglichkeit der PID lässt, wie wir wissen, neue bioethische Fragen aufkommen, die über Probleme der „klassischen" Pränataldiagnostik hinausgehen. Sie bietet utilitaristischen Positionen neue Argumente: Ihre Zulassung reduzierte die Gefahr von Mehrlingsschwangerschaften und deren Risiken nach einer In-vitro-Fertilisation, verminderte die Zahl von Abtreibungen und ermöglichte – an überzähligen Embryonen – Forschung für eine künftige Stammzellentherapie. Diese Vorteile und Hoffnungen können jedoch nicht schwerwiegende ethische Bedenken entkräften. Die Bedenken lassen sich so zusammenfassen, dass menschliches Leben und potenzielle Personalität, die auch Eigenschaften einer embryonalen Blastozyste sind, besonderen Schutz verdienen. Ein solches Leben dürfe weder zu Selektionszwecken noch wie ein therapeutisch nutzbares Abfallprodukt verwendet werden (vgl. Lutz-Bachmann 2002). Die Hilflosigkeit und Verfügbarkeit dieses Embryos in vitro steigert seine Schutzbedürftigkeit zusätzlich. Zukunftsvisionen der Manipulation oder Therapie am menschlichen Genom würden neben den genannten Problemen noch weitere ethische Probleme heraufbeschwören. So wäre etwa die Frage zu klären, ob nur die Therapie genetischer Defizite oder auch genetische Verbesserungen zu gestatten wären und wie beides sich voneinander abgrenzen ließe. Und völlig offen wäre, wie in einer genetisch manipulierten Gesellschaft halbwegs soziale Gerechtigkeit zu definieren und herzustellen wäre.

4.3 Pädagogische Standpunkte

Die Vergrößerung des Eingriffsspielraums des Menschen am Menschen provoziert prinzipielle Fragen, denen wir uns stellen müssen, wenngleich wir auf sie weder als Pädagogen noch als Bürger hinreichend ethisch und moralisch vorbereitet sind. Ich wählte zur Kennzeichnung der Problematik das Wort „Biopolitik" statt „Bioethik", weil unser Umgang mit diesen Fragen bisher nur ein vorläufiger politischer, nicht schon ein ethisch begründeter Problembewältigungsversuch zu sein scheint.

Da die Biopolitik pädagogische und behindertenpädagogische Fragen berührt, möchte ich eine vorläufige Stellungnahme unterbreiten. Ich unterlasse es dabei, meine mangelnde Sachkenntnis als Pädagoge in der Biologie und in der Praktischen Philosophie durch vordergründiges Moralisieren zu kompensieren. Meine Folgerungen fasse ich in vier Punkten zusammen:

1. Ein Grundmerkmal jeglicher Pädagogik ist ihr erzieherischer Optimismus. Diese pädagogische Option hat sie auch für Behinderte und Schwerstbehinderte zur Geltung zu bringen. Der erzieherische Optimismus könnte sich darin zeigen, dass der gentechnische Machbarkeitswahn, der in allen Gesellschaftsschichten zu beobachten ist, als solcher kritisiert wird. Das hieße beispielsweise auch, die Bedeutung angeborener, genetischer Belastungen, die sich auf lediglich 5-10 Prozent der Erkrankungen und Gebrechen belaufen (vgl. Antor/Bleidick 1995, S. 171) und nur 1.5 Prozent aller Behinderungen ausmachen (ebd., S. 182),[10] stärker und dezidiert zu relativieren. Eine solche pädagogische „Öffentlichkeitsarbeit" könnte auch Befürchtungen in der Sonderpädagogik hinsichtlich eines „Dammbruchs" oder Vorurteilsbegünstigung infolge verstärkter humangenetischer Beratungsangebote mindern.

2. Zur Wahrnehmung der pädagogischen Option gehört aber auch, dass die Pädagogik an die Grenzen der derzeitigen pädagogischen Bemühungen bei behinderten Kindern erinnert. Weder eine Übertreibung des pädagogischen Optimismus und eine Hochstilisierung

---

10 Die beiden Prozentangaben weichen voneinander ab, da sie sich auf unterschiedliche, wenngleich von den Autoren nicht eindeutig eingegrenzte Populationen beziehen.

pädagogischer Erfolge noch die verharmlosende Festschreibung der „Differenz" Behinderter – Tendenzen, wie sie in der Sonderpädagogik zu finden sind –, werden den Tatsachen gerecht. Nur die Balance zwischen pädagogischem Optimismus und Realismus eignet sich als langfristige Strategie, die Einstellung zu Behinderten und zur Behinderung in der Bevölkerung zu verbessern.

3. Die Allgemeine Pädagogik kann sich in bioethischen und biopolitischen Fragen nicht zur ethischen Letztinstanz erheben. Angesichts ihrer wissenschaftlichen und philosophischen Grenzen käme ein solcher Anspruch einer Hybris gleich. Die Allgemeine Pädagogik kann lediglich die Anwaltsfunktion, die die Sonderpädagogik für behindertes Leben beansprucht und glaubwürdig wahrzunehmen versucht, dadurch unterstützen, dass sie die sonderpädagogischen Positionen zu medizinischen und biotechnischen Eingriffsmöglichkeiten reflektiert, entdramatisiert und versachlicht.

4. Generell im Unterricht, das sollte vor allem Schulpädagogen bewusst geworden sein, laufen Fragen der Bioethik und Biopolitik bei vielen Themen und in verschiedenen Fächern unterschwellig mit, auch wenn sie selbst kein eigenständiges Thema werden (müssen). Mithin sollte man sich als Pädagogin/Pädagoge mit dem Thema befassen, damit man sich darüber auch mit seinen Schülern auseinandersetzen kann. Mit anderen Worten: Biopolitisches Wissen und Urteilen ist zu einem allgemeinen Bildungsinhalt geworden, der die Integrationsthematik umfasst, aber weit darüber hinausweist.

Zusammenfassung von Kapitel 4

Die Fortschritte in Biologie und Medizin werfen biopolitische bzw. bioethische Fragen auf, die auch unsere Haltung gegenüber behinderten Menschen und gegenüber Behinderungen tangieren.

– Mit der Möglichkeit der modernen Medizin, das Leben Schwerstkranker und Schwerstbehinderter zu verlängern, kann die unbeabsichtigte Folge verbunden sein, diesen Menschen ein würdevolles Sterben zu erschweren. Allerdings stoßen Versuche, diese Problematik durch Legalisierung weiterer, „aktiver" Formen der Sterbehilfe zu verringern, auf schwerwiegende und grundsätzliche ethische Bedenken.

- Die heute praktizierten und möglichen Verfahren der pränatalen Diagnostik erlauben ein frühzeitiges Erkennen von Behinderungen beim Ungeborenen, sei es im fetalen, sei es – bei der Präimplantationsdiagnostik (PID) – im embryonalen Stadium. Ein „positiver" pränataldiagnostischer Befund führt in der Regel zum Schwangerschaftsabbruch bzw. – im Falle der in der Bundesrepublik Deutschland umstrittenen PID – zur Vernichtung des Embryos. Beide Maßnahmen widersprechen ethischen Grundsätzen.

Die Pädagogik darf sich in bioethischen Fragen kein abschließendes Urteil anmaßen, kommt aber auch nicht umhin, sich eine angemessene Haltung zu diesen Fragen zu erarbeiten.

Fragen

1. Skizzieren Sie die unterschiedlichen Formen von Sterbehilfe und die damit jeweils verbundenen ethischen Grundfragen!
2. Welche ethischen Fragen stellen sich bei Anwendung von Verfahren der pränatalen Diagnostik? Inwiefern verschärft sich die ethische Problematik im Falle der heute möglichen Präimplantationsdiagnostik nach einer In-vitro-Fertilisation?

Einführende Literatur

Antor, G., Bleidick, U. (1995) Recht auf Leben – Recht auf Bildung. Heidelberg
Wolff, G. (1996) Genetische Beratung und pränatale Diagnostik – Entwicklung und aktuelle Probleme. Zwierlein, E. (Hg.): Handbuch Integration und Ausgrenzung behinderter Mitmenschen in der Gesellschaft. Neuwied, S. 94-113

5. Schule zwischen Segregation und Integration

Die bisherigen Ausführungen untersuchten, wie Behinderung institutionell (in Wissenschaft, Recht, Staat etc.) wahrgenommen, wie die heterogene Personengruppe der Behinderten in gesellschaftliche Austauschprozesse einbezogen wird und welche Folgen sich daraus für die Integration von Behinderten ergeben. In diesem Kapitel werden nun explizite Bemühungen um die gesellschaftliche und/oder schulische Integration von behinderten Menschen behandelt. In Abschnitt 5.1 werde ich den Institutionalisierungsprozess der Sonderschulen bzw. der Sonderpädagogik in groben Zügen Revue passieren lassen und die Inklusion von Behinderten ins Bildungssystem unter unterschiedlichen organisatorischen Vorzeichen (also von Inklusion oder Exklusion) analysieren. In Abschnitt 5.2 befasse ich mich mit der aktuellen Dimensionierung von Integrationsvorstellungen in der Pädagogik.

Einleitend werde ich einige Anmerkungen zum Integrationsbegriff machen, die das Verständnis für die nachfolgend dargestellte Debatte um das Für und Wider schulischer Integration von behinderten Kindern und Jugendlichen erleichtern sollen. In der Brockhaus-Enzyklopädie (1989, Bd. 10, S. 552) wird die „allgemeine" Bedeutung von Integration folgendermaßen umschrieben: „(Wieder-)Herstellung einer Einheit; Einbeziehung, Eingliederung in ein größeres Ganzes". Wichtig erscheint mir an dieser sicherlich sehr abstrakt bleibenden Definition, was nicht ausgesprochen wird. So muss dem Integrationsprozess offenbar ein Zustand vorausgehen, in dem das „Ganze", die „Einheit" noch nicht existiert, in dem also etwas Nicht-Ganzes vorherrscht. Zum zweiten lässt eine allgemeine Begriffsdefinition offen, worin das „größere Ganze" besteht. Aus dieser Offenheit resultiert meines Erachtens eine generelle Einschränkung, nämlich die, dass auch Begriffe wie schulische oder gesellschaftliche Integration von Behinderten nur ein Feld abstecken können, in dem integriert wird oder integriert werden soll, aber nicht schon das „größere Ganze" als Zielpunkt bestim-

77

men können. Die Ziel-Offenheit des Integrationsbegriffs impliziert gewissermaßen a priori, dass in Theorie und Praxis der Behinderten-pädagogik eine Pluralität von Integrationsvorstellungen koexistieren kann und dass sich hinter gleich klingenden Integrationsforderungen unterschiedliche Zielvorstellungen verbergen können.

Die Zielfrage bleibt virulent, wenn man im Brockhaus den Integrationsbegriff der Soziologie betrachtet, der unserer Thematik näher liegt als der allgemeine Begriff. Es werden zwei Formen sozialer Integration unterschieden: Zum einen wird damit ein gesellschaftlicher Prozess bezeichnet, durch den eine konfliktfreie Harmonie zwischen Gruppen der Gesellschaft hergestellt wird. Zum anderen steht Integration „für Prozesse der bewusstseinsmäßigen oder erzieher[ischen] Eingliederung von Personen und Gruppen in oder ihre Anpassung an allgemein verbindl[iche] Wert- und Handlungsmuster" (ebd.). Die Definition muss es wieder offen lassen, welche Wert- und Handlungs-muster Zielpunkt sind. Selbst wenn (schulische) Integration eine Normalisierung der Behinderten in Hinblick auf leistungsmäßige und interaktive Standards anstrebte, fragt man sich in einer pluralistischen oder individualistischen Gesellschaft wie der unseren, welchen Verbindlichkeitsgrad solche Standards haben bzw. welche Spielräume sie zulassen.

Eine hilfreiche Strategie, die man zur Konkretisierung des Integrationsbegriffs im thematischen Rahmen der Behindertenpädagogik nutzen kann, besteht darin, Gegenbegriffe zur Integration zu eruieren: Wogegen richtet sich Integration? Von was soll sich Integration abheben?

Einen ersten Gegenbegriff zur Integration stellt in der sonderpädagogischen Diskussion der bereits behandelte Begriff der Diskriminierung dar. Es wurde ausgeführt, dass Diskriminierung zum einen neutral als Typisierung und Abgrenzung einer Personengruppe etwa der Behinderten allgemein, der Geistigbehinderten, der Gehbehinderten usw. verstanden werden kann. Zum anderen ist jedoch bei einer Diskriminierung in der Regel die Abgrenzung mit einer Abwertung der betreffenden Personen verbunden. Diese Form der Diskriminierung von Behinderten ist in unserer Gesellschaft offen und latent vorhanden, wofür schon die Notwendigkeit einer in der Einleitung erwähnten Grundgesetzänderung mit dem Diskriminierungsverbot gegenüber Behinderten spricht. Diese rechtliche Maßnahme kann beanspruchen, zur Integration der Behinderten beizutragen und, genauer, die Behinderten in die Gemeinschaft der mit gleichen Chancen versehenen Rechtssubjekte und im sozialen Feld Handelnden zu integrieren.

Mitunter sind Integration und Diskriminierung aber auch miteinander verknüpft: So funktioniert heute die Integration von Behinderten in das allgemeinbildende Schulsystem einschließlich der Bereitstellung von angemessenen Fördermöglichkeiten meist unter der Voraussetzung, dass die betreffenden Schülerinnen und Schüler zunächst begutachtet und als behindert definiert werden müssen. Man bezeichnet dieses Junktim von Integration und Diskriminierung als Etikettierungs-Ressourcen-Dilemma (vgl. Bleidick et al. 1995; Wittmann 1997); die Bereitstellung materieller und pädagogischer Ressourcen für ein Kind setzt dessen Diskriminierung als „behindert" voraus.

Einen zweiten Gegenbegriff zur Integration stellt der Begriff der Differenz oder der Differenzierung dar. Wir wissen etwa aus der Mathematik, dass Integrieren und Differenzieren gegenteilige und komplementäre Operationen sind. Das Beispiel Mathematik verdeutlicht, dass man es hier mit einer relativ wertungsfreien und emotional unbelasteten Begriffsopposition zu tun hat. Von daher eignet sich auch diese Begriffsopposition dazu, Integrationsprozesse in der Schule und in der Gesellschaft zu analysieren. Es lässt sich schon an der Terminologie ablesen, dass Integration grundsätzlich eine Differenz voraussetzt, oder auch, dass schulische Integration des Differenten neue Differenzen schafft, z.B. bei den Lernzielen, die in integrativ arbeitenden Schulen differenziert werden (müssen).

Am geläufigsten ist in der Diskussion um schulische Integration wohl der Gegenbegriff der Segregation, auf Deutsch, der Begriff der Aussonderung. Der Aussonderungsbegriff – eine nicht immer ungewollte Assoziation mit den Euthanasie-Verbrechen des Nationalsozialismus hervorrufend – war sicherlich geeignet, um in der sonderpädagogischen Diskussion „Integration" als Kampfbegriff zu verwenden. Darüber hinaus und weniger polemisch gewendet, kann man dem Begriffspaar der Integration-Segregation bescheinigen, das Spannungsverhältnis gut auszudrücken, das die Geschichte der Sonderpädagogik von ihren Anfängen bis zur Gegenwart durchzieht. Dabei können Integration-Segregation bzw. – noch neutraler und theoretisch formuliert – Inklusion-Exklusion immer nur relativ zum betrachteten System bestimmt werden. So kann die Aufnahme in eine sonderpädagogische Institution einerseits eine Exklusion darstellen, nämlich die Exklusion aus dem System der allgemeinbildenden Schule; andererseits kann diese Aufnahme für ein Kind eine Inklusion bedeuten, beispielsweise die Inklusion eines schwer geistig behinderten Kindes in das Bildungssystem. Mit Ausnahme des Falles totaler und verbrecherischer Aussonderungspolitik gegenüber Behinderten – hier wäre eine derartige Denkbewegung schlichtweg zynisch – ist also stets zu präzisieren und zu reflektieren, welche Exklusion durch eine Integrationsbewegung aufgehoben wird, aber weitergehend auch, welche neuen Exklusionstendenzen durch Integrationsbemühungen entstehen können.

5.1 Die Institutionalisierung der Behindertenpädagogik

5.1.1 Die „Gründerzeit" der Hilfsschule

Die „Gründerzeit" der Hilfsschulen Deutschlands, damals „Hülfsschulen" genannt, ist im 19. Jahrhundert zu lokalisieren. Ihre Entstehung ist an die allmähliche Durchsetzung der Schulpflicht und den erfolgenden Ausbau des Niederen Schulwesens in Deutschland geknüpft. Zur Erinnerung: 1717 führte der preußische König mit einem Generaledikt die Schulpflicht in Preußen ein. Dieser Erlass ließ noch viele Möglichkeiten zur Umgehung der Schulpflicht. So kam es, dass z.B. noch 1816 nur etwa 60 Prozent der Schulpflichtigen in Preußen eine Schule besuchten (vgl. Diederich/Tenorth 1997, S. 15ff., S. 194ff.). In vielen deutschen Staaten sah es nicht besser aus.

Erst mit der faktischen Durchsetzung der Schulpflicht trat das Problem des Schulversagens als größeres Problem auf. Die Durchsetzung der Schulpflicht und Schulversagen stehen in einem Interdependenzzusammenhang und sind mit der demographischen Entwicklung verbunden. Mit der Schulpflicht reagierte der damalige Staat einerseits auf die Verarmung der Landbevölkerung, andererseits auf die Zunahme und Differenzierung der Stadtbevölkerung. Zu Beginn der Industrialisierung bedeuteten Verarmung und Proletarisierung der Bevölkerung eine Gefahr für die Integration und die Entwicklung der damaligen Gesellschaft, der unter anderem durch Schulausbildung entgegenzuwirken versucht wurde. Die Schulbildung für alle sollte vorrangig die gesellschaftliche Anpassung der unteren Bevölkerungsschichten sichern, sie sorgte aber gleichzeitig auch für eine Differenzierung der unteren Bevölkerungsschichten, da Schulversager überwiegend den untersten Sozialschichten, den „sozio-kulturell benachteiligten" Bevölkerungsgruppen (so die Attribuierung bei Begemann 1970) entstammten.

Systematisch betrachtet, kann die Entstehung der Hilfsschulen als Reaktion auf das Phänomen des Schulversagens aufgefasst und die Hilfsschule selbst als Ausbildungsstätte für Kinder aus den untersten, den sozio-kulturell benachteiligten Bevölkerungsschichten bezeichnet werden. Faktisch entwickelten sich die Hilfsschulen aus den wenig profilierten Nachhilfe-Einrichtungen der Volksschule im 19. Jahrhundert, in denen nicht „volksschulbildungsfähige" Schüler verwahrt wurden. Für Begemann wird die Hilfsschule zu dem Zeitpunkt eingerichtet, „nachdem die arme oder proletarische Unterschichtbevölkerung in bemerkenswerter Zahl entstanden, die allgemeine Schulpflicht nicht nur proklamiert, sondern auch weitgehend institutionalisiert war und eine ersatzweise Betreuung nicht mehr bestand." (Begemann 1970, S. 93) Mit ersatzweiser Betreuung meint Begemann z.B. „Armenschulen", die in Preußen Ende des 19. Jahrhunderts aufgelöst wurden. Von heute aus gesehen, fingen die Hilfsschulen also die bildungsbezogene Segregation einer bestimmten, sozio-kulturell definierbaren Schülerschaft institutionell auf und verfestigten zugleich durch ihre Institutionalisierung diese Segregation.

Die Entstehung der Hilfsschulen hat aber noch einen zweiten institutionellen Hintergrund. Die Gründung von Hilfsschulen war auch ein Konkurrenzunternehmen zur damals gängigen Unterbringung nicht beschulter und als nicht beschulbar geltender Kinder in kirchlich und medizinisch geführten Idiotenanstalten und anderen Verwahranstalten.[11] Die Zeit vor Gründung eines eigenen Hilfsschullehrerverbandes war dementsprechend durch polemische Auseinandersetzungen zwischen Hilfsschul- und Anstaltsvertretern um die Definition und Begrenzung der jeweiligen Klientel gekennzeichnet (vgl. Möckel 1998b). Der Schwachsinnsbegriff (mit seinen Abstufungen von der

---

11 Ausnehmen muss man in dem Zusammenhang die Gruppen der Gehörlosen und Blinden, für die traditionell spezielle Anstalten zur Verfügung standen („Taubstummenanstalten", „Blindenanstalten"). Die Angehörigen dieser Anstalten gehörten lange Zeit (bis in die 50er Jahre des 20. Jahrhunderts) nicht zur Zielgruppe der Sonderpädagogik im Umkreis der Institution „Hilfsschule" oder „Sonderschule". Und der Status der Einrichtungen für diese Personengruppen lag über dem der Hilfsschule.

„Debilität" bis zur „Idiotie") war damals der hauptsächliche begriffliche „Aufhänger", an dem sich die Auseinandersetzungen entzündeten. Er war gleichzeitig so zu sagen der kleinste gemeinsame Nenner der streitenden Parteien. Mit Hilfe dieses Begriffs galt es, die Population der Hilfsschulen als „Schwachbegabte" oder „Schwachsinnige" von der Population der Idiotenanstalten, die „vollidiotische", teilweise aber auch „schwachsinnige" Kinder betreuten, abzugrenzen. Den faktisch sich durchsetzenden Kompromiss umschreibt Begemann folgendermaßen:

> „Die Idiotenanstalten waren um ihren Nachwuchs und damit um ihre finanzielle Sicherung besorgt; die Vertreter der Volksschulen hielten sich zurück, und die Begründer der Hilfsschulen bemühten sich um eine nicht zu negative Einschätzung ihrer Schülerschaft in der Öffentlichkeit. Idioten sollten es nicht sein, denn ,mit Idioten wollte niemand sein Kind zusammen erziehen lassen ... und welchen Eltern konnte man auch nur zumuten, ihr Kind so zu sagen öffentlich als schwachsinnig gebrandmarkt zu sehen?'" (Begemann 1970, S. 32)

Die Abgrenzungsbemühungen bewegten sich konzeptuell innerhalb eines biologisch-somatischen Denkens. Beide miteinander konkurrierenden Institutionen hielten die Annahme der Vererbung von Intelligenz und Begabung für eine Selbstverständlichkeit. Die soziale Genese von Schulversagen bzw. „Schwachsinn" wurde nur selten thematisiert, und wenn doch, dann in der Regel sozialdarwinistisch umgedeutet: Die Reproduktion von Armut und Verwahrlosung wurde vererbten geistigen Mängeln zugeschrieben.

Nicht verschwiegen werden sollten Ausnahmen von der vorherrschenden konservativen bis reaktionären Ideologie. Eine solche abweichende Meinung begegnet uns in der veröffentlichten Polemik des Pankower Schularztes Dr. Schäfer aus den Jahren 1909/11:

> „Es liegt somit auch bei uns die überall hervortretende Tatsache vor, dass die Insassen der Hilfsschulen zum überwiegend größten Teile aus der untersten Volksschicht entstammen, und dass somit die schlechte soziale Lage des Elternhauses eine der wesentlichsten Ursachen für die Beeinträchtigung der normalen Entwicklung der Kinder darzustellen scheint." (zit. nach Begemann 1970, S. 61)

Und Schäfer wird noch deutlicher:

> „Es muss ein allgemein verbreiteter Irrtum bekämpft werden, dass das Absolvieren eines Gymnasiums ... von vorneherein gegen die Annahme von Schwachsinn spricht. ... Schwachsinnige können das Abiturientenexamen machen." (zit. nach ebd.)

Die unbestreitbare Dominanz des biologischen Denkens bzw. des Denkens in Schwachsinnkategorien implizierte nicht nur eine unzureichende Diagnose über die Schülerschaft der Hilfsschulen. Zwar zwang die Konkurrenz mit den Idiotenanstalten zur Betonung der Bildsamkeit der Hilfsschüler; aber gleichzeitig wurde die Bildsamkeit für die Anstaltspopulation (weitgehend) bestritten und nur eine eingeschränkte Erziehbarkeit der Hilfsschüler angenommen. So findet sich eine starke Affinität zum pädagogischen und therapeutischen Nihilismus in den Aussagen eines führenden Vertreters der Heilpädagogik in der ersten Hälfte des 20. Jahrhunderts, beim Schweizer Heinrich Hanselmann. Ihm zufolge kann es sich aufgrund der Geistesschwäche vieler behinderter Kinder „weder um ein Heilen noch um ein Erziehen handeln", weshalb er bei diesen Kindern lediglich die Entwicklung eines seelischen „Rohbaus" für möglich hielt (zit. nach Begemann 1970, S. 39).

Ein Dokument, das die Ideologie der entstehenden Hilfsschulpädagogik belegt und diese zugleich repräsentiert, ist der „Aufruf zur Gründung eines Verbandes der Hülfsschulen Deutschlands", der 1897, vor Gründung des Verbandes im Jahr 1898, verbreitet wurde (vgl. Abbildung 2). Was ist der ideologische bzw. programmatische Kernpunkt der Resolution, die eine erste Konsolidierung der Behindertenpädagogik anstrebt? Im Kern geht es den Hilfsschulpädagogen um die Integration bestimmter Schülergruppen in das allgemeinbildende Bildungswesen – für die unteren Bevölkerungsschichten – durch Segregation dieser Gruppen in einer besonderen Schule.

Der Aufruf wird – nach kurzer Schilderung der Schwierigkeiten mit der öffentlichen Anerkennung von Hilfsschulen – mit einem mitleidspädagogischen Vokabular garniert, um die hehren Motive der Hilfsschulpädagogen zu unterstreichen und um vielleicht auch möglicher Kritik vorzubeugen. Die Verbreitung und Tätigkeit von „Hülfsschulen" wird als „werkthätige Liebe und Barmherzigkeit" bezeichnet, als eine Sache eines jeden „Menschenfreundes", dem ein „Herz ... für jene bedauernswerten Wesen" zuerkannt wird. Sieht man vom üblichen solennen Ton bei solchen Anlässen ab, so provoziert die Massiertheit der Anpreisungen und Wohltätigkeitsbekundungen fast schon psychoanalytische Deutungen, die unter den Beschwörungsformeln anders gerichtete Motive diagnostizieren könnten, etwa Zweifel an der tatsächlichen Wohltätigkeit der Einrichtung „Hülfsschule" zu kaschieren.

Abb. 2: Aufruf zur Gründung des Verbandes der Hilfsschulen
Deutschlands (Möckel 1998a, S. 283-84)

Aus unbedeutenden Anfängen hervorgewachsen, hat die Hülfsschule, nachdem sie lange Jahre hindurch mit Gleichgültigkeit, ja offenbarem Wider-
streben zu kämpfen hatte, im letzten Jahrzehnt zu einer durch weite Kreise
und die verschiedensten Volksschichten verbreiteten Anerkennung sich
hindurch gerungen. In der Erkenntnis, dass die Hülfsschule einem drin-
genden Bedürfnis abhilft, und dass daher an ihrer Existenzberechtigung, ja
an der unbedingten Notwendigkeit ihres Vorhandenseins nicht gezweifelt
werden kann, bezeugen ihr Schul-, Regierungs- und Kommunalbehörden
volle Anerkennung und bereitwilligstes Entgegenkommen. Es ist wahrhaft
herzerfreuend, zu sehen, wie sich's hier und dort auf diesem Gebiete regt
im weiten deutschen Vaterlande, wie man vielerorten die ernste Pflicht
fühlt, sich der geistig armen Kinder anzunehmen. Bereits in etwa 50 deutschen Städten hat werkthätige Liebe und Barmherzigkeit wirksame Hülfe
zu bringen gesucht und Hülfsschulen ins Leben gerufen. Trotzdem muss
man, wenn statistische Aufnahmen es bezeugen, dass bereits in Städten von
20000 Einwohnern eine Hülfsschule am Platze sein würde, mit tiefster Be-
trübnis ausrufen: Was ist das unter so viele! Weitere Verbreitung der
Hülfsschulen, das ist daher ein edles Ziel, dem jeder Menschenfreund, dem
jeder zustreben sollte, der ein Herz hat für jene bedauernswerten Wesen,
bei denen in so vielen Fällen zur Armut des Geistes sich Armut bezüglich
der äusseren Lebensverhältnisse sowie Armut des Körpers infolge von organischen Fehlern und körperlicher Schwäche gesellen. Das ist vor allem
aber die Aufgabe der Männer, die von Amts wegen an den Hülfsschulen
wirken und die Segnungen derselben Tag für Tag vor Augen haben. Es
gilt, die weitesten Kreise aufmerksam zu machen auf unsere Anstalten, sie
über dieselben aufzuklären und zur Gründung neuer zu bestimmen. Das
kann aber in wirkungsvoller und fruchtbringender Weise nur dann geschehen, wenn wir, die Lehrer an den Hülfsschulen, als geschlossenes Ganzes
vorgehen und vor die Öffentlichkeit treten. Die Erfolge unserer grossen
Lehrervereine haben uns bewiesen, in wie hohem Masse Einigkeit stark
macht. Folgen wir diesem Beispiele und schliessen wir uns mit demselben
Eifer, derselben Hingabe zusammen zu gemeinsamer Arbeit, zu gemeinsamem Streben, dann wird auch für unsere Sache der erwünschte Erfolg nicht
ausbleiben!

Je weiter aber das Hülfsschulwesen sich ausbreitet, um so mehr tritt
auch an uns die ernste Mahnung heran, dasselbe innerlich auszugestalten,
damit unsere Schulen in immer höherem Masse den in sie gesetzten Erwartungen entsprechen. Es gilt, in rastlosem Forschen sich immer tiefer zu
versenken in den Geisteszustand unserer Zöglinge; es gilt, Mittel und Wege
ausfindig zu machen, wie man ihrem Geiste nahe zu treten, ihn anzuregen
und auszubilden vermag; es gilt, in allen Kreisen und Verhältnissen das
rechte Verständnis, die nötige Rücksicht und die verdiente Teilnahme für

die unserer Obhut anvertrauten armen Kinder zu erwecken. Das sind Aufgaben, für deren Lösung das Wirken des einzelnen unbedeutend und daher unbefriedigend ist. Hier muss ein lebendiger Austausch der Erfahrungen, der Arbeits- und Forschungsresultate aller unter allen ins Werk gesetzt, hier muss in geschlossener Reihe zu gemeinsamem Ansturme gegen Vorurteile und Unkenntnis vorgegangen werden.

Von diesen Gedanken geleitet, fassten die am 4. November d. Js. in Hannover versammelten Leiter und Lehrerkollegien der Hülfsschulen zu Braunschweig, Bremen und Hannover den Beschluss, sämtliche deutschen Hülfsschulen aufzufordern, sich zu einem Verbande der Hülfsschulen Deutschlands zusammen zu schliessen und im nächsten Jahre einen Verbandstag abzuhalten. Sie fassten diesen Beschluss in der festen Hoffnung, der sicheren Überzeugung, dass ein dahingehender Aufruf unter all den in derselben Arbeit stehenden Kollegen frohen Wiederhall, freudiges Entgegenkommen und bereitwilligste Befolgung finden werde.

Werte Kollegen! Der damals beschlossene Aufruf ergeht hiermit an Sie. Möge er den Erfolg haben, den wir von ihm erhoffen, möge er alle Hülfsschulen, alle Kollegen zu einer beistimmenden Erklärung veranlassen.

Wir bitten, dieselbe gütigst an Herrn Hauptlehrer Grote – Hannover, Ferdinandstrasse 27, gelangen zu lassen.

Dr. Berkhahn, Sanit.-Rat, Braunschweig, Schaarschmidt, Schuldirektor, Braunschweig,
Dr. Wehrhahn, Stadtschulrat, Hannover,
Basedow, Bock, Bohrisch, v.Bremen, Brüggemann, Dierks, Grassmann, Grote, Hartje, Henze, Kielhorn,
Meyer, Petermann, Plumeyer, Staats, Wintermann.

Es bleibt im Aufruf aber nicht bei den zweifelhaften Bekundungen. Die gehen über in die Definition des Personenkreises, für den sich die damaligen Hilfsschulen für zuständig erklärten. Bei den „bedauernswerten Wesen" handelt es sich um Kinder „bei denen in so vielen Fällen zur Armut des Geistes sich Armut bezüglich der äusseren Lebensverhältnisse sowie Armut des Körpers infolge von organischen Fehlern und körperlichen Schwächen gesellen." Das Bestimmungsmerkmal für die Schülerschaft der Hilfsschule ist eindeutig wie unscharf: Es ist die „Armut des Geistes", also ein nicht näher umschriebenes geistiges Defizit. Diese Ursache kann mit anderer „Armut" verknüpft sein, mit armseligen Lebensverhältnissen, die bei der Mehrheit der Hilfsschüler nicht zu übersehen sind, und mit körperlichen und gesundheitlichen Beeinträchtigungen. Trotz der Unschärfe der Definition der Hilfsschulpopulation wird hier recht geschickt verfahren:

Weder Lebensumstände noch körperlicher Zustand allein hätten die Hilfsschulpädagogen damals legitimiert, die Zuständigkeit für eine Schülergruppe für sich zu beanspruchen. Beide Symptome mussten gewissermaßen durch die Grundursache „Geistesschwäche" gestützt werden, boten zugleich aber die Chance, den Schülerkreis auszudehnen, da eine „Armut des Geistes" in solchen Fällen meist dem Augenschein nach gegeben, wenn auch nicht wissenschaftlich nachzuweisen war. Durchaus als positiv ist an dieser Definition hervorzuheben, dass die Schülerschaft der Hilfsschule hier nicht durch eine Mindestanforderung an geistigen Fähigkeiten eingegrenzt wurde, wie das im Verband später und vor allem unter der nationalsozialistischen Herrschaft fatalerweise geschah (vgl. Abbildung 1 in Kapitel 3).

Im Aufruf werden dann die Aufgaben der Hilfsschule behandelt. Hierbei zeigt sich eine Pädagogik im Prospekt. Die pädagogische Leistung scheint den verbandspolitischen Aktivitäten hinterher zu hinken. Die Verbandsgründung wird so gewissermaßen zur Voraussetzung für eine fundierte Pädagogik der Hilfsschule erklärt, die es dann erst noch zu schaffen gilt. Die – milde ausgedrückt – pädagogische Unfertigkeit manifestiert sich in Beschwörungen wie der, „in rastlosem Forschen sich immer tiefer zu versenken in den Geisteszustand unserer Zöglinge." Wenn erst noch „Mittel und Wege ausfindig zu machen [sind], wie man ihrem Geiste nahe zu treten, ihn anzuregen und auszubilden vermag ...", dann musste sich die damalige Hilfsschulpädagogik offenbar auf einem wissenschaftlich und praktisch unzulänglichen Fundament bewegen. Die Verbandsgründung ist dementsprechend weniger das Ergebnis einer stattgefundenen Professionalisierung als vielmehr Ausdruck eines erstarkenden Wunsches nach pädagogischer Professionalität.

Angedeutet wird immerhin die Richtung, in die behindertenpädagogische Professionalisierung gehen soll. Die Bemühungen der Hilfsschulpädagogik sollten sich nach Maßgabe des Aufrufs auf das Verstehen der „Geistesschwäche" ihrer Klientel richten. Von einer solchen Kenntnis erhoffte man sich damals Hinweise auf Fördermöglichkeiten, um den „Geist" der ihnen anvertrauten Kinder „anzuregen und auszubilden". In den nebulösen Formulierungen schwingt jedoch auch eine Ratlosigkeit mit, wie dieses pädagogische Ansinnen zu realisieren sei. Positiver formuliert: Die Anerkennung der Bildsamkeit der durch „Armut des Geistes" bezeichneten Kinder führte am Ende des 19. Jahrhunderts zur Kontur einer Methode; eine Bildungskonzeption und konkrete Bildungsziele für diese Schülergruppe waren zum damaligen Zeitpunkt aber noch nicht ausgearbeitet.

5.1.2 Die Ausbauphase der Sonderpädagogik

Es erfolgt jetzt ein zeitlicher Sprung in die 50er Jahre des 20. Jahrhunderts. Ein solcher Sprung ist vertretbar, da mit der Verbandsgründung bzw. mit Leitlinien, wie sie der zitierte Aufruf enthält, die künftige Form der Etablierung der Sonderpädagogik vorgezeichnet ist. Dabei sind die Leitlinien so abstrakt und unscharf formuliert, dass sie sowohl mit den politischen Vorgaben während des Nationalsozialismus kompatibel waren (durch die in Abschnitt 3.4 bereits skizzierte Abgrenzung der Hilfsschüler „nach unten" und die noch stärkere Betonung einer biologistischen Ideologie), als auch die Grundzüge des Wiederaufbaus des Sonderschulwesens in der Nachkriegszeit bestimmen konnten (und das nicht nur in der entstehenden Bundesrepublik Deutschland, sondern auch in der SBZ und in der späteren DDR; vgl. Bröse 1998).

Wie beschreibt die Sonderpädagogik in den fünfziger Jahren ihren eigenen Zustand? Welche Veränderungen und Weiterentwicklungen gegenüber der Gründungsphase des Hilfsschullehrerverbandes sind festzustellen? Auskunft hierüber gibt eine ausführliche Denkschrift zum Ausbau des heilpädagogischen Sonderschulwesens, die der Verband Deutscher Hilfsschulen dem Deutschen Städtetag 1954 überreichte. Es wird in dieser Denkschrift eine „sprunghafte Ausdehnung des Hilfsschulwesens" konstatiert (Denkschrift ... 1955, S. 5). Dafür wird zunächst „die Einsparung sonst unvermeidbarer Kosten" verantwortlich gemacht. Als entscheidender Motor für den erfolgten Ausbau des Hilfsschulwesens werden jedoch humanitär-caritative Motive hervorgehoben, selbstredend vor allem für die Zeit nach 1945. Wir kennen bereits diese Geste, die Kritik abblockt, aus dem Gründungsaufruf des Berufsverbandes, anerkennen aber immerhin eine gewisse sprachlich zurückhaltende Modernität sowie die vorsichtige Bestätigung ökonomischer Motive für das Florieren der Sonderpädagogik. Der in der damaligen Pädagogik eigentlich verpönte Rekurs auf die Ökonomie könnte aber auch nur dem taktischen Hintergedanken geschuldet sein, so besseres Gehör bei den Mitgliedern des Städtetages zu finden und weitere finanzielle Investitionen in den Ausbau der Sonderschulen anzuregen.

Gegenüber der Gründungsphase der Hilfsschulpädagogik hat sich nicht nur die Zahl der Hilfsschulen, sondern haben sich auch die Zuständigkeiten der Sonderpädagogen erweitert: Man fordert neben den so zu sagen florierenden Hilfsschulen – die für die größte Gruppe, für die Lernbeeinträchtigten zuständig sind – den verstärkten Ausbau von Schulen für sprachlich Beeinträchtigte, für Schwerhörige, für Sehbehinderte und für Gemeinschaftsschwierige.

Der Bestandsaufnahme des Erreichten folgen Problembeschreibungen für die einzelnen Sonderschultypen, die bei der Hilfsschule mit weitgehenden baulichen Forderungen und Vorschlägen verknüpft werden. Pädagogisch aufschlussreich ist die Problembeschreibung der Hilfsschule; hieran kann man besonders gut die „Fortschritte" der Sonderpädagogik in der Ära der Nierentische gegenüber der „Hülfsschulpädagogik" an der Wende zum 20. Jahrhundert ermessen. Ich entnehme der Denkschrift die vier Thesen, mit denen das „Problem der hilfsschulbedürftigen Kinder in der Volksschule" charakterisiert wird und die im Memorandum jeweils durch knappe Kommentare erläutert werden (vgl. Anhang 1):

> „(1) Die gemeinsame Unterrichtung und Erziehung mit den normal begabten Mitschülern bringt die hilfsschulbedürftigen Kinder in eine schwere seelische Not." (...)
> „(2) Die Zahl der hilfsschulbedürftigen Kinder beträgt 3,5 bis 4% der Gesamtzahl der schulpflichtigen Kinder." (...)
> „(3) Der Prozentsatz wird noch nicht überall erreicht. Infolgedessen bleiben zahlreiche hilfsschulbedürftige Kinder in den Volksschulen und bilden dort in den 4. und 5. Klassen den störenden Bodensatz. Unterrichtlich können sie nicht mehr gefördert werden. Erziehlich werden sie in die Schwererziehbarkeit abgedrängt." (...)
> „(4) Diese Kinder bilden eine ernste Gefahr. Es muss deshalb alles getan werden, um die hilfsschulbedürftigen Kinder restlos zu erfassen." (Denkschrift... 1955, Anhang 1, S. 191ff.)

Die Thesen des Memorandums werben offenbar mit einer zweifachen Begründung für die Vorzüge der Hilfsschule und wenden sich strikt gegen eine integrative Erziehung. Zum einen wird vor dem psychischen Schaden gewarnt, den ein lernbeeinträchtigtes Kind durch sein relatives Lernversagen in der Volksschule erfahren würde (These 1 und 3). Auf der anderen Seite bedeuten die lernbeeinträchtigten, nicht mehr förderbaren, erziehungsschwierig gewordenen Schüler nach Überzeugung der Verfasser einen Gefahrenherd für die „normalen" Mitschüler (These 4). Indem man die Schülerschaft fein säuberlich trennt, glaubt man, Bewährtes bewahren zu können – vielleicht eine andere Lesart von Bewahrpädagogik! An eine Veränderung der schulischen Organisation, an eine Verbesserung womöglich der Bedingungen der sozioökonomisch depriviert aufwachsenden Kinder denkt man damals nicht. Die Empfehlungen für lernbeeinträchtigte Schülerinnen und Schüler werden also auf eine einfache Formel gebracht: Die betreffenden Kinder und Jugendlichen bedürfen gesonderter Erziehung und die Hilfsschule weiß, wie man's macht. Im Übrigen ist die empirische Basis für diese Position mehr als dürftig. Die Thesen „arbeiten" mit Plausibilität, nicht mit überzeugenden wissenschaftlichen Belegen, weder hinsichtlich der behaupteten Folgen „gemeinsamer Unterrichtung und Erziehung", noch hinsichtlich der Annahme von Hilfsschulbedürftigkeit. Gäbe es eine empirisch-wissenschaftliche Basis für die aufgestellten Behauptungen, wäre sie im Memorandum zumindest kursorisch oder im Tenor erwähnt worden, wie das sonst auch bei einer solchen Textsorte zu erwarten ist.

Eine gesonderte Beachtung verdient weiterhin in These 2 die Behauptung eines umschriebenen Anteils hilfsschulbedürftiger Kinder. Der Anteil wird auf 3.5 bis 4 Prozent der schulpflichtigen Kinder taxiert. Im Kommentar zur These wird dieses Prozentintervall mit „den Erfahrungen der letzten Jahrzehnte" begründet. Tatsächlich dürfte dieser Prozentanteil jedoch aus der Vorstellung von der Normalverteilung der Intelligenz und der dieser Vorstellung folgenden Konstruktion von Intelligenztests resultieren. Willkürlich wird dann fünf Prozent der Bevölkerung eine sehr niedrige Intelligenz attestiert. Dieser Konvention folgend wird die Zahl der Hilfsschüler in einem Zirkelschluss hochgerechnet. Dass man unter der Zahl von 5 Prozent für die Hilfsschulpopulation bleibt, ist dem Abzug der Geistigbehinderten und der Grenzfälle zur Normalintelligenz geschuldet. Die Orientierung der Sonderpädagogik an der Annahme der Normalverteilung geistiger (auch schulischer) Leistungsfähigkeit ist theoretisch höchst bedeutsam. Hier kommt nämlich dieselbe Fixierung auf eine biologische Verursachung von Lernbehinderungen zum Vorschein, wie sie schon im Aufruf zur Verbandsgründung zu beobachten war. Die biologische Ideologie zeigt sich im Memorandum nur in modernisierter Form, in der Berücksichtigung testtheoretischer Annahmen.

Interessant ist schließlich an den Thesen zur Hilfsschule, dass soziale Verhältnisse und begleitende körperliche Beeinträchtigungen als Begleiterscheinungen von Lernbehinderungen im Gegensatz zum Aufruf von 1897 nicht mehr auftauchen. Selbstverständlich wurden aber diese Schüler mit diesen anderen Beeinträchtigungen nicht aus dem Auge verloren; für sie sind die „neuen" Sonderschultypen gedacht.

Die im Memorandum propagierte Sondererziehung ist Ausdruck eines Gesellschaftsbilds, in dem die Integration der sozialen Gruppen dadurch erreicht wird, dass sie die ihnen zugewiesenen Rollen erfüllen, auf die sie bereits die Schule vorbereitet. Eine solche statische Vorstellung von Gesellschaft war im bundesrepublikanischen Nachkriegsdeutschland dominant, das sich auf wirtschaftliche Rekonstruktion ohne politische „Experimente" konzentrierte. So konnte bis in die 60er Jahre das Sonderschulwesen weiter ausgebaut und differenziert werden – gestützt auf eine empirisch fragwürdige Vorstellung von Lernbeeinträchtigung und generell von Behinderung. Ein Höhepunkt des Ausbaus verzeichnet das 1960 erschienene „Gutachten zur Ordnung des Sonderschulwesens" der Kultusministerkonferenz. Es werden dort 13 Typen von Sonderschulen aufgeführt: „Blindenschule, Sehbehindertenschule, Gehörlosenschule, Schwerhörigenschule, Sprachheilschule, Körperbehindertenschule, Krankenschule und Hausunterricht, Beobachtungsschule, Hilfsschule, Erziehungsschwierigenschule, Schule im Jugendstrafvollzug, Sonderberufsschule, Heilpädagogischer Lebenskreis" (Bleidick 1998, S. 106). Die Sonderpädagogik ist im Vergleich zu ihrer Verbandsgründungsphase allzuständig für Behinderung geworden. Mit dieser Allzuständigkeit ging eine Alleinverantwortung einher, die angesichts der damals bescheidenen wissenschaftlichen und pädagogischen Grundlagen sonderpädagogischen Handelns über kurz oder lang Widersprüchlichkeiten, Anmaßungen und Scheitern mit sich bringen musste. Selbst wenn man der Sonderpädagogik den guten Willen einer optimalen pädagogischen Förderung der besagten Personengruppen unterstellt, ist trotzdem davon auszugehen, dass ein dermaßen differenziertes und artifizielles System der Sondererziehung eigentlich nur in einem schulischen und gesellschaftlichen Kontext bestehen kann, der relativ konstant bleibt. So stabil funktioniert aber das soziale Leben nur solange, wie sich die Lebensverhältnisse, die Bedürfnisse und Wünsche der Menschen nicht entscheidend verändern.

5.1.3 Schulische Integration als neues Ziel

Nachdem lange Jahre die Sonderschule propagiert wurde und ihre Expansion schließlich erreicht war, mag es überraschen, dass zunächst in der westdeutschen und später in der gesamtdeutschen Sonderpädagogik eine – von heute aus betrachtet – radikale Abkehr von dieser erfolgreichen Vergangenheit einsetzte und die unterrichtliche Integration behinderter Schülerinnen und Schüler befürwortet wurde. Bedingt durch den gesellschaftlichen und schulpolitischen Aufbruch in der Bundesrepublik der späten 60er Jahre des 20. Jahrhunderts, gerieten die ideologischen Grundlagen und Voraussetzungen sonderpädagogischen Handelns unter Legitimationsdruck – so der schon skizzierte Biologismus hinsichtlich der geistigen Entwicklung, weiterhin die schulische Reproduktion von Strukturen sozialer Ungleichheit. Wenn man allerdings berücksichtigt, wie sonst in der Gesellschaft, auch im Bildungswesen, der damalige politische Impetus bald zum Stillstand kam oder nivelliert wurde, so muss man den stetigen Wandlungsprozess in der Sonderpädagogik als außergewöhnlich bezeichnen. Mit anderen Worten: Der Veränderungsprozess in der Sonderpädagogik ist mit der politischen Aufbruchstimmung in den westlichen Industriestaaten der späten 60er Jahre nicht hinreichend zu erklären. Meine Hypothese für diese Veränderung lautet, dass sich vielmehr am unteren Rand der Sozialstruktur gesellschaftliche Desintegrationsprozesse am deutlichsten manifestieren und einen unabweisbaren Handlungsdruck erzeugen. Die Sonderschulen und Sonderpädagogen waren nicht mehr in der Lage, die sozialen Desintegrationsprozesse pädagogisch aufzufangen, die sich auch in der zahlenmäßigen Zunahme ihrer Schülerinnen und Schüler artikulierten (vgl. Bleidick 1998, S. 147). Den sonderpädagogischen Institutionen stehen dabei nur bedingt die disziplinarischen Mittel anderer allgemeinbildender Schulen zur Verfügung, scheiternde, institutionsnonkonforme Schülerinnen und Schüler an die nächst „niedrigere" Schulform weiterzugeben. Darüber hinaus wirkt es unglaubwürdig, die sich mehrenden Anzeichen sozialer Desintegrationsprozesse mit einer – bis dato dominierenden – Ideologie der Vererbung geistiger Leistungsfähigkeit zu erklären, zumal man sich davor scheut, den bei Aufrechterhaltung dieser Ideologie anzunehmenden genetischen Verfall der deutschen Bevölkerung zu konstatieren. In einer solchen Situation bietet sich als Option an, die schulische und gesellschaftliche Integration von behinderten Kindern und

Jugendlichen zu propagieren. Auf diese Weise konnte auch – wie in Kapitel 2 ausgeführt wurde – auf die sozialpsychologische Rekonstruktion des Involviertseins sonderpädagogischer Institutionen in die Diskriminierung der Behinderten reagiert werden. Die Alternative, eine noch weitere Differenzierung sonderpädagogischer Betreuung zu fordern, erschien weder finanzierbar noch pädagogisch begründbar (vgl. Lenzen 1999, S. 190f.). Allerdings weichen die Positionen voneinander ab, wie man die Option „Integration" im Einzelnen auszufüllen und umzusetzen versucht, etwa in der Frage, welche Rolle das ausgebaute System der Sonderschulen im Rahmen der Integrationsbemühungen kurz- und mittelfristig spielen kann und soll.

Der Wandel in der Sonderpädagogik hin zur Integration Behinderter erfolgte mindestens bis in die 90er Jahre des 20. Jahrhunderts über den Zwischenschritt einer „Doppelstrategie". Es wurden der weitere Ausbau des Sonderschulwesens und zugleich sonderpädagogische Maßnahmen im Bereich der „Regelschulen" gefordert. Die in Modellversuchen realisierten sonderpädagogischen Fördermaßnahmen in allgemeinbildenden Schulen waren zunächst vor allem für diejenigen Kinder und Jugendlichen gedacht, die „von Behinderung bedroht" waren. Der erste Schritt zum integrativen Unterricht bestand mithin in einem präventiven Konzept, das bereits – das darf man aus der bloßen Existenz dieser Modellversuche folgern – ein implizites Eingeständnis negativer Nebenwirkungen von sonderpädagogischen Institutionen bzw. einer Zuständigkeitsanmaßung beinhaltete. Erst später wurden Ansätze zur Integration auf die Gruppe der Behinderten selbst ausgedehnt, nicht mehr nur auf die von einer Behinderung Bedrohten beschränkt. Der erste Schritt zur Integration war noch von einer barschen Zurückweisung der Kritik an der Sonderpädagogik als Institution begleitet. Den Kritikern wurde etwa vom Verband Deutscher Sonderschulen angelastet, die Erzieher gestörter oder behinderter Kinder und Jugendlicher zu verunsichern:

„Mit teilweise undifferenzierten Schlagworten – Isolation, Segregierung, Stigmatisierung, Desintegration, Produktion einer industriellen Reservearmee – ist unter Lehrern und Eltern ein beträchtliches Maß an Verunsicherung erzeugt worden." (Leitlinien... 1979, S. 345)

Süffisant wird die Kritik der Kritik damals durch den weiteren Hinweis ergänzt, dass keine gleichermaßen tragfähigen Alternativmodelle zum bestehenden Organisationsmodell der Lernbehindertenschule bestünden. Nach Jahren des gezielten und erfolgreichen Ausbaus des

Sonderschulwesens ist dieser Hinweis zwar korrekt, enthält aber deswegen einen gehörigen Schuss Zynismus.

Man fragt sich unwillkürlich, ohne das Thema hier vertiefen zu wollen, ob es vielleicht gar nicht die monierte schlagwortartige Kritik war, die Sonderpädagogen und Eltern betroffener Kinder verunsicherte. Vielleicht war es gerade die differenzierte Kritik, über die hier nichts gesagt wird, die zum Nachdenken und zum Zweifel anregte. Und vielleicht enthielt die Kritik indirekt Selbstkritik des Berufsverbandes, mit dem Zugeständnis von Modellversuchen zur Integration die Begrenztheit der eigenen Pädagogik und Politik eingestehen zu müssen.

Nach der deutsch-deutschen Vereinigung auch im Sonderschulwesen war 1994 der Diskussionsprozess so weit gediehen, dass bildungspolitische Empfehlungen der Kultusministerkonferenz, auf die ich im nächsten Kapitel gesondert eingehe, die institutionelle Basis der Sonderpädagogik öffnen und offiziell und als Regelfall die sonderpädagogische Förderung an allgemeinbildenden Schulen vorsehen. Als einen innerverbandlichen Höhepunkt der Integrationsdiskussion kann man den Beschluss des Verbandes Deutscher Sonderschulen von 1997 zu „Sonderpädagogischen Förderzentren, Entwicklungen und Perspektiven" bezeichnen (vgl. Anhang 2). Hier setzt der Verband nunmehr eine eindeutige Priorität für die schulische und gesellschaftliche Integration. Ich zitiere aus dem ersten Abschnitt des Beschlusses:

> „Der Verband befindet sich in Übereinstimmung mit Grundpositionen der gesamtgesellschaftlichen Diskussion, die durch Begriffe wie Normalisierung, Partizipation und Dezentralisierung gekennzeichnet ist. Entsprechend besteht Einigkeit über die angemessene Förderung von benachteiligten, behinderten und von Behinderung bedrohten Kindern und Jugendlichen im Gemeinsamen Unterricht." (Anhang 2, S. 196)

Für die verschiedenen Gruppen, die die Klientel der Sonderpädagogik ausmachen, wird vom Verband Deutscher Sonderschulen eine neue Institution präferiert, nämlich der „Gemeinsame Unterricht" (im Original mit großem G geschrieben). Nicht mehr Sonderschulen, nicht mehr ein differenziertes besonderes Schulsystem genießen Priorität, sondern eine Organisationsform, die der Verband durch seine Gründung und im Verlauf seiner fast hundertjährigen Geschichte bekämpfte. Die pädagogische Förderung von Behinderten soll allerdings auch jetzt einer sonderpädagogischen Institution vorbehalten bleiben; im Beschluss spricht man sich an anderer Stelle für den Auf- und

Ausbau sonderpädagogischer Förderzentren aus, die als kombinierte Einrichtung mit eigener Schule, Beratungsangeboten und Ambulatorien konzipiert sein können, von denen aus auch der „Gemeinsame Unterricht" sonderpädagogisch versorgt werden soll.

Interessant an der neuen Konzeption ist weiterhin – und das beweist immerhin ein Lernen aus der eigenen Verbandsvergangenheit – die zurückhaltende Diktion, in der auch offen bleibende Probleme angesprochen werden. Es wird eingestanden, dass weder Förderzentren noch Gemeinsamer Unterricht quasi automatisch einen Erfolg der schulischen Integration garantieren können (man könnte in Abwandlung eines bekannten kritisch-psychiatrischen Slogans sagen: „Integration allein heilt nicht"). Es wird auf die Notwendigkeit einer engen inhaltlichen und organisatorischen Verbindung mit der „Allgemeinen Schule" hingewiesen und die Modellvielfalt sonderpädagogischer Förderzentren als wichtig erkannt. Der Beschluss scheint also kritisch nach beiden Seiten zu sein: Die traditionelle Selbstgefälligkeit der Institution Sonderschule, die auf hinreichende empirische Belege ihrer pädagogischen Wirksamkeit verzichten zu können glaubte, ist ebenso verschwunden wie eine naive Integrationseuphorie. Die Sonderpädagogik erreicht mit ihrem Strategiewechsel, den Bleidick (1998, S. 154) als Bewegung von der „Makropolitik" zur „Mikropolitik" zusammenfasst, eine Flexibilisierung ihres Förderangebots, was mindestens in zweierlei Hinsicht bemerkenswerte Konsequenzen hat:

– Die Differenzierung der sonderpädagogischen Förderung wird von einer institutionellen, organisatorischen Differenzierung der Sonderschulen abgekoppelt. Das heißt, integrative flexible Netzwerke treten an die Stelle organisatorisch fixierter Arbeitsteilung (vgl. Preuss-Lausitz 1999); bürokratischen „Wucherungen" (Lenzen 1999, S. 190)[12] bei der sonderschulischen Institutionalisierung soll entgegengewirkt, dabei jedoch die sonderpädagogische Professionalität bewahrt bzw. einer neuen Bewährungsprobe ausgesetzt werden.

– Die Streitfrage um die schulische Integration von Behinderten verliert den Charakter eines Dogmas, das über Fortschrittlichkeit oder Rückschrittlichkeit pädagogischen Handelns und Denkens ent-

---

12 Die organisationssoziologische Begründung Lenzens kann angesichts des vielgestaltig bzw. ausgesprochen unübersichtlich werdenden Förderangebots nicht völlig überzeugen.

scheidet. Stattdessen wird die schulische und unterrichtliche Integration mit dem Erfolgskriterium „soziale Integration von Behinderten" verknüpft und wird auch an diesem Kriterium zu messen sein.

Damit ist eine optimistische Einschätzung des Beschlusses von 1997 wiedergegeben. Aber es gibt auch eine skeptische, um nicht zu sagen pessimistische Deutungsmöglichkeit. Zum einen ist nicht ausgeschlossen, dass sich unterhalb der neuen Flexibilität des Verbandes der Deutschen Sonderschulen restaurative Tendenzen einer herkömmlichen Sonderpädagogik wieder entfalten oder dass Flexibilität in postmoderne Beliebigkeit mündet – zumal der Beschluss mit fast hundert Jahren Verbandspolitik bricht. Zum anderen lässt der Verbandsbeschluss völlig verschiedene und in ihren pädagogischen Konsequenzen ungesicherte Integrationsoptionen zu, wie ich im nächsten Abschnitt aufzeigen werde.

Am bedenklichsten erscheint mir aber ein Mangel, den der Verbandsbeschluss zwar anspricht, aber nicht zu beheben vermag: Der Integrationsdiskussion in der Sonderpädagogik steht derzeit keine entsprechend fundierte Diskussion in der Schulpädagogik und in der Allgemeinen Didaktik gegenüber. Das Gelingen schulischer Integration hängt jedoch nicht nur von den konkreten Gegebenheiten der jeweiligen Schule und ihrer Schülerschaft ab, sondern hat auch eine hinreichende theoretische Komplementarität von Schulpädagogik und Sonderpädagogik zur Voraussetzung. Ob die Schulpädagogik eine solche rasche „Anpassungsleistung" an die gewendete Sonderpädagogik nachvollziehen kann und wird, ist fraglich. Sie würde zudem das Interpretationsmonopol der Sonderpädagogik antasten und stößt von daher hier auch auf eine merkwürdige Ambivalenz (so wenn etwa der Sonderpädagoge Benkmann, 2001, S. 95, eine „wechselseitige Annäherung von Erziehungswissenschaft und Sonderpädagogik" für unwahrscheinlich hält). Zweifellos ist ein größeres Interesse an der Integration behinderter Kinder in der Grundschulpädagogik zu erkennen; aber Bereitschaft bedeutet nicht schon eine fachlich fundierte Diskussion und impliziert schon gar nicht zu den sonderpädagogischen Postulaten komplementäre Praxismodelle.

Hinzu kommt ein weiterer gesellschaftlicher Druck, der nach Veröffentlichung der PISA-Studie und anderer Schulleistungsvergleichsuntersuchungen auf der Schulpädagogik lastet und der zwar nicht unbedingt gegen die schulische Integration behinderter Schülerinnen und Schüler gerichtet ist, primär jedoch Steigerungen im Leistungsmittelfeld und in der Leistungsspitze der Schülerschaft anstrebt. Das heißt, die Prioritäten der Schule und der Schulpädagogik sind gegenwärtig anders gelagert.[13]

5.2 Sonderpädagogische Integrationskonzepte

Die aufgezeigte Entwicklung der Verbandspolitik führt die unabgeschlossene Bewegung der sonderpädagogischen Diskussion um die schulische und gesellschaftliche Integration Behinderter vor Augen. In einem bemerkenswerten Aufsatz macht Bundschuh (1997) auf fünf grundsätzliche Bedeutungsvarianten von Integration aufmerksam, deren Klärung zur Vermeidung von Missverständnissen und von darauf beruhenden Kontroversen beitragen kann. Die fünf Bedeutungsvarianten von Integration bei Bundschuh unterscheiden sich nach der Institution, die jeweils das unmittelbare Ziel der integrativen Maßnahmen ist. Es handelt sich um die folgenden Integrationsvarianten (ebd., S. 313):[14]

1. Integration durch gemeinsamen Unterricht in derselben Klasse einer Schule

---

13 Die öffentlichen Reaktionen auf die PISA- und zuvor auf die TIMS-Studie sind widersprüchlich, zeugen davon, dass Ergebnisse der Studien eher Auslöser als Ursache des bildungspolitischen Unbehagens in der interessierten Bevölkerung sind. Wegen der dadurch bedingten Beliebigkeit in der Deutung der schlechten Testergebnisse deutscher Schülerinnen und Schüler sind darunter durchaus auch „integrationsfreundliche" Interpretationen zu finden, so im Vorwurf an das deutsche Schulsystem, auf die Heterogenität der Schülerschaft schulorganisatorisch, statt pädagogisch (unterrichtsorganisatorisch) zu reagieren.

14 Ich habe die Abfolge der Varianten gegenüber Bundschuh abgeändert, damit ihre Implikationsbeziehungen sichtbar werden. Für die hier unter 5) aufgeführte Integrationsvariante existieren zwei Lesarten. Man kann sie oberbegrifflich als umfassende soziale Integration auffassen, die sich auf alle gesellschaftliche Institutionen, auch die Schule, bezieht. Oder man deutet diese Variante als gesellschaftliche Integration, die auf bestimmte institutionelle Bereiche der Gesellschaft gerichtet ist. Im Text folge ich stillschweigend dieser Unterscheidung, wenn ich das Adjektiv „gesellschaftlich" oder „sozial" vor „Integration" setze.

2. Integration in allgemeinbildenden Schulen, jedoch mit separaten Klassen
3. Kooperative Integration allgemeinbildender Schulen und Sonderschulen
4. Integration im Berufsleben (Berufsausbildung)
5, Integration außerschulisch (Freizeit, Gesellschaft).

Die Integrationskonzepte sind mit Ausnahme der beruflichen Integration (Variante 4), die einen speziellen, wenngleich wichtigen Aspekt der gesellschaftlichen Integration darstellt, per Implikation miteinander verbunden. Die Integrationsvariante 5 umfasst, wenn man die gesellschaftliche als soziale Integration begreift, alle anderen Integrationsformen. Den Integrationsvarianten 1 bis 3 ist gemeinsam, dass sie die Integration Behinderter in das Bildungssystem der Gesellschaft implizieren, jedoch nur Variante 1 diese Inklusion über die unterrichtliche Integration anstrebt. Die in Abschnitt 5.1 geschilderten ursprünglichen Bemühungen der Behindertenpädagogik könnten nach diesem implikatorischen Integrationsverständnis als Versuch gewertet werden, zur sozialen Integration von Schulversagern durch ihre Inklusion ins Bildungssystem beizutragen, wenngleich das Integrationsziel lange Zeit ausschließlich in besonderen Schulen verfolgt wurde. Dem Streit um die unterrichtliche Integration in der Sonderpädagogik der 70er und 80er Jahre des 20. Jahrhunderts kann deshalb auch eine polemische Zuspitzung attestiert werden, weil er der traditionellen Sonderpädagogik zu Unrecht jegliche Integrationsabsichten – im Sinne einer sozialen Integration – absprach.

Ich wandte mich jedoch nicht wegen der Freude an einem begriffslogischen Glasperlenspiel den genannten Integrationsvarianten zu. Vielmehr interessieren diese Varianten, weil sich an der Weite der Integrationsbedeutungen die damit verbundenen pädagogischen und didaktischen Ziele, Chancen und Schwierigkeiten abschätzen und analysieren lassen. Ich beginne meine Analyse mit der weitesten Integrationsbedeutung, mit der sozialen bzw. gesellschaftlichen Integration, da wegen der Implikationsbeziehungen zu den anderen Varianten die damit verbundenen Folgerungen auch bei den engeren Integrationsvarianten als Hintergrund mitzubedenken sind.

Die gesellschaftliche Integration von behinderten Menschen kann als die wichtigste bzw. entscheidende Form der Integration gelten, deren Erreichen sogar auch eine vorübergehende Sonderbeschulung rechtfertigen würde. Allerdings enthält eine „umfassende" Vorstellung sozialer Integration bisher zwei größere Schwächen. Es wird weder hinreichend präzisiert, worin die Integration behinderter Menschen bestehen soll und auf welchen Wegen diese Integration zu erreichen ist. Besonders problematisch scheint mir zu sein, dass die Zielfrage kaum diskutiert wird. So kann mit sozialer Integration „Anpassung" Behinderter an gesellschaftliche Normen und Konventionen gemeint sein, eine Vorgabe, die den so genannten Normalen nicht zugemutet wird, zumal von ihnen Rollendistanz, Kritikfähigkeit und andere Kompetenzen gefordert werden, die Anpassungsprozesse abschwächen oder individualisieren. Gegen Anpassungszumutungen, mit denen Behinderte zum Teil konfrontiert werden, kommt denn auch schon längere Zeit vehemente Kritik von Selbsthilfeinitiativen körperlich/organisch Beeinträchtigter (vgl. hierzu aus systemtheoretischer Sicht Lenzen 1999). Sie fordern gewissermaßen den Teil der sozialen Integration ein, der nicht durch ihre „Anpassung" zu erreichen ist, und verlangen also ein Recht auf Individualität und die Adaption der Gesellschaft an Behinderung. Hinzu kommt, dass die Unterstellung einer durch Individualismus oder durch Patchwork-Identitäten charakterisierbaren modernen oder postmodernen Gesellschaft (vgl. Beck 1986; Lyotard 1987) es grundsätzlich erschwert, soziale Integration umfassend zu denken. Folgt man Hiller (1991), ist soziale Integration nur als gesellschaftliche Integration im Plural denkbar. Für Behinderte können nur Mindestanforderungen und zum Teil nur vermeidungsstrategisch erfassbare Hindernisse gesellschaftlicher Integration formuliert werden. Hiller zufolge verlangt die gesellschaftliche Integration Behinderter Hilfen in bestimmten Lebensbereichen und Lebenslagen. Unterstützungen dieser Art umfassen

- die Sicherung des Zugangs zum Beschäftigungssystem,
- die Vermittlung einer dauerhaften wirtschaftlichen Sicherheit,
- die Stärkung sozialer Netzwerke in Primärgruppen,
- die Ermöglichung einer „ökonomisch-nichtruinösen Partizipation am Markt der Güter und Dienstleistungen,"
- die Schulung im kompetenten, legalen Umgang mit Institutionen,
- das Training „nichtruinöser Interaktions- und Zeitnutzungsmuster." (Hiller 1991, S. 231ff.)

An der nicht erschöpfenden und nicht sehr trennscharf formulierten Liste der Integrationsbereiche werden die vielgestaltigen Aufgaben deutlich, die eine so leicht von den Lippen gehende Forderung nach gesellschaftlicher Integration Behinderter für die Betroffenen wie für die für Hilfen verantwortliche Gesellschaft mit sich bringen kann.

Da die Integration ins Berufsleben (Integrationsvariante 4), wie man auch der Hillerschen Taxonomie entnehmen kann, einen Teilaspekt der sozialen Integration ausmacht, übergehe ich diesen Bereich und komme zu Integrationsvariante 3, zur Integration durch Kooperation von allgemeinbildenden und Sonderschulen. Diese Form der Integration verlangt keine institutionellen Veränderungen auf Seiten der allgemeinbildenden Schule. Erforderlich ist dagegen eine Änderungsnotwendigkeit didaktischer Konzepte in den allgemeinbildenden Schulen in Richtung „soziales Lernen", indem außerunterrichtliche Kontakte mit Sonderschulen organisiert werden, etwa über Feste, Partnerklassen etc., und auf diese Weise der Umgang behinderter mit nichtbehinderten Schülerinnen und Schülern „normalisiert" wird. Es wird also auf regelmäßige, aber nur gelegentliche Sozialisationsprozesse gesetzt, die schulorganisatorisch angeregt werden (können), aber in ihrem Ergebnis letztlich nicht steuerbar sind. Deshalb lassen derartige Integrationsbemühungen hinsichtlich des Erfolgs sowohl eine optimistische als auch eine pessimistische Prognose zu. Kooperative Integration kann aber mehr als die Förderung sozialen Lernens bedeuten. Es könnte damit auch eine Integration sonderpädagogischer Dienste und Einrichtungen in das schulische Angebot allgemeinbildender Schulen gemeint sein. In diesem Sinne ginge es um eine Integration der Sonderpädagogik bzw. sonderpädagogischer Professionalität in die allgemeinbildenden Schulen und um eine Rollenerweiterung der Sonderpädagogik zur Vorbeugung von Behinderung oder von Behinderungsfolgen jeglicher Art. Kooperative Integration muss sich mithin nicht auf die Koexistenz von allgemeinbildenden Schulen und Sonderschulen beschränken, könnte vielmehr die Institutionalisierung sonderpädagogischer Dienstleistungen – ähnlich der des schulpsychologischen Dienstes – im allgemeinbildenden Schulsystem incl. in den Gymnasien bedeuten.

Bei Integrationsvariante 2, bei der Beschulung behinderter Schülerinnen und Schüler in separaten Klassen derselben Schule, ist anders als in Variante 3 die soziale Integration von behinderten und nichtbehinderten Schülerinnen und Schülern gewissermaßen Dauerthema. Es gehört hier zur Aufgabe der jeweiligen Schule, einerseits gezielt Gelegenheiten sozialen Lernens zu schaffen, andererseits der augenfälligen Diskriminierung der Schülerinnen und Schüler durch ihre Separierung in besonderen Klassen entgegenzuwirken. Die wichtige Aufgabe und die Chance dieses Integrationstyps sollten darin bestehen, die Re-Integration von Schülerinnen und Schülern in Regelklassen zu erleichtern. Aus schulorganisatorischer Perspektive ist zu dieser Integrationsvariante jedoch kritisch anzumerken, dass sie zwar flexibel den Gegebenheiten der Einzelschule angepasst werden kann, aber, was das sonderpädagogische Förder- und Beratungsprofil betrifft, eingeschränkter und unflexibler sein könnte als die zuvor genannte Variante 3 und die noch zu besprechende Variante 1. Denn das Förderkonzept und das Personal für die separaten Klassen können wohl jeweils nur auf begrenzte Behinderungsbereiche zugeschnitten sein.

Ich komme nun zur pädagogisch anspruchsvollsten Integrationsvariante, die den gemeinsamen Unterricht von behinderten und nichtbehinderten Schülerinnen und Schülern vorsieht. Pädagogisch anspruchsvoll ist diese Form der Integration, weil sie nicht nur Sozialisationsprozesse beider Schülergruppen anregt, wie das bei den beiden zuvor geschilderten Integrationsvarianten der Fall war, sondern darüber hinaus auch Gemeinsamkeiten der behinderten und nichtbehinderten Schülerinnen und Schüler bei den Lerninhalten und Lernerfahrungen betont. Anspruchsvoll ist diese Form der Integration darüber hinaus auch deshalb, weil sie von den Pädagogen der allgemeinbildenden Schulen wie von den Sonderpädagogen eine gemeinsame Didaktik und Unterrichtsmethodik erfordert, auf die bisher in der Lehrerbildung kaum vorbereitet wird.

Was sind nun besondere pädagogische Chancen, die eine unterrichtliche Integration von behinderten Schülerinnen und Schülern verspricht?

– Diese Form der Integration bietet behinderten und nichtbehinderten Schülerinnen und Schülern durch die Veralltäglichung der Interaktionen die Chance, zu einem unverkrampften Miteinander zu gelangen. Auf Seiten der Behinderten ergeben sich verstärkte Möglichkeiten des Imitationslernens, sie werden kognitiv und verhaltensmäßig herausgefordert, wobei die Gefahr einer Überforderung nicht ausgeschlossen ist. Auf Seiten der Nichtbehinderten wachsen Gelegenheiten, die Probleme behinderter Mitschülerinnen und Mitschüler zu verstehen und tutorielle Funktionen zu übernehmen, was ihren Leistungskompetenzen nur zuträglich sein kann. Hinsichtlich des zu vermutenden Integrationsergebnisses könnte man deshalb von einem mindestens ebenso großen pädagogischen Plus für die nichtbehinderten Schülerinnen und Schüler wie für ihre behinderten Mitschülerinnen und Mitschüler ausgehen.

– Die Dichte des Kontaktes der beiden Schülergruppen lässt weiterhin erwarten, dass die nachschulische gesellschaftliche Integration behinderter Menschen durch die unterrichtliche Integration erleichtert oder wenigstens nicht erschwert wird. Diese Annahme wäre vor allem dann zu prognostizieren, wenn die schulische Integration über die Grundschule hinausreichen würde. Zu bedenken ist, dass nach empirischen Befunden die soziale Integration der schulleistungsschwachen Schülerinnen und Schüler bisher zu wünschen übrig lässt, ihre Mitschülererfahrungen negativ gefärbt sein können (vgl. Bundschuh 1997, S. 313; Eberwein 1996, S. 206).

– Unterrichtliche Integration könnte schließlich helfen, Schulversagen vorzubeugen und ansonsten schwierige und seltene Reintegrationsprozesse zu erübrigen. Nach der vorherrschenden Interpretation vorliegender empirischer Ergebnisse scheint es außerdem so zu sein, dass durch unterrichtliche Integration die Schulleistungen zumindest bei Lernbehinderten gefördert werden können (vgl. Bundschuh 1997; Hildeschmidt/Sander 1996).[15] Trotzdem führen die positiven Auswirkungen unterrichtlicher Integration Lernbehinderter, wie die Erfahrungen zeigen, meistens nicht zur Beseitigung von Lernbeeinträchtigungen bzw. von relativen Leistungsrückständen. Zu beobachten ist in der Regel ein Schereneffekt (vgl. Boban 1996). Das heißt, die Schulleistungen der behinderten und nichtbehinderten Schülerinnen und Schüler entwickeln sich im Laufe des gemeinsamen Unterrichts auseinander. Problematisch ist dabei nicht unbedingt das Eintreten eines solchen Effekts, sondern vielmehr, dass er auf noch unzureichende integrationspädagogische Konzepte verweisen könnte, um die Lernfortschritte der behinderten Kinder und Jugendlichen sowohl unterhalb als auch entsprechend der üblichen Leistungsstandards anzuregen, zu bemerken und zu beurteilen. Von daher muss sich die Integrationspädagogik die Frage gefallen lassen, ob vielleicht ein qualitativ hochwertiger gesonderter Unterricht eine bessere Angleichung und „Normalisierung" des Lernerfolgs lernbeeinträchtigter Schülerinnen und Schü-

---

15 Auf Unzulänglichkeiten dieser Interpretation gehe ich in Kapitel 9 näher ein.

ler erreichen könnte als der gemeinsame Unterricht (vgl. Roeder 1999). Eine stillschweigende Akzeptanz des scheinbar unausweichlichen Schereneffekts hinter dem unverfänglichen Terminus des „zieldifferenten Unterrichts" wird jedenfalls nicht allen integrierten lernbeeinträchtigten Schülerinnen und Schülern gerecht.

Mit dieser letzten Bemerkung bin ich bereits bei den bisherigen Grenzen der unterrichtlichen Integration angelangt. Bei den im Folgenden aufgeführten Beschränkungen wird deutlich, dass diese teilweise auf nicht-intendierten, unbedachten „Nebenwirkungen" integrativen Unterrichts beruhen, deren Verringerung nicht allein in der Hand der Integrationspädagogik liegt.

Ein erstes Problem ergibt sich aus der sachlogisch zwingenden Forderung eines Zweipädagogenunterrichts bei der Realisierung eines gemeinsamen Unterrichts für Behinderte und Nichtbehinderte. Dieses Prinzip läuft kurzfristigen, politisch auferlegten Sparzwängen zuwider. Hinzu kommt der schulorganisatorische Aufwand, der bei einem Zweipädagogenprinzip zu bewältigen ist. Dieses Prinzip lässt sich kaum mechanisch verordnen, da für seine erfolgreiche Realisierung neben der pädagogischen Kompetenz die zwischenmenschliche Dimension eine wichtige Rolle spielt. Die für solche Kooperationsformen notwendige Flexibilität setzt prinzipiell eine andere Organisation von Schule voraus.

Darüber hinaus kann die unterrichtliche Integration, die über die Grundschule hinaus in der Sekundarstufe I weitergeführt wird, in einem dreigliedrigen Schulsystem zu einer weiteren Schwächung von Hauptschulen und Gesamtschulen führen, die die „Hauptlast" der Integration zu tragen hätten. In der gegenwärtigen bildungspolitischen Diskussion genießen diese beiden Schulformen wenig Ansehen, und ihre Leistungsfähigkeit steht in Frage. So dürfte die gegenwärtig bundesweit geführte Schulleistungsdebatte für eine Ausweitung von Integration wenig hilfreich sein. Ein Ausbau der unterrichtlichen Integration in der Sekundarstufe scheint unter den gegebenen bildungspolitischen Stimmungen und schulorganisatorischen Bedingungen nur erreichbar zu sein, wenn überzeugend dem Verdacht vorgebeugt wird, Integration würde sich in einer ungewollten „kompensatorischen Pädagogik" erschöpfen, die nur schwachen Schülerinnen und Schülern nutzt und gute Schüler von Haupt- und Gesamtschulen weiter benachteiligt (vgl. Lehmann et al. 1999, S. 87ff.).

Schließlich sind weder die Sonderpädagogen noch die Pädagogen an allgemeinbildenden Schulen hinreichend für die unterrichtliche Integration ausgebildet. Integrative Pädagogik stellt jedoch die traditionelle Organisation des Unterrichts in Frage und verlangt Kooperation und Differenzierung, die in der pädagogischen Literatur zwar vielfach beschrieben, aber schulorganisatorisch selten begünstigt wird. Vor allem aber ist weder die Didaktik der Sonderpädagogik noch die der allgemeinbildenden Schulen auf die Integration als Regelfall hinreichend vorbereitet. Eine unterrichtliche Integration, die nur auf dem „guten Willen" und „Learning by doing" der Beteiligten beruht, bietet auf Dauer keine verlässliche professionelle Basis.

5.3 Statt eines Fazits

Einem nun eigentlich zu erwartenden Fazit darüber, welche der Bedeutungsvarianten von Integration zu präferieren ist, darf man sich mit guten Gründen entziehen. Ausgehend nicht von bildungspolitischen Zielen und Wunschvorstellungen, sondern von der gegebenen Beschaffenheit unseres Bildungssystems (in dem lange Zeit auf ein ausgebautes und differenziertes Sonderschulsystem gesetzt wurde), lässt sich feststellen, dass die aufgeführten Formen der Integration nicht nur als Konkurrenzmodelle gedeutet werden können. Die verschiedenen Vorstellungen und Formen von Integration verdienen vielmehr weiter durchdacht und schulpraktisch miteinander verschränkt zu werden.

Außerdem ist zu den verschiedenartigen Integrationsvorstellungen anzumerken, dass die Autoren oft unausgesprochen eine bestimmte Gruppe von Behinderten vor Augen haben und deshalb bestimmte Aspekte von Integration in den Vordergrund rücken. Der Begriff der Behinderung, das habe ich bereits im ersten Kapitel klar zu machen versucht, bezieht sich auf unterschiedlichste Personen und Gruppen, die kaum mehr als das gemeinsame Label „Behinderung" teilen. Für die heterogene Klientel unserer pädagogischen Integrationsbemühungen ist daher auch ein flexibles, differenziertes pädagogisches Fördersystem notwendig. Dazu gehören auch Sonderschulen, die einen Beitrag zur gesellschaftlichen Integration Behinderter durch eine gezielte Förderung in einem „Schonraum" leisten (könnten), manchmal leisten müssen (denkt man beispielsweise an emotional schwer beeinträchtigte Kinder und Jugendliche).

Nur soviel lässt sich abschließend sagen: In der heutigen Sonderpädagogik spielt die unterrichtliche Integration die Rolle eines virtuellen Maßstabs, an dem die geleistete pädagogische Arbeit mit behinderten Schülerinnen und Schülern gemessen wird – ganz im Gegensatz zu ihrer Vergangenheit, in der die Institution der Sonderschule der Maßstab sonderpädagogischen Handelns war. Ein pädagogisches Wundermittel ist aber auch der neue Maßstab nicht, selbst wenn „Integration" unter erforderlichen besseren institutionellen Rahmenbedingungen stattfinden könnte. Man sollte sich deshalb einerseits die Meinung von Kobi (1998) vergegenwärtigen, der vor einer unkritischen Überhöhung des Integrationsbegriffs, vor der apriorischen Zuschreibung einer positiven Valenz warnt. Andererseits scheinen mir empirisch gestützte Analysen der Schwierigkeiten bei der praktischen Umsetzung von pädagogischen Integrationsmaßnahmen und eine Verständigung über Qualitätskriterien etwa des gemeinsamen integrativen Unterrichts unabdingbar zu sein (vgl. Preuss-Lausitz 2001).

Zusammenfassung von Kapitel 5

Die Entwicklung der deutschen Sonderpädagogik aus der Ende des 19. Jahrhunderts entstehenden Hilfsschulpädagogik bewegt sich im Spannungsfeld von Integration und Segregation. Das heißt, die Sonderpädagogik kann als ein Versuch gedeutet werden, der sozialen Segregation von Behinderten pädagogisch entgegenzuwirken. Lange Jahrzehnte dominierte in der Sonderpädagogik die Überzeugung, der sozialen Segregation behinderter Kinder und Jugendlicher durch eine segregierte Beschulung entgegenwirken zu können. Dementsprechend wurde der Ausbau und die Differenzierung der sonderpädagogischen Einrichtungen bis in die 60er Jahre mit Erfolg propagiert. Kritik an der sozialen Diskriminierung behinderter Kinder und Jugendlicher, die durch die Sonderbeschulung begünstigt und mitunter verstärkt wurde, führte seit den 70er Jahren des 20. Jahrhunderts zu einer allmählichen Umorientierung in der Sonderpädagogik. Gemeinsamer Unterricht für behinderte und nichtbehinderte Kinder und Jugendliche und die Umorganisation von Sonderschulen zu Förderzentren gelten nunmehr als Grundlage für eine angemessene Förderung von benachteiligten, behinderten und von Behinderung bedrohten Kindern und Jugendlichen.

Die heute in der Sonderpädagogik zu dominieren scheinende Befürwortung der schulischen Integration Behinderter beruht jedoch nicht auf einem einheitlichen Konzept. Es existieren eine Reihe unterschiedlicher Varianten der Integration, die etwa – umfassend – die soziale Integration von Behinderten anstreben oder – pädagogisch anspruchvoll – den gemeinsamen Unterricht behinderter und nichtbehinderter Schülerinnen und Schüler zum Ziel haben. Die Vorzüge und Grenzen der verschiedenen Integrationsvarianten sprechen dafür, Integration je nach Situation und je nach pädagogischen Erfordernissen flexibel zu handhaben. Ein Patentrezept für die Integration behinderter Schülerinnen und Schüler gibt es nicht.

Fragen

1. Analysieren Sie anhand von verbandlichen Dokumenten die Grundpositionen, die in der Sonderpädagogik im Verlaufe ihrer Entwicklung vorherrschten! Wie erklären Sie sich den Wandel, der im Berufsverband der Sonderschullehrer von der ursprünglichen Befürwortung einer gesonderten Beschulung behinderter Kinder und Jugendlicher zur Bevorzugung einer integrativen Beschulung führte?
2. Welche Konzepte von Integration lassen sich unterscheiden? Diskutieren Sie Vorzüge und Grenzen der jeweiligen Konzepte!

Einführende Literatur

Begemann, E. (1970) Die Erziehung der sozio-kulturell benachteiligten Schüler. Hannover
Bleidick, U. (1998) Der Verband und die Bildungspolitik 1948 bis 1998. In: Möckel, A. (Hg.): Erfolg – Niedergang – Neuanfang. 100 Jahre Verband Deutscher Sonderschulen – Fachverband für Behindertenpädagogik. München, S. 96-163
Bundschuh, K. (1997) Integration als immer noch ungelöstes Problem bei Kindern mit speziellem Förderbedarf. Zeitschr. f. Heilpädagogik 48, S. 310-315

6. Bildungspolitische Grundlagen schulischer Integration

Bildungspolitische wie administrative Vorgaben, ob das „Vorschriften" oder wie im hier zu bearbeitenden Fall „Empfehlungen" sind, hinterlassen bei uns Pädagogen nicht selten den Eindruck bürokratischer Praxisferne. Sie werden mitunter sogar als Bedrohung oder Behinderung neuer praxisrelevanter Ideen und Projekte erlebt. Aber wie in anderen pädagogischen Feldern brauchen auch die theoretischen und praktisch-pädagogischen Überlegungen zur schulischen Integration von behinderten Kindern und Jugendlichen einen bildungspolitischen Rahmen, um umgesetzt zu werden und sich entfalten zu können.

Einen solchen Rahmen liefern die „Empfehlungen zur sonderpädagogischen Förderung in den Schulen in der Bundesrepublik Deutschland", die im Jahr 1994 beschlossen wurden (KMK 1994; vgl. die Wiedergabe des Textes in Anhang 3). Die Empfehlungen haben zwar keinen bindenden Charakter, können aber beinahe wie Rahmenrichtlinien für die einzelnen Bundesländer und deren Schulgesetze sowie für die Behindertenpädagogik vor Ort gelten und zeigen mal mehr, mal weniger definitiv Leitlinien für die pädagogische Förderung auf. Ergänzt und konkretisiert wurden diese allgemeinen Empfehlungen in den nachfolgenden Jahren durch Empfehlungen zu einzelnen „Förderschwerpunkten", wie die früheren Behinderungs- bzw. Sonderschularten nun terminologisch genannt werden.

Bedeutsam sind die Empfehlungen schon deshalb, weil sie einen integrationspädagogisch relevanten Kompromiss der 16 Bundesländer mit unterschiedlichen bildungspolitischen Vorgaben und Traditionen darstellen und widerspiegeln, was in der sonderpädagogischen Förderung nicht nur denkbar, sondern politischer Konsens und machbar ist (vgl. Bleidick et al. 1995). Man wird allerdings sehen, dass die notwendigen Kompromissformeln solcher Texte die pädagogische Arbeit auch behindern können, indem sie ins Unverbindliche abdriften und so pädagogischer Beliebigkeit Raum geben. Zusätzliche Bedeutung erhält der Kompromiss in Gestalt der Empfehlungen dadurch, dass diese mit den Vorgaben anderer Schultypen vereinbar sein müssen. Anders formuliert: Die Empfehlungen haben prinzipiell Konsequenzen nicht nur für Sonderpädagogen und für Sonderschulen, sondern für alle allgemeinbildenden Schulen und alle Lehrkräfte. Die Bedeutung für das gesamte Schulsystem entsteht, weil die 1994er Empfehlungen erstmals und anders als die vorausgehenden Empfehlungen der Arbeitsgemeinschaft der Kultusminister aus den Jahren 1960 und 1972 nicht mehr allein die Sonderschulen als Adressaten ihrer Leitsätze wählen, sondern ihre Leitsätze an alle allgemeinbildenden (und beruflichen) Schulen richten, in denen behinderte Kinder und Jugendliche pädagogisch gefördert werden können.

Als länderübergreifenden Konsens enthalten die Empfehlungen der Kultusministerkonferenz von 1994 einen Grundtenor, der eindeutig in Richtung schulische Integration von behinderten Schülerinnen und Schülern weist. Wie an der skizzierten Entwicklung im Verband Deutscher Sonderschulen zu bemerken war, vollzieht sich in der Sonderpädagogik und auch in den sonderpädagogisch inspirierten Bereichen der Bildungspolitik ein Wandel, den Bleidick et al. (1995, S. 248) mit der „kopernikanischen Wende" vergleichen, weil sich die Auffassungen von einer optimalen pädagogischen Förderung behinderter Kinder und Jugendlicher völlig verändert hätten.

Ich werde in diesem Kapitel einige zentrale Aussagen der Empfehlungen vorstellen und kommentieren. Zunächst behandle ich das in den Empfehlungen eingeführte Konzept des Sonderpädagogischen Förderbedarfs (6.1), danach die Aufgaben Sonderpädagogischer Förderung (6.2) und schließlich die in den Empfehlungen vorgeschlagene Arbeitsteilung zwischen Sonderpädagogik und Schulpädagogik (6.3).

6.1 Was ist „Sonderpädagogischer Förderbedarf"?

Bereits im „Vorwort" gehen die Empfehlungen gewissermaßen zur Sache, das heißt, sie führen einen neuen Begriff, den „Sonderpädagogischen Förderbedarf", ein, den weder die Empfehlungen aus 1960 und 1972, noch die entsprechenden Regelungen der DDR kannten. Ich zitiere den Absatz:

> „Die wachsende Vielfalt der Organisationsformen und der Vorgehensweisen in der pädagogischen Förderung, die Erfahrungen mit gemeinsamem Unterricht

behinderter und nichtbehinderter Kinder, erziehungswissenschaftliche Denkanstöße und schulpolitische Schwerpunktsetzungen in den einzelnen Ländern lassen heute vielfältige Übereinstimmungen erkennen; sie sind Zeichen für eine eher personenbezogene, individualisierende und nicht mehr vorrangig institutionenbezogene Sichtweise sonderpädagogischer Förderung. In diesem Prozess ist neben den Begriff der Sonderschulbedürftigkeit in zunehmendem Maße der Begriff des Sonderpädagogischen Förderbedarfs getreten. Die Erfüllung des Sonderpädagogischen Förderbedarfs ist nicht an Sonderschulen gebunden; ihm kann auch in allgemeinen Schulen, zu denen auch berufliche Schulen zählen, vermehrt entsprochen werden." (KMK 1994; Anhang 3, S. 202)[16]

Die Bildungspolitik, so kann man an dem Zitat und an seinen anfänglichen sprachlichen Verrenkungen erkennen, akzeptiert die schulische bzw. unterrichtliche Integration. Folglich wird die Klientel der Sonderpädagogik nicht mehr als einer bestimmten Schulform bedürftig definiert, vielmehr und alternativ sonderpädagogischer Förderung bedürftig erklärt. Die sonderpädagogische Hilfe für eine Schülerin oder einen Schüler ist also nicht mehr an einen bestimmten Schultyp gebunden, resultiert allein aus der festgestellten, konkreten Hilfs- oder Förderbedürftigkeit eines Schülers, einer Schülerin. Problematisch ist jedoch, dass die Empfehlungen gleichzeitig auch die traditionelle Formel der „Sonderschulbedürftigkeit" beibehalten. Damit wird suggeriert, man könne die „Sonderschulbedürftigkeit" von „Sonderpädagogischem Förderbedarf" unterscheiden, was jedoch theoretisch wie praktisch kaum zu begründen ist. Dementsprechend fehlen Erläuterungen in den Empfehlungen zu den Abgrenzungskriterien beider Bedarfsformen (vgl. Bleidick et al. 1995, S. 254f.). Die Empfehlungen scheinen die Abgrenzung lediglich „organisatorisch" an den Voraussetzungen der einzelnen Schulen festzumachen und „pädagogisch" dazu zu neigen, mit zunehmendem Schweregrad einer Behinderung die Option der „Sonderschulbedürftigkeit" zu favorisieren. In der doppelten Bestimmung eines „Förderbedarfs" artikuliert sich letztlich vor allem ein Kompromiss der Ländervertreter, der sowohl der traditionellen wie der integrativen Sonderpädagogik eine Tür offen hält.

---

16   Grenzten sich früher die Sonderschulen von „Regelschulen" ab, so dominiert heute in der Sonderpädagogik für die Nicht-Sonderschulen die Bezeichnung „allgemeine Schulen". Diese Bezeichnung ist genauso unglücklich wie die frühere Abgrenzung; denn sie nimmt dem „allgemein" seine Bedeutung als Attribut von „Bildung", ohne mitzuteilen, auf was sich das neue Allgemeine bezieht.

Wie wird der im Vorwort eingeführte Förderbedarf im weiteren Verlauf der Empfehlungen definiert? Man liest hierzu Folgendes:

> „Sonderpädagogischer Förderbedarf ist bei Kindern und Jugendlichen anzunehmen, die in ihren Bildungs-, Entwicklungs- und Lernmöglichkeiten so beeinträchtigt sind, dass sie im Unterricht der allgemeinen Schule ohne sonderpädagogische Unterstützung nicht hinreichend gefördert werden können." (KMK 1994; Anhang 3, S. 205)

Man kann diese Bestimmung des Sonderpädagogischen Förderbedarfs, wie es Kritiker der Empfehlung tun, für tautologisch bzw. für zirkulär halten, da die Empfehlungen sich in diesem Punkt auf die Aussage zurückführen lassen: „Sonderpädagogischer Förderbedarf liegt dort vor, wo Schüler sonderpädagogischer Förderung bedürfen." (Bleidick et al. 1995, S. 254)

Warum es zur Tautologie in der Begriffsdefinition kommt und worin der „Sinn" der Tautologie liegt, erfährt man in den Aussagen zur Funktion, die der Festlegung des Förderbedarfs zugeschrieben wird. Ich zitiere hierzu eine Passage, die kurz nach der eben zitierten „Definition" folgt und einen Einblick in den konzeptionellen Hintergrund der Empfehlungen gestattet.

> „Sonderpädagogischer Förderbedarf ist immer auch in Abhängigkeit von den Aufgaben, den Anforderungen und den Fördermöglichkeiten der jeweiligen Schule zu definieren. Er hat Konsequenzen für die Erziehung und für die didaktisch-methodischen Entscheidungen und die Gestaltung der Lernsituationen im Unterricht. Er ist damit eine didaktisch-methodische Bedingung der Erziehung und Unterrichtung, die nur individuell bestimmt werden kann und die in jedem neuen Lernzusammenhang eigens bedacht werden muss." (KMK 1994; Anhang 3, S. 205)

Die Aussage verrät eine gewisse Nähe oder Geistesverwandtschaft zur „Berliner Didaktik". Die Feststellung des Sonderpädagogischen Förderbedarfs soll detaillierte Informationen über anthropogene und sozialkulturelle Bedingungen liefern und so didaktisch-methodische Entscheidungen vorbereiten, um eine möglichst gute Passung von Individuum und Unterricht zu erreichen. Die Feststellung des Sonderpädagogischen Förderbedarfs wird damit auch als Teilaufgabe der Unterrichtsplanung bestimmt und stellt eine spezielle Variante einer Aufgabe dar, mit der Lehrkräfte aller Schulformen konfrontiert sind. Die Aufmerksamkeit sollte sich bei dieser diagnostischen/unterrichtsplanerischen Aufgabe auch auf die im Zitat genannten situativen Gegebenheiten und Bedingungen „der jeweiligen Schule" richten. Danach ist der Förderbedarf nicht nur von der psychosozialen Lage des betreffenden Schülers/der betreffenden Schülerin abhängig, sondern auch von der Befähigung der Schule zur spezifisch sonderpädagogischen Hilfe. Man kann eine solche Ausweitung der diagnostischen Bemühungen aus didaktisch-methodischen Gründen (siehe „Berliner Didaktik") begrüßen; denn was nützt die Feststellung eines Förderbedarfs, wenn eine Schule dem festgestellten Bedarf nicht gerecht werden kann. Man kann in der Ausweitung der Diagnostik jedoch auch einen Widerspruch des in den Empfehlungen verfolgten pädagogischen Konzepts erkennen. Denn offenbar folgt die Tätigkeit der Schulen nicht nur pädagogischen Maximen – hier: der bestmöglichen Förderung aufgrund einer individuellen Bedarfsprognose –, sondern richtet sich auch nach den verfügbaren Mitteln, mit denen die Schule zur Erfüllung ihrer gesellschaftlichen Funktionen ausgestattet ist. Wird die Differenz zwischen pädagogischem Programm und gesellschaftlichem Auftrag zu groß, kann eine Schule der ihr übertragenen pädagogischen Verantwortung für behinderte Schülerinnen und Schüler nicht mehr gerecht werden.

Wie und woran nun im Einzelnen der „Sonderpädagogische Förderbedarf" festzustellen ist, wird in den Empfehlungen im Anschluss an die zitierte Stelle ausgeführt:

> „Sonderpädagogischer Förderbedarf lässt sich nicht allein von schulfachbezogenen Anforderungen her bestimmen; seine Klärung und Beschreibung müssen das Umfeld des Kindes bzw. Jugendlichen einschließlich der Schule und die persönlichen Fähigkeiten, Interessen und Zukunftserwartungen gleichermaßen berücksichtigen. Daher sind Voraussetzungen und Perspektiven der elementaren Bereiche der Entwicklung wie Motorik, Wahrnehmung, Kognition, Motivation, sprachliche Kommunikation, Interaktion, Emotionalität und Kreativität in eine Kind-Umfeld-Analyse einzubeziehen." (ebd., S. 205)

Und wenig später werden die genannten Einzelbereiche des möglichen Förderbedarfs unter dem Label „Gesamtpersönlichkeit" zu integrieren versucht:

> „... eine Behinderung stellt immer nur einen Aspekt der Gesamtpersönlichkeit des Kindes bzw. des Jugendlichen dar; Anknüpfungspunkte für die Förderung sind ihre jeweils bereits entwickelten Fähigkeiten." (ebd., S. 206).

Die „Diagnose" des Sonderpädagogischen Förderbedarfs einer Schülerin/eines Schülers ist also umfassend gedacht. Sie bezieht einerseits den pädagogisch-didaktischen Bereich ein, der in den Empfehlungen allerdings nur negativ bestimmt wird (wonach der Förderbedarf nicht nur „schulfachbezogen" festgestellt werden sollte). Andererseits und vor allem wird eine psychologische Diagnose angestrebt, wobei die „Gesamtpersönlichkeit" genannt und Persönlichkeitsbereiche aufgezählt werden, und zwar nicht nur Bereiche der Beeinträchtigung. Mit der expliziten Forderung, Ressourcen bzw. Stärken der behinderten Kinder und Jugendlichen zu berücksichtigen, wird neben einer rehabilitativen auch eine kompensatorische Richtung eingeschlagen. Die „Ressourcenorientierung" entspricht modernen Standards psychologischer Beratung und Therapie, erhöht allerdings die Anforderungen an die sonderpädagogische Diagnose. Darüber hinaus besitzt die Diagnose bei der empfohlenen Feststellung des Sonderpädagogischen Förderbedarfs eine soziale Dimension. Es ist nicht nur der betreffende Schüler auf seinen Bedarf hin zu untersuchen; es sind auch die von seinem sozialen Umfeld ausgehenden Deprivationen und Unterstützungspotenziale zu erfassen und zu bewerten.

Kennzeichnend für die Empfehlungen ist schließlich, dass sie der Diagnose des Förderbedarfs eine teleologische, prognostische Funktion auferlegen (vgl. Wittmann 1997, S. 37). Mit ihr soll ein erster Schritt zur weiteren Entwicklung des Bildungs- und Lebenswegs der behinderten Schülerinnen und Schüler getan werden. Mit der teleologischen Funktion der Diagnose führen die Empfehlungen eine Zeitdimension ein: Sonderpädagogischer Förderbedarf kann nicht ein für alle Mal festgestellt werden, sondern muss nach pädagogischen Interventionen immer wieder überprüft und modifiziert werden.

Kaum etwas hört man in den Empfehlungen dagegen über ätiologische Faktoren von Behinderungen, also über individuell verankerte Ursachen einer Behinderung. Die Abkehr von der „Ätiologie" bzw. von der „Wesensschau" der Behinderung (wir erinnern uns an die entsprechenden Postulate im Aufruf zur Verbandsgründung von 1897) bedeutet eine diametrale Veränderung der früheren Gepflogenheiten in der Sonderpädagogik. Diese Veränderung lässt sich mit der Allgemeinheit der Empfehlungen, die für sämtliche Behinderungsformen gelten und dementsprechend nicht ins Detail gehen können, nur teilweise erklären. Sie stellt vielmehr und vor allem einen Wechsel von der konzeptuellen Fixierung auf das Unabänderliche hin zu einer Perspektive dar, die das pädagogisch Mögliche in den Mittelpunkt rückt. Unausgesprochen wird die ideologische, legitimatorische Rolle, die eine ätiologisch ausgerichtete Diagnostik in der Sonderpädagogik lange Zeit spielte, zu überwinden versucht. Die Umorientierung wird durch die Präferenz schulischer

Integration erleichtert, da die Fixierung auf die „Ursachen" von Behinderungen im Grunde nur so lange notwendig war, als damit die Existenzberechtigung der Sonderpädagogik und die Forderung des Ausbaus der Sonderschulen gerechtfertigt werden mussten.

Als Folgerung ist festzuhalten, dass die in den Empfehlungen eingeführte diagnostische Kategorie „Sonderpädagogischer Förderbedarf" keine einfach zu handhabenden Aufgaben impliziert. Auch wenn je nach individueller Beeinträchtigung sicherlich Schwerpunkte gesetzt werden, ist die Feststellung des Sonderpädagogischen Förderbedarfs vom formulierten Anspruch her eine ausgesprochen aufwändige Angelegenheit, die die Möglichkeiten der normalen Unterrichtsplanung zeitlich und kompetenzmäßig weit überschreitet. Die aufgelisteten Anforderungen können von den diagnostischen und pädagogischen Kompetenzen einer einzelnen Person wohl kaum abgedeckt werden. Die Empfehlungen reden hier implizit einer weiteren (diagnostischen) Spezialisierung das Wort und führen so zu der schwierigen gutachterlichen Aufgabe, die verschiedenen Aspekte des Förderbedarfs unter dem gemeinsamen Dach der „Gesamtpersönlichkeit" zu integrieren und – unter Umständen – auf die dafür wenig vorbereitete Gemengelage des Unterrichts allgemeinbildender Schulen abzustimmen. Kritisch ist zudem anzumerken, dass die wohlmeinend umfassenden Diagnosebemühungen und die dadurch ermöglichte pädagogische Förderung unter dem fast inquisitorischen Charakter des vorgeschlagenen Vorgehens leiden könnten. Darin kommt ein Rest an Zuständigkeitsanmaßung zum Ausdruck, die ich als charakteristisch für die Sonderpädagogik der 50er und 60er Jahre des 20. Jahrhunderts mit ihren sonderschulischen Ausbauvisionen bezeichnet hatte (vgl. Kapitel 5). Man hätte deshalb in den Empfehlungen korrektiv eine Frage aufnehmen müssen: Wie viel bzw. wie wenig an Diagnose ist notwendig, um einen Schüler optimal pädagogisch zu fördern (vgl. Nußbeck 2001, S. 47)? Hinzu kommt, dass das Insistieren auf ein aufwändiges Feststellungsverfahren als Voraussetzung sonderpädagogischer Förderung und damit des Zuflusses von zusätzlichen Ressourcen ein Dilemma entstehen lassen kann, das als „Ressourcen-Etikettierungs-Dilemma" bezeichnet wird (vgl. Wittmann 1997, S. 38; Bleidick et al. 1995, S. 255f.): Erst wenn eine Schülerin oder ein Schüler die Stigmatisierung als „Behinderter" oder neuerdings in abgeschwächter Weise als „Gutachtenkind" oder „Integrationskind" auf sich nimmt, erhält sie oder er die erforderliche zusätzliche pädagogische Unterstützung.

6.2 Aufgaben sonderpädagogischer Förderung

Hinsichtlich der Aufgaben der sonderpädagogischen Förderung behinderter Kinder und Jugendlicher bringen die Empfehlungen von 1994 wenig Überraschendes. Neben der skizzierten Aufgabe, den Sonderpädagogischen Förderbedarf festzustellen, wird eine weitere diagnostische Aufgabe genannt, nämlich Diagnostik, die den Lernprozess der behinderten Schülerinnen und Schüler begleitet und evaluiert und die sich aus der prognostischen Funktion der Förderbedarfsdiagnostik ergibt. Damit verbunden ist die Aufgabe, für jedes behinderte Kind einen individuellen Förderplan zu erstellen, aufgrund dessen dann auch „Zielsetzungen und Bildungsinhalte der Lehrpläne verändert" werden können und müssen (KMK 1994; Anhang 3, S. 204). Die zitierte Stelle wird manchmal als Plädoyer für „zieldifferenten Unterricht" gewertet (vgl. Wittmann 1997, S. 40), wonach die Lernziele bei Behinderten – insbesondere im gemeinsamen Unterricht – auf deren Voraussetzungen und Möglichkeiten abgestimmt werden können. Mit einer solchen Zieldifferenz bei den Leistungsanforderungen des gemeinsamen Unterrichts wird unter Umständen und je nach vorliegender Beeinträchtigung die bildungsmäßige Integration zugunsten der sozialen Integration relativiert (so die Kritik von Roeder 1999).

Was die behindertenspezifischen Förderaufgaben betrifft, lassen sich die Empfehlungen nichts sonderlich Neues einfallen. Verändert hat sich vor allem die Terminologie, nachdem die Sonderschulen als exklusiver Förderort weggefallen sind und man den Behinderungsbegriff möglichst sparsam benutzt. Für die Sonderpädagogik sind acht Förderschwerpunkte als pädagogische und therapeutische Aufgabenfelder vorgesehen (vgl. KMK 1994; Anhang 3, S. 206):

1. Lernen und Leistung,
2. Sprache,
3. Emotionale und soziale Entwicklung,
4. Geistige Entwicklung,
5. Körperliche und motorische Entwicklung,
6. Hören,
7. Sehen,
8. (Lange, schwere) Krankheit.

114

Ergänzend ist allerdings hinzuzufügen, dass zu den einzelnen sonderpädagogischen Förderschwerpunkten mittlerweile eigene Empfehlungen erschienen sind, die die Aufgaben weiter spezifizieren. [17]

Hinsichtlich des Ortes der sonderpädagogischen Förderung schlagen die KMK-Empfehlungen von 1994 einen pluralistischen Weg ein. Es werden die unterschiedlichen Organisationsformen sonderpädagogischer Förderung anerkannt, die bereits erörtert wurden (gemeinsamer Unterricht, Kooperationsformen, Förderzentren, Sonderschulen). Mit diesem Pluralismus wurde ein Kompromiss für alle Bundesländer erreicht, der diesen – allerdings mit einer eindeutigen Aufwertung und Höherbewertung von unterrichtlicher Integration – alle Optionen für die Gestaltung sonderpädagogischer Förderung lässt. Dass es sich hier nur um einen nicht völlig zufrieden stellenden Kompromiss handelt, sieht man unter anderem an dem Versäumnis, die Evaluation der verschiedenen Fördermodelle zu erwägen oder zu fordern. Bei einem ernsthaften Interesse an einer Optimierung oder Weiterentwicklung der Fördermodelle für Behinderte darf man – in den 90er Jahren des 20. Jahrhunderts – erwarten, dass nicht nur eine ausführliche individuelle Diagnose und Förderplanung beim einzelnen Schüler, sondern darüber hinaus auch ein Leistungs- bzw. Qualitätsvergleich der vorgesehenen Fördermodelle und Organisationsformen von Förderung empfohlen wird. Dazu gehörte auch eine Klärung des verfügbaren finanziellen Rahmens für die vorhandenen Fördermodelle (vgl. Wittmann 1997, S. 34). Zugegebenermaßen ist eine solche Evaluation bei der Tendenz der Empfehlungen zur „Individualisierung" und Dezentralisierung der sonderpädagogischen Förderung nicht einfach zu realisieren, aber dennoch unabdingbar. Es genügt jedenfalls nicht, wenn die Empfehlungen bei der Feststellung des Sonderpädagogischen Förderbedarfs die Situation der Schulen berücksichtigen, damit aber gegebenenfalls nur zur Abbildung des schulorganisatorischen Status quo beitragen.

---

17 Die detaillierten Empfehlungen können z.B. auf den Web-Seiten der Kultusministerkonferenz eingesehen und heruntergeladen werden.

6.3 Die Arbeitsteilung zwischen Sonderpädagogik und Schulpädagogik

Besonders interessant werden die KMK-Empfehlungen an den Stellen, die den Zusammenhang und die Zusammenarbeit zwischen Sonderpädagogik und „allgemeiner Pädagogik" thematisieren. Dazu liest man in den Empfehlungen etwa:

> „Die schulische Förderung von Kindern und Jugendlichen mit sonderpädagogischem Förderbedarf bezieht alle Schulstufen und Schularten ein" (KMK 1994; Anhang 3, S. 213)

Dementsprechend verändert sich die Aufgabe der Sonderpädagogik, denn

> „eine sonderpädagogisch ausgerichtete Erziehung und Unterrichtsgestaltung [unterscheidet sich] nicht prinzipiell von allgemeinpädagogischer Arbeit. Sonderpädagogik hat subsidiäre Aufgaben." (ebd., S. 209)

Was mit der subsidiären Rolle der Sonderpädagogik in der neuen Förderlandschaft genau gemeint ist, wird leider nicht ausgeführt. Soll mit dieser neuen Rollenbestimmung der Sonderpädagogik deren unterrichtliche Verantwortung zugunsten diagnostischer, beratender und therapeutischer Kompetenzen reduziert und der Unterricht an fachdidaktisch breiter ausgebildete Lehrkräfte übergeben werden? Nach dieser Lesart bedeutete die Propagierung subsidiärer Aufgaben im Unterricht einen Versuch, die Sonderpädagogik professionell aufzuwerten und ihren gesellschaftlichen Status zu verbessern, indem man sich gesellschaftlich als höherwertig eingestuften Tätigkeiten verschreibt. Nach einer anderen Lesart könnte mit Subsidiarität der Sonderpädagogik aber auch gemeint sein, dass diese – zum Zeitpunkt des Erscheinens der Empfehlungen – über keine überzeugenden eigenen unterrichtsdidaktischen Prinzipien verfügte und aus sich heraus die hohen Erwartungen, die an die eröffnete Möglichkeit unterrichtlicher Integration geknüpft wurden, nicht zu erfüllen in der Lage war.

In der Tat ist es nicht viel, was die Empfehlungen zur Erziehung und Unterrichtsgestaltung generell, also nicht unter behindertenspezifischen Vorzeichen zu sagen haben. Die Erziehung und Unterrichtsgestaltung sollen, so wird empfohlen, „von den übergeordneten Prinzipien Entwicklungsnähe, Ganzheitlichkeit, Kommunikations- und Handlungsorientierung" (ebd., S. 209) ausgehen. Das ist zu allgemein selbst für allgemein gehaltene Empfehlungen, vor allem nicht hinreichend, um auf der Basis solch schillernder Begriffe (integrativen) Unterricht zu gestalten. So, wie diese Prinzipien dastehen, zeigen sie nur, dass sich die Empfehlungen am bildungspolitischen Zeitgeist orientieren und progressiv klingende Formeln übernehmen.

Bei allen diesen Prinzipien des Unterrichts müssten Einsatzmöglichkeiten und spezielle Stärken und Schwächen erörtert werden. Die Prinzipien wären daraufhin zu überprüfen, ob sie relativiert oder präzisiert werden müssen, wenn im Unterricht auf bestimmte Behinderungsformen einzugehen ist. So kann ich mir nicht vorstellen, dass für einen sehbehinderten Schüler, der in einigen Jahren das Abitur zu machen beabsichtigt, im Gymnasialunterricht eine im Allgemeinen verbleibende „Handlungsorientierung" ein besonders hilfreiches Unterrichtsprinzip darstellt – jedenfalls nicht mehr und nicht weniger als für seine nicht sehbehinderten Mitschüler.

Oder betrachten wir das Prinzip der Ganzheitlichkeit. Zweifellos scheint es wichtig zu sein, das in sonderpädagogischen Diagnosen Gefundene und in einzelnen Fördermaßnahmen Praktizierte zu integrieren und den betreffenden Schülern und Schülerinnen zu ermöglichen, das in Förderprogrammen Gelernte zu einer Ganzheit zu verbinden. Mit ihren detaillierten Anforderungen an die Feststellung Sonderpädagogischen Förderbedarfs scheinen die Empfehlungen tatsächlich Ganzheitlichkeitsbedarf zu erzeugen. Und um ein anderes Beispiel zu bemühen: Zweifellos nützte es wenig, wenn etwa ein Kind zwar jeden der Handgriffe kennen würde, die für das Geigenspielen nötig sind, aber diese Griffe nicht im ganzheitlichen Ablauf erproben könnte. Ebenso wäre es unzureichend, mit seinen Schülerinnen und Schülern bestimmte Buchstaben im Förderunterricht zu trainieren, ohne sie sprach- und feinmotorisch zu integrieren. Aber ist es „ganzheitlich", wenn ich mit den Kindern in der Schule einen Gartenteich anlege, wobei arbeitsteilig vorgegangen und nur wenig Zeit der unterrichtlichen Aufarbeitung gewidmet wird? Und ist es dann noch ganzheitlicher Unterricht, wenn sich andere Schülerinnen und Schüler am schön angelegten Teich einfach nur erfreuen? Meist wird unter Ganzheitlichkeit als Unterrichtsprinzip eine Kopf-Herz-Hand-Pädagogik verstanden, deren didaktische Konkretisierung und Umsetzung in der Regel nicht geleistet wird. Wie ein Kritiker aus der Sonderpädagogik schreibt, „zerrinnt" Ganzheitlichkeit „einem zwischen den Fingern und zersplittert in vielfältige Mosaiksteinchen" (Stahlmann 2001,

S. 239). Die Entwicklung eines modernen und differenzierten Konzepts der Ganzheitlichkeit für die Schulpädagogik wie für die Integrationspädagogik steht noch aus, könnte sich etwa auf die didaktische Auslegung der Wissenschaftsphilosophie von Michael Polanyi durch Neuweg (1999) stützen.

Zusammenfassend gesagt, gleichen die Ausführungen der KMK-Empfehlungen zu den Erziehungs- und Unterrichtsprinzipien einem Offenbarungseid und können keinesfalls den Erfolg eines modernen, auf unterrichtliche Integration setzenden, sonderpädagogisch gestützten und unterstützten Unterrichts garantieren. Es zeigt sich hier tatsächlich eine subsidiäre Rolle der Sonderpädagogik in Unterrichtsfragen, die eines fach- und allgemeindidaktischen Fundaments bedürfen. Glücklicherweise repräsentieren bildungspolitische Empfehlungen nicht die Sonderpädagogik in toto, zumal seit 1994 die Zeit nicht stehen geblieben ist. Ich werde auf Entwicklungen in Kapitel 9 zurückkommen.

Zusammenfassung von Kapitel 6

Mit den „Empfehlungen zur sonderpädagogischen Förderung in den Schulen der Bundesrepublik Deutschland" legte die Kultusministerkonferenz 1994 eine wichtige konsensuelle Leitlinie für sämtliche Bundesländer vor. Im Gegensatz zu den vorausgegangenen Empfehlungen aus den Jahren 1960 und 1972 werden in den neuen Empfehlungen nicht mehr allein Sonderschulen, sondern auch die allgemeinbildenden und beruflichen Schulen mit sonderpädagogischen Aufgaben betraut. Dementsprechend kann bei der Prüfung, welche Schülerinnen und Schüler sonderpädagogische Hilfen benötigen, nicht mehr nur wie früher üblich auf „Sonderschulbedürftigkeit" hin diagnostiziert werden. Alternativ kann der „Sonderpädagogische Förderbedarf" einer Schülerin oder eines Schülers ermittelt werden, dem je nach vorliegendem Bedarf und schulischer Ausstattung in unterschiedlichen Schulformen entsprochen werden kann. In den Empfehlungen ist mit der Feststellung des Sonderpädagogischen Förderbedarfs eine anspruchsvolle diagnostische Verfahrensweise verbunden, die pädagogisch-didaktische, psychologische, soziale und prognostische Fragen klären soll und von den formulierten Anforderungen her sonderpädagogische und diagnostische Kompetenzen einer einzelnen Person übersteigt.

Anders als die diagnostischen Aufgaben bleiben die von den Empfehlungen formulierten pädagogischen und therapeutischen Aufgaben sonderpädagogischer Förderung weitgehend unverändert. Diese Aufgaben werden nicht an spezielle Sonderschultypen delegiert, sondern nach Förderschwerpunkten (Lernen und Leistung, Sprache etc.) unterschieden. Zwischen der „allgemeinen Pädagogik" und der Sonderpädagogik streben die Empfehlungen eine enge Kooperation an. In erzieherischen und unterrichtsdidaktischen Fragen weisen sie der Sonderpädagogik eine subsidiäre Aufgabe zu. Diese Aufgabenteilung kann einerseits als Versuch gedeutet werden, für die Sonderpädagogik einen höheren professionellen Status zu erreichen, oder andererseits als Eingeständnis gewertet werden, dass die Sonderpädagogik bisher über keine ausreichend eigenständigen integrativen Unterrichtskonzepte für spezielle Behinderungen und Beeinträchtigungen verfügt.

Fragen

1. Bleidick et al. (1995) halten die Definition des „sonderpädagogischen Förderbedarfs" in den KMK-Empfehlungen für tautologisch. Erörtern Sie diese Einschätzung!
2. Die KMK-Empfehlungen gewichten die Aufgaben der Sonderpädagogik neu. Um welche Aufgabenfelder handelt es sich dabei?

Einführende Literatur

Bleidick, U., Rath, W., Schuck, D. (1995) Die Empfehlungen der Kultusministerkonferenz zur sonderpädagogischen Förderung in den Schulen der Bundesrepublik Deutschland. Zeitschr. f. Pädagogik 41, S. 247-264

KMK (Ständige Konferenz der Kultusminister der Länder in der BRD) (1994) Empfehlungen zur sonderpädagogischen Förderung in den Schulen in der Bundesrepublik Deutschland. Zeitschr. f. Heilpädagogik 45, S. 484-494 (s. Anhang 3)

Wittmann, B. (1997) Konsequenzen der KMK-Empfehlungen vom 6. Mai 1994 für die sonderpädagogische Förderpraxis. In: Heimlich, U. (Hg.): Zwischen Aussonderung und Integration: schülerorientierte Förderung bei Lern- und Verhaltensschwierigkeiten. Neuwied, S. 26-47

7. Sonderpädagogische Diagnostik in der Diskussion

Mit ihren diagnostischen Aufgaben wächst der Sonderpädagogik ein professioneller Status zu, der prinzipiell über die herkömmliche Lehrerrolle hinausweist. Wie den Empfehlungen der Kultusministerkonferenz von 1994 zu entnehmen ist, entstehen diagnostische Aufgaben bei der Ermittlung sowohl des Sonderpädagogischen Förderbedarfs als auch der „Sonderschulbedürftigkeit". Dabei betonen die Empfehlungen die prognostische Funktion sonderpädagogischer Diagnosen: Es soll nicht nur ein bestimmtes Behinderungsbild verifiziert bzw. präzisiert werden, es sollen durch die Befunde auch geeignete pädagogische Maßnahmen angeregt und deren Erfolg überprüft werden. Der Auftrag sonderpädagogischer Diagnostik besteht mithin letztlich darin, die Ergebnisse einer bestimmten pädagogischen Förderung bei einzelnen „Problemschülern" zu beurteilen, ob sich die Ausgangslage der betreffenden Schülerinnen oder Schüler verbessert hat oder ob etwas am pädagogischen Programm zu verändern ist (Warum macht der Schüler X noch immer dieselben Fehler? Ist dieses Training bei dem vorliegenden Problem geeignet?).

Ich werde in den folgenden Abschnitten untersuchen, inwieweit die sonderpädagogische Diagnostik diesen hoch gesteckten Zielen im Rahmen einer integrativen Pädagogik der Behinderten nahe kommt. Das 7. Kapitel ist in zwei Abschnitte untergliedert, die zwei Formen sonderpädagogischer Diagnostik vorbehalten sind. In Abschnitt 7.1 behandle ich die so genannte Statusdiagnostik, die den psychosozialen Zustand, den Status der diagnostizierten Person beschreibt und die grundlegend für jegliche Form von Diagnostik ist (vgl. Kornmann 1983). Da diese Form der Diagnostik traditionell den Schwerpunkt der sonderpädagogischen Diagnostik ausmacht und sich vornehmlich an ihr Kritik entzündete, nimmt Abschnitt 7.1 einen breiteren Raum als die in Abschnitt 7.2 behandelte Förderdiagnostik ein, die einen relativ jungen, von Sonderpädagogen vor einigen Jahrzehnten aus der Taufe gehobenen diagnostischen Ansatz darstellt. Die Förderdiagnostik betont den pädagogischen Bezug und die pädagogische Zielsetzung der sonderpädagogischen Diagnostik und beeinflusst noch immer die aktuelle sonderpädagogisch-diagnostische Debatte (vgl. Mutzeck 1998). Ich werde einige markante Aspekte der Förderdiagnostik aufgreifen und klären, was dieser mit vielen Vorschusslorbeeren bedachte Ansatz tatsächlich an ausbaufähigen Momenten zu bieten hat.

7.1   Sonderpädagogische Statusdiagnostik

7.1.1   Was leistet die Statusdiagnostik?

Eine zentrale, durchaus begrüßenswerte Aufgabe der Statusdiagnostik besteht darin, die Labels, die wir Behinderten zuschreiben, zu überprüfen, zu verwerfen oder zu differenzieren. Insofern verfährt die Sonderpädagogische Diagnostik wie alle anderen wissenschaftlich fundierten Diagnostikformen. Sie arbeitet so wie beispielsweise die medizinische Diagnostik: Wenn jemand über Bauchschmerzen klagt, kann das Alltagsetikett „krank" übertrieben oder ungenügend sein. Nur ein Arzt kann diagnostizieren und entscheiden, ob er einen Simulanten vor sich hat oder ob beim Patienten eine Blinddarmoperation ansteht.

Analog geht es bei der Abklärung des sonderpädagogischen Förderbedarfs nach den KMK-Empfehlungen von 1994 um einen genaueren Befund darüber, welche Schwächen, welche Stärken, welche Probleme, welche Ressourcen bei einem Kind oder einem Jugendlichen vorliegen, damit über eine geeignete, spezielle Förderung entschieden werden kann. Fördermaßnahmen sind durch solche Statusdiagnosen allerdings nur generell und vorläufig zu begründen. Darüber hinaus müssen stets die Randbedingungen außerhalb des Individuums mitbedacht werden, die für die Durchführbarkeit konkreter Fördermaßnahmen mitentscheidend sind. So sagt etwa die Diagnose einer Intelligenzschwäche allein noch wenig darüber aus, wie man der damit zusammenhängenden Lernschwäche im Unterricht oder durch außerunterrichtliche Fördermaßnahmen effektiv begegnen kann. Die Verfügbarkeit angemessener Hilfsangebote hängt außerdem von der Ausbildung des Pädagogen/Therapeuten, von seinem Zeitbudget, kurzum von den vorhandenen Förderangeboten und -möglichkeiten vor Ort ab

– was unabhängig von der Beeinträchtigung oder dem Förderbedarf einer Schülerin oder eines Schülers ist.

Die grundsätzliche Problematik der sonderpädagogischen Statusdiagnostik kann eine Fall-Vignette über einen damals 15jährigen Jugendlichen verdeutlichen, der am Anfang seiner Schulkarriere als geistig und sprachlich behindert diagnostiziert worden war. Er war wegen seines Sprachfehlers der Spott der Siedlung, in der er wohnte. Wegen seiner Ungeduld und seiner gelegentlichen Aggressionsausbrüche hatte die Geistigbehinderten-Schule Schwierigkeiten, ihn zu unterrichten, er selbst hatte in einer Mischung aus Scham und Ungeduld keine schulischen Motivationen mehr, wenngleich – wie sich herausstellen sollte – intellektuelle Ambitionen. Der Fall war von der diagnostischen Seite relativ klar, die pädagogischen Möglichkeiten schienen ausgeschöpft zu sein. Zufällig geriet dieser Jugendliche an ein pädagogisches Projekt und eine Betreuerin, der gegenüber er seine Motivation, schreiben zu lernen, ausdrückte und der es in einem mühsamen mehrmonatigen Prozess gelang, ihn zum Schreiben und Lesen seines Namens und verschiedener Wörter zu bringen. Buchstabenlegen mit Seilen, motorische Hilfen beim Führen eines Schreibwerkzeugs und vielfältige Motivationsstützen waren notwendig, den Jugendlichen in seinem Vorhaben zu bestärken und einen je nach Perspektive bescheidenen oder beachtlichen Erfolg zu erzielen.

An dem Fall lässt sich ersehen, was eine Statusdiagnose, hier „geistige und schwere sprachliche Behinderung", per se nicht preisgibt, nämlich welche konkrete bzw. individuell abgestimmte Förderung wünschenswert und möglich ist. Augenscheinlich, und das war besonders bedenklich an dem Fall, hatte zudem die vormalige diagnostische Entscheidung, den Jugendlichen als Kind in eine Schule für Geistigbehinderte zu überweisen, die Motivationen und Potenziale des Kindes blockiert und war zu einer Prognose im Sinne einer self-fulfilling prophecy geworden. Wir fragten uns damals, was wäre aus dem Jugendlichen geworden, wenn er nicht erst mit 15 Jahren die Förderung erfahren hätte, die ihm half?

Dieses Beispiel lehrt auch, warum die Statusdiagnostik ihren schlechten und abträglichen Ruf als „Selektionsdiagnostik" erhielt. Die Funktion der Statusdiagnostik konzentrierte sich traditionell auf die Feststellung der „Sonderschulbedürftigkeit", mit anderen Worten, auf die Entscheidung für oder gegen eine Einschulung bzw. Umschulung in eine Sonderschule. Das biographisch weitreichende Urteil

„Sonderschulbedürftigkeit" basierte und basiert aber auf sonderpädagogisch-diagnostischen Befunden, die stets nur vorläufige und hypothetische Aussagekraft beanspruchen können. Heute kommt für das Image der Statusdiagnostik noch erschwerend hinzu, dass man ungünstige Folgen schon einer bloßen Etikettierung als Behinderter befürchtet und dass den Sonderschulen zu Recht oder zu Unrecht keine fördernde Potenz mehr zugetraut wird. Würde die Sonderschule als die unbestreitbar fördernde Einrichtung anerkannt (wenn sie also einen vergleichbaren Vertrauensvorschuss wie die heute propagierten „Förderzentren" besitzen würde), so könnte wohl auch eine Statusdiagnostik, die eine Umschulung in eine solche Einrichtung empfiehlt, geradezu als unabdingbar wahrgenommen werden. In den Worten des (Förder-)Diagnostik-Kritikers Schlee:

> „‚Selektion' an sich muss nämlich nichts Negatives sein und zur ‚Förderung' konträr begriffen werden. Angenommen, Schüler, die zur Sonderschule überwiesen worden sind, könnten mit den Mitteln der Sonderpädagogik wirkungsvoll und nachhaltig gefördert werden, dann würde sich der Sonderschulbesuch für sie als Wohltat erweisen. Angenommen, es gelänge nicht durch glückliche Zufälle, sondern nachweisbar mit Hilfe sonderpädagogischen Wissens Schülern bei ihren Lernproblemen, ihren Entwicklungsstörungen, ihren psychischen Beeinträchtigungen zu helfen, dann würde ihre Selektion nicht zu einem anstößigen Vorfall werden. Das eigentliche Problem der Selektion und damit auch der so genannten Selektionsdiagnostik liegt also in dem eklatanten Mangel an fruchtbarem Veränderungswissen in der Sonderpädagogik." (Schlee 1985, S. 880)

Es liegt nach Schlee vor allem an einer Unzulänglichkeit der Sonderpädagogik selbst, an ihrer didaktisch-methodischen Unfähigkeit, die als Kritik auf die sonderpädagogische Diagnostik übertragen wird. Ohne hier zu Schlees Vorwurf unzureichenden pädagogischen Handlungswissens Stellung zu nehmen (seine pädagogisch-psychologische Position ist meines Erachtens von zu starken Optimierungshoffnungen geprägt), gebe ich Schlees Aussage insoweit Recht, dass die verbreitete Diagnostik-Kritik überzogen ist (vgl. neuerdings auch Nußbeck 2001). Und selbstverständlich ist zu bedenken, dass Statusdiagnostik immer dazugehört, wenn diagnostiziert wird. Berechtigte Diagnostik-Kritik entbindet deswegen nicht davon, sich der Verfahrensweisen in der Sonderpädagogischen Diagnostik zu vergewissern und diese zu kommentieren. Im Rahmen der Integrationsthematik kann ein Überblick über die diagnostischen Verfahrensweisen und -regeln zudem Pädagogen aus allgemeinbildenden Schulen helfen, ein realistisches

Bild von Möglichkeiten und Grenzen des Diagnostizierens von Schülerinnen und Schülern mit einem besonderen pädagogischen Förderbedarf zu gewinnen.

7.1.2 Verfahrensweisen und -regeln

Die traditionelle, zentrale Rolle spielte die sonderpädagogische Statusdiagnostik bei Ein- und Umschulungsverfahren und spielt sie heute bei der Feststellung Sonderpädagogischen Förderbedarfs. Sie bedient sich hierbei verschiedener diagnostischer Instrumente, die als Hilfsmittel für gutachterliche Urteile und Entscheidungen fungieren. Das heißt, die Instrumente bzw. die Einzelergebnisse entscheiden nicht per se über eine Ein- und Umschulung oder über die Gewährung einer sonderpädagogischen Förderung. Die Entscheidung beruht vielmehr auf der gutachterlichen Integration oft nicht einheitlicher Einzelbefunde; sie wird von einer Person oder einem Gremium mit diagnostischer Kompetenz getroffen. Legitimiert ist eine solche Entscheidung vor dem Gesetz und dem Kinde, wenn die Entscheidung professionell und kompetent getroffen wird. Ob eine solche professionelle diagnostische Kompetenz in jedem Fall hinreichend gegeben ist, darf jedoch bezweifelt werden. Denn einerseits reicht die universitäre Ausbildung in Sonderpädagogischer Diagnostik für den Erwerb einer solchen Qualifikation kaum aus (drei Seminare/Übungen während des gesamten Studiums sind zu wenig). Andererseits sind die in den KMK-Empfehlungen von 1994 formulierten Anforderungen an eine sonderpädagogische Diagnostik zu hoch, um von der gegenwärtigen diagnostischen Praxis erfüllt werden zu können. Solange aber die sonderpädagogische Diagnostik unter ihren eigenen professionellen Standards agiert, nähren diagnostische Fehler bzw. Fehlurteile den Verdacht, durch Fahrlässigkeit zustande zu kommen. Mehr Professionalität in der sonderpädagogischen Diagnostik zu verlangen, ist nicht zuletzt deswegen wichtig, da jegliche Diagnostik fehlerbehaftet ist. Nur Professionalität kann unvermeidliche Fehler auf ein Minimum reduzieren.[18]

---

18 Mit der Frage, was (sonder-)pädagogische Professionalität heißen kann, befasst sich ausführlich Kapitel 8.

Von Bundesland zu Bundesland variieren die Institutionen und die diagnostischen Instrumente, die an der Erstellung eines sonderpädagogischen Gutachtens mitwirken können. Kubiak & Moog (1995) listen auf, welche Institutionen in den einzelnen Bundesländern bei der Sonderpädagogischen Diagnostik beteiligt sind. In Tabelle 3 sind die Regelungen für die Einleitung des Ein- und Umschulungsverfahrens in den alten Bundesländern aufgeführt.

Tab. 3: Zuständigkeiten bei der Einleitung des Ein- und Umschulungsverfahrens*

Einleitende „Instanzen" ⇩	Baden-Württemb	Bayern	Berlin	Bremen	Hamburg	Hessen	Nieder-sachsen	Nordrh-Westfalen	Rheinland-Pfalz	Saarland	Schlesw-Holstein
Erziehungs berechtigte	+	+	+	+	+	+	+	+	+	+	+
Volljährige Schüler	–	–	–	–	–	+	–	–	–	–	–
Schulleiter	+	+	+	–	+	+	+	+	+	+	+
Allgemeine Schule	+	+	+	+	+	+	+	+	+	+	+
Sonderschule	+	+	+	+	+	+	+	+	+	+	+
Frühfördereinr (Vorschule)	–	+	–	–	+	+	>	–	+	–	+
Schularzt/Facharzt	–	+	+	+	+	+	>	–	–	+	+
Schulpyschol Dienst	–	+	–	–	+	+	–	–	–	–	+
Schulamt	–	+	–	–	–	+	–	–	–	–	+
Jugendamt	–	–	–	–	+	+	>	–	–	–	–
Erz.-beratungsstelle	–	+	–	–	+	+	–	–	–	–	–
Schuljugend- ber./Sch.-hilfe	–	–	–	–	+	+	>	–	–	–	–
Sonstige Stellen	–	–	–	–	+	+	–	–	–	–	–

+ = befugt; > = beratende Funktion; – = nicht befugt
*(Quelle: Kubiak & Moog 1995, S. 18)

Man kann beträchtliche Differenzen in den alten Bundesländern feststellen, was die Befugnis zur Einleitung einer sonderpädagogischen Begutachtung angeht. In manchen Bundesländern haben neben den Erziehungsberechtigten lediglich die (potenziell) betroffenen Schulen dazu eine Befugnis (solche restriktiven Bestimmungen gelten für Baden-Württemberg, Nordrhein-Westfalen, Rheinland-Pfalz). In Berlin, Bremen, Niedersachsen und im Saarland wird zusätzlich Schul- oder Fachärzten die Befugnis oder eine beratende Funktion bei der Einleitung eines Ein- und Umschulungsverfahrens zugesprochen. Das Land Hessen zeichnet sich dadurch aus, dass hier praktisch alle mit Kindern und Jugendlichen befassten Institutionen eine Ein- oder Umschulung einleiten können. Hessen berücksichtigte auch als erstes Bundesland die in den KMK-Empfehlungen von 1994 vorgesehene Möglichkeit, dass volljährige Schülerinnen und Schüler selbst eine sonderpädagogisch-diagnostische Begutachtung beantragen können.

Ein Urteil darüber, welche der Regelungen besser ist – also eine bezüglich der einleitenden Instanzen eher restriktive oder eine eher liberale Regelung –, lässt sich weder aus grundsätzlichen Erwägungen noch aus Erfahrungswerten heraus treffen. Man kann nur auf ein mögliches Dilemma hinweisen: Je mehr Institutionen berechtigt sind, eine sonderpädagogische Begutachtung bzw. ein Umschulungsverfahren einzuleiten, desto rechtzeitiger und leichter wird es möglich sein, eventuell erforderliche sonderpädagogische Fördermaßnahmen für das betreffende Kind bereitzustellen. Auf der anderen Seite kann eine solche Erleichterung sonderpädagogischer Begutachtung zu einem Anwachsen der förderbedürftigen Schülerschaft mit den geschilderten Stigmatisierungsfolgen führen.

Auch im Vorgehen und in den Zielen der Statusdiagnostik unterscheiden sich die (alten) Bundesländer, wie einer weiteren Zusammenstellung bei Kubiak & Moog (1995) zu entnehmen ist. Um die Unterschiede anzudeuten, gebe ich in Tabelle 4 von dieser Zusammenstellung die Modalitäten für die alphabetisch ersten drei alten Bundesländer wieder; daneben wurden in der ersten Datenspalte der Tabelle die Vorschläge aus den KMK-Empfehlungen von 1994 aufgenommen.

In Tabelle 4 erkennt man den relativ großen Handlungsspielraum der Diagnostiker, was die Aufgabenstellungen und das Vorgehen bei der Begutachtung betrifft. Es werden in den aufgeführten wie nicht aufgeführten Bundesländern dem Diagnostiker die Verfahren meist frei gestellt, die er verwendet. Die Einträge in der Tabelle bestätigen den bereits konstatierten gewaltigen sonderpädagogisch-diagnostischen Aufgabenkatalog, der in den 1994er Empfehlungen der Kultusministerkonferenz enthalten ist. Dies wird nur von einem Teil der Bundesländer annähernd nachvollzogen. Nur in den Empfehlungen und – von den aufgeführten Ländern – nur in Berlin wird gewissermaßen der Boden einer klassischen Statusdiagnostik verlassen, indem explizit das Umfeld des Kindes Gegenstand der Begutachtung wird.

Tab. 4: Modalitäten und diagnostische Kriterien im
sonderpädagogischen Ein- und Umschulungsverfahren

	KMK 1994	Baden-Wurttemb	Bayern	Berlin
Ziel der Begutachtung	Feststellung sonderpäd Forderbedarfs durch ein individuelles qualitatives + quantitatives Forderbedarfsprofil	Festst sonderpad Förderbedarfs durch ein sonderpädagogisch-psychologisches Gutachten	Festst sonderpäd Förderbedarfs durch ein sonderpadagogisch-psychologisches Gutachten	Festst sonderpad. Förderbedarfs durch einen Forderausschuss
Form der Durchführung	freie Wahl d diagnost Verfahren	freie Wahl d diag-nost. Verfahren	– Intelligenztest – Test zur Erfassung v Teilleistungen	freie Wahl d diagnost Verfahren
Gutachten enthält außerdem	– alle Unterlagen d abgebenden Sch – schularztl Unters – ggf schulpsychol Gutachten	– alle Unterlagen d abgebenden Sch – ggf schularztliche Untersuchung – Uberprüfung des Hor- u Sehverm	– alle Unterlagen d abgebenden Sch – ggf schularztliche Untersuchung – ggf zusàtzliche Gutachten	– alle Unterlagen d abgebenden Sch – schulärztl Unters. – multifaktorielle Untersuch durch d Forderausschuss
Gutachten nimmt Stellung	– Leistungsstand – Entwicklungsst – Lernverhalten – Ansprechbarkeit, Kommun - u Interaktionsfähigkeit – Erleben+Verhalt – soziale Einbind – schul Lernfeld – Entscheid -vorschl – Anhorung d Erz -berechtigten	– Entscheid -vorschl – Anhorung d Erz - berechtigten	– Vorgeschichte – Leistungsstand – Entwicklungsst – Entscheid -vorschl – Anhörung d Erz - berechtigten	– Kind-Umfeld-Analyse – Entscheid -vorschl – Anhorung d Erz - berechtigten

(Quelle: Kubiak & Moog 1995, S. 19)

Welche Verfahren werden nun herkömmlicherweise bei der Ein- und Umschulungsdiagnostik empfohlen und benutzt? Schaut man sich die Vorschläge in der Fachliteratur und in den entsprechenden Bestimmungen der einzelnen Bundesländer an, so sollten zur Feststellung des Sonderpädagogischen Förderbedarfs bzw. der „Sonderschulbedürftigkeit" vor allem folgende diagnostische Informationsquellen herangezogen werden:

– Anamnese (explorative Befragungen des Kindes und der Eltern);
– Schulleistungstests, standardisierte Fragebogen (z.B. Interessentests, Angstfragebogen);
– allgemeine Leistungstests (Intelligenz, Teilleistungen wie Gedächtnis oder Wahrnehmung);
– pädagogische Stellungnahmen (der abgebenden Schule);
– Beobachtungen des Schülers (im Unterricht und/oder bei anderen schulischen oder sozialen Aktivitäten);
– mitunter medizinische Befunde.

Mit den statusdiagnostischen Verfahren wird die Schülerin oder der Schüler an bestimmten, schulisch und für die Lebensbewältigung relevanten Kriterien gemessen. Werden standardisierte Leistungstests verwendet, spielen explizite Vergleiche der Testleistung zum Durchschnitt der Gleichaltrigen eine zentrale Rolle. Schulpädagogisch ausgedrückt: Sonderpädagogische Statusdiagnostik orientiert sich bei der Beurteilung der Leistung und des Verhaltens der Schüler an der sog. kriterialen und meist auch an der sozialen Bezugsnorm (vgl. Sacher 2001, S. 41ff.). Daneben werden Verfahren eingesetzt, die nur Veränderungen beim betreffenden Individuum dokumentieren (individuelle Bezugsnorm), ohne dass direkte soziale oder kriteriale Vergleichsmöglichkeiten bestehen. Die verwendeten Verfahren unterscheiden sich weiterhin darin, dass sie zum einen messtheoretisch mehr oder weniger zufrieden stellende quantitative Daten über die Stellung des getesteten Schülers in seiner Referenzgruppe liefern, zum anderen jedoch qualitative, gewissermaßen nur auf den Einzelfall zutreffende Daten bereitstellen. Zur zweiten Gruppe gehören z.B. die aus anderen Gründen unverzichtbaren anamnestischen Verfahren, die etwa Informationen über die Kindheit des betreffenden Schülers bzw. die Einschätzung der Kindheit durch die Eltern liefern. Zu dieser Verfahrensgruppe ist weiterhin die Beobachtung des Unterrichtsgeschehens zu rechnen. Es dürfte jedem, der sich bereits an einer solchen Beobachtung probiert hat, die Schwierigkeit bekannt sein, verlässliche, inter-subjektiv vergleichbare (und nicht bloß stimmungsmäßig übereinstimmende) Informationen über den Unterricht zu erhalten. Die nicht zu unterschätzende professionelle „Kunst" des sonderpädagogischen Diagnostikers besteht deshalb vor allem darin, zum einen die so genannten weichen, qualitativen Daten zu erheben und zum anderen die gesammelten, in ihrer Aussagekraft heterogenen qualitativen und quantitativen Daten zu einem angemessenen Gutachten zu verdichten (vgl. hierzu Walter 1998). Hinzu kommt zu guter Letzt die schwierige Aufgabe, aus dem Befund statt Standardmaßnahmen spezielle Fördervorschläge zu unterbreiten, die tatsächlich am Ist-Zustand des Schülers ansetzen und diesen Zustand in Richtung „Soll" zu verändern imstande sind.

7.1.3 Exkurs: Die Intelligenzmessung in der sonderpädagogischen Statusdiagnostik

Intelligenztests spielen in der Sonderpädagogischen Diagnostik eine Rolle, etwa um schulleistungsunabhängige kognitive Funktionen des Schülers oder der Schülerin abzuschätzen. Ich werde im Folgenden zwei in Aufbau und Durchführung recht unterschiedliche Intelligenz-test-Verfahren vorstellen. Ich tue dies aus verschiedenen Gründen: Die Intelligenz wird in der Pädagogik als ein ominöses, mit Mutmaßungen wie mit Vorbehalten bedachtes psychologisches Konstrukt behandelt. Man wird aber als Nicht-Sonderpädagoge, als „normaler" Pädagoge im Studium kaum mit solchen Verfahren konfrontiert. Die Aufgeschlossenheit für Integration bei diesem Pädagogen wird erleichtert, wenn er von Eigenheiten und Problemen der Verfahrensweisen der Sonderpädagogik gehört hat. Im Übrigen ist es so, dass sich viele andere Testverfahren im Schulleistungs- oder im Persönlichkeitsbereich die Intelligenztestkonstruktion zum methodischen Vorbild nehmen und deren Standardisierungsregeln befolgen. Was auf die Konstruktions- und messtheoretischen Prinzipien der Intelligenztests zutrifft, gilt deshalb auch für alle anderen standardisierten diagnostischen Verfahren (zur Einführung in Tests und Testtheorie vgl. Grubitzsch 1991).

Der HAWIK

Als erstes stelle ich den Hamburg-Wechsler-Intelligenztest für Kinder vor. Dieser Test ist mittlerweile in der Version HAWIK III verfügbar (vgl. Tewes et al. 1999). Er wurde bereits Jahr 1949 entwickelt und wurde danach mehrmals überarbeitet und neu normiert. Der HAWIK ist wie andere kommerziell vertriebene Tests standardisiert. Das bedeutet, dass das Testmaterial und die Testdurchführung, also die Abfolge der Aufgaben, die Instruktionen und zeitliche Begrenzungen für die Bearbeitung von Aufgaben festgelegt sind. Die Testauswertung ist ebenfalls geregelt und erfolgt nach so genannten Testnormen. Diese gestatten Vergleiche der erzielten Ergebnisse mit der jeweiligen Altersgruppe und eine Entscheidung darüber, ob die Testleistung ein durchschnittliches, hohes oder niedriges Ergebnis darstellt. Aufgrund der Normierung ist es auch möglich, die relative Testleistung von Kindern verschiedenen Alters zu vergleichen: Die Normen gestatten also eine Aussage über die Intelligenztestleistung eines Sechsjährigen gegenüber der eines Sechzehnjährigen; letzterer hat selbstverständlich weit mehr Testaufgaben zu lösen, um dieselbe Intelligenz wie der Sechsjährige attestiert zu bekommen. Das geht nur durch den „Umweg" über die Leistungsnormen für die verschiedenen Altersgruppen. Der HAWIK verfügt über Testnormen für das Alter von 6 bis 16 Jahre, erlaubt also Aussagen und Vergleiche in dieser Altersspanne. Die Normierung der Testergebnisse wird dazu genutzt, die erreichten Testergebnisse in einen IQ (im HAWIK unterteilt in einen so genannten Verbal- und Handlungs-IQ) umzurechnen.

Die neueste Version des HAWIK enthält 13 Untertests. Die Untertests sind zwei Gruppen zugeordnet,

– dem „Verbalteil" des Tests (mit stark sprachgebundenen und bildungsabhängigen Aufgaben, z.B. Fragen nach der Bedeutung von Wörtern oder nach historisch-kulturellen Wissensbeständen, etwa über die Rolle von Versicherungen oder Abstände zwischen Himmelskörpern) und

– dem „Handlungsteil", dessen Aufgaben weniger sprachlichen und Bildungseinflüssen unterliegen (gefordert ist hier beispielsweise das Nachlegen von Figuren oder das Identifizieren von Symbolen).

Die Untertests im HAWIK ermöglichen, individuelle Profile der Testleistungen zu erstellen, um Hinweise auf Stärken und Schwächen einer Schülerin/eines Schülers zu erhalten. Man kann also fragen, in welchen

Aspekten der getesteten Intelligenz sich Stärken, in welchen sich Schwächen zeigen oder ob die Leistung der Schülerin/des Schülers in den Untertests in etwa ausgeglichen ist. Aus dem Testprofil selbst lassen sich jedoch keine unmittelbaren pädagogischen Schlussfolgerungen ziehen. Die Übertragung eines Ergebnisses bei sehr speziellen Testaufgaben auf alltägliche leistungsthematische Situationen ist immer gewagt. Gefragt ist außerdem der Rat des professionellen Pädagogen. Denn ein Testprofil gibt nicht darüber Aufschluss, ob es für den getesteten Schüler besser ist, wenn seine Stärken gefördert werden (um etwa genügend Selbstbewusstsein aufzubauen), oder ob man pädagogisch an den Schwächen ansetzt (wenn die Schwächen die Entwicklung in anderen Leistungsbereichen verhindern). Es bleibt also die pädagogische Frage offen, in welchen unterrichtlichen Situationen man sich den Stärken und in welchen man sich den Schwächen des Schülers zuwenden sollte.

Nach wie vor ist der HAWIK z.B. bei der Diagnose einer Lernbehinderung beliebt. Das hat eine Reihe von Gründen:

1) Der Test wird individuell „appliziert". Dadurch kann die Testdurchführung in eine günstigere Atmosphäre für das Kind als bei einem Gruppentest eingebettet werden. Gegenüber in Gruppen durchgeführten Tests mit exakten Zeitbegrenzungen für die Testaufgabenbearbeitung bedeutet die HAWIK-Durchführung allerdings einen relativ hohen Zeitaufwand.

2) Der HAWIK hat einen relativ geringen „Speed"-Anteil. D.h., der Proband kann sich bei vielen Aufgaben des Tests mit den Antworten Zeit lassen, ohne dass dies sich negativ im Testergebnis niederschlägt. Das Testergebnis wird weniger als in anderen Intelligenztests von der Schnelligkeit oder mitunter auch von Konzentrationsschwankungen eines Schülers oder einer Schülerin beeinflusst. Der HAWIK steht damit weniger als andere Tests im Verdacht, nur die Verarbeitungsgeschwindigkeit von Informationen beim Probanden zu messen und als Intelligenz auszugeben.

3) Der Test mit seinen dreizehn Untertests prüft ein relativ breites Spektrum an Leistungen und eignet sich unter den gängigen Intelligenztests am besten für ein „Screening" über zu vermutende kognitive Stärken und Schwächen des Probanden.

Der Grundintelligenztest CFT

Der so genannte Grundintelligenztest CFT erbte seine Abkürzung von seiner ursprünglichen amerikanischen Bezeichnung als „Culture Fair Intelligence Test". Dieser Test liegt in verschiedenen Versionen für unterschiedliche, sich überschneidende Altersgruppen vor: so als CFT 1 für die Altersgruppe von 5-9 Jahren (vgl. Cattell et al. 1997), als CFT20 für das Alter von 8-18 Jahren (vgl. Weiß 1997) und als CFT3 für Personen ab 14 Jahren (Cattell/Weiß 1971). Die Versionen des Grundintelligenztests CFT sind in verschiedener Hinsicht dem HA-WIK entgegengesetzt. Der CFT ist als Gruppentest konzipiert und wird dementsprechend nach exakten Zeitvorgaben durchgeführt. Er besteht aus nur wenigen Untertests, die beanspruchen, die Grundintelligenz, die „general mental ability" zu erfassen, und zwar unabhängig von der soziokulturellen und ethnischen Zugehörigkeit der Probanden. Dementsprechend besteht der CFT aus Aufgaben ähnlicher Art und vermag deshalb auch kein differenziertes „Intelligenzprofil" wie der HAWIK zu liefern. Geprüft werden durch die Aufgaben vom Typ des CFT vor allem die Genauigkeit der Wahrnehmung sowie die Befähigung zur Klassifikation und Relationierung abstrakter und geometrischer Figuren. Der inhaltlichen Homogenität des Aufgabentyps entsprechend (die Testitems unterscheiden sich vor allem in ihrer Schwierigkeit), wird aus den Testleistungen ein Testwert, der IQ, gebildet.

Im Unterschied zum HAWIK kommen hier also unmittelbar von der kulturellen und historischen Situation abhängige Wissens- und Verständnisfragen nicht vor, da im CFT konzeptionsgemäß Bildungseinflüsse ausgeklammert werden sollen (allerdings wurde in die neuere Version des CFT 20 ein gesonderter Wortschatztest angefügt).

Was ist der IQ?

Spektakulär und zugleich fragwürdig sind Intelligenztests wie die beiden vorgestellten Tests in ihrem Anspruch, die Testleistungen einer Person als gültigen und verlässlichen Ausdruck einer genetisch verankerten, „natürlichen" Intelligenz zu betrachten und die Ausprägung der Intelligenz einer Person mit einem Zahlenwert, mit dem Intelligenzquotienten (IQ) zu umschreiben. Da sich „natürliche" Merkmale wie Körpergröße oder Schädelumfang in einer Population normal verteilen, nimmt man eine solche Verteilung auch für die Intelligenz an. Allerdings ist die angenommene Intelligenzverteilung nicht wie bei den genannten körperlichen Merkmalen empirisch belegt. Vielmehr wird die Normalverteilung bei der Intelligenz als Konstruktionsprinzip von Tests vorausgesetzt.[19] Die Normalverteilung der Intelligenztestergebnisse, wie sie Abbildung 3 aufzeigt, ist also theorie- und konstruktionsbedingt. Denn wenn eine Testvorform nicht diese Annahme der Normalverteilung erfüllt, dann werden dieser Verteilung widersprechende Aufgaben solange entfernt, bis das gewünschte bzw. vorausgesetzte Verteilungsbild erreicht ist. Eine Folge dieser Konstruktionsprinzipien ist beispielsweise, dass keine Aufgaben im Test bleiben können, die von Personen mit insgesamt niedrigen Testwerten besser gelöst werden als von Personen mit hohen Gesamtwerten. Aber welcher Realität entspricht ein Verfahren, das die Menschheit in eindeutig definierte Gruppen hoher und niedriger geistiger Fähigkeit unterteilt?

Die Zahlenwerte des IQ beruhen wie andere Maßstäbe auf einer Konvention (man denke zum Vergleich etwa an die verschiedenen Temperatur- oder an die englischen und kontinentaleuropäischen Längenmaße). So wurde festgelegt, dass einem durchschnittlichen Testergebnis ein IQ-Wert von 100 zugewiesen wird. Unter der Annahme einer Normalverteilung der IQs (siehe Abbildung 3) erhalten ca. 68 Prozent aller Personen einen IQ, der im Bereich von 100 ± 15, also zwischen 85 und 115 liegt. Diesen Schwankungsbereich bezeichnet man als „Standardabweichung". Auch hier handelt es sich um eine Konvention, wobei die Standardabweichung des IQ im Allgemeinen auf 15 Punkte festgelegt wurde (es gibt allerdings auch Tests in der Psychodiagnostik, die eine andere Konvention hinsichtlich Mittelwert und Standardabweichung bevorzugen). Wie man Abbildung 3 außerdem entnehmen kann, liegen im Bereich zwischen 2 Standardabweichungen (unter 70 und über 130) vom mittleren IQ ca. 4 Prozent aller Personen. Wer einen IQ von 130 „hat", darf davon ausgehen, dass nur 2 Prozent in der Bevölkerung gleiche oder höhere Werte im betreffenden Intelligenztest erreichen. Und Werte jenseits von ±3 Standardabweichungen (unter einem IQ von 45 bzw. über 145) weisen nur noch je 0.1 Prozent der Population auf.

---

19 Biologisch begründete Theorien der Intelligenz beinhalten im Übrigen nicht notwendigerweise eine solche populationsgenetische Verteilungsannahme. Ein Beispiel für eine Theorie dieser Art, die ohne Verteilungsannahmen auskommt, ist die Theorie der geistigen Entwicklung von J. Piaget (1975).

Abb. 3: Die Verteilung des IQ*

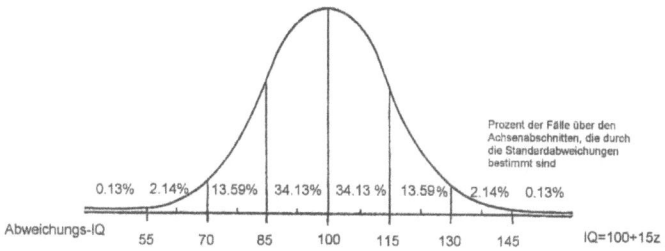

*nach Grubıtzsch 1991, S. 178

Ein wichtiges Merkmal von Intelligenzdiagnosen ist, dass sie wie alle Messungen mit einem Messfehler behaftet sind. Allerdings sind die Fehler anders als im physikalischen Bereich größer und praktisch bedeutsam. Aufgrund meist umfangreicher Vortestungen in der so genannten Eichstichprobe ıst es bei Intelligenztests möglich, den Testfehler abzuschätzen und das „Vertrauensintervall" zu bestimmen, in dem der tatsächliche Testwert eines Probanden liegt. Ein Minimum an Seriosität einer Intelligenz-Diagnose erkennt man deshalb daran, ob nur ein IQ-Wert oder aber der IQ-Wert mit seinem Vertrauensintervall angegeben wird (also ein Punktebereich über und unter dem erzielten Punktwert, wobei der Bereich je nach Messfehlergröße des betreffenden Tests und je nach der gewünschten Genauigkeit der Schätzung größer oder kleiner ausfällt).

Auch die vergleichsweise hohe Genauigkeit eines Intelligenztests (vergleicht man sie mit Schulnoten oder den Ergebnissen von Persönlichkeitsfragebogen) löst aber nicht das Problem seiner Validität, seiner Gültıgkeit als Messinstrument für das Merkmal Intelligenz. Die Frage, ob Intelligenztests die Intelligenz messen, sofern es diese überhaupt als eine einheitliche Größe gibt, ist aus vielerlei Gründen noch immer offen.

7.1.4 Kritik der Statusdiagnostik

Ich komme nun zurück zur Statusdiagnostik, genauer gesagt, zu ihrer Kritik. Die Umschulungs- und die sie stützende Statusdiagnostik wirft eine ganze Reihe von kritischen Fragen auf. So sind die Qualität und praktische Tauglichkeit vieler diagnostischer Verfahren umstritten. Entweder kann die Gültigkeit oder Validität der Verfahren angezweifelt werden (als Beispiele verweise ich auf den HAWIK und den CFT) oder es mangelt den Verfahren an der Zuverlässigkeit („Reliabilität") ihrer Ergebnisse. Dieses Reliabilitätsproblem haben vor allem Erhebungen, die auf nicht mit wissenschaftlichen Tests erfassbare Merkmale (z.B. biographische Daten) abzielen. Wie schon erwähnt, ist es weiterhin fraglich, ob die sonderpädagogische Diagnostik immer mit der erforderlichen Kompetenz durchgeführt wird bzw. durchgeführt werden kann, so wie das die staatlichen Regelungen und Empfehlungen vorsehen und wie das angesichts der weitreichenden Konsequenzen der diagnostischen Entscheidungen für ein Individuum auch geboten ist. Bedenklich ist in diesem Zusammenhang, dass nach einer empirischen Studie (vgl. Mand 2002) für die Entscheidung „Gemeinsamer Unterricht vs. Umschulung in eine Sonderschule" die jeweiligen Interessen der Gutachter – und nicht der diagnostische Befund als solcher – ausschlaggebend sein können. Ein anderer Kritikpunkt ist mit der wachsenden Bedeutung verbunden, die heute der sonderpädagogischen Diagnostik zugeschrieben wird. Der Versuch, die Gesamtpersönlichkeit eines Kindes zu erfassen oder zu „würdigen", kann in eine Missachtung der Integrität der diagnostizierten Person umschlagen. Es wird oft mehr an diagnostischen Informationen erhoben und mehr getestet, als notwendig ist und in pädagogische Fördermaßnahmen umgesetzt werden kann. Deshalb besteht Klärungsbedarf darüber, wie viel Diagnostik nötig bzw. wie wenig Diagnostik möglich ist, um zu verantwortlichen diagnostischen Urteilen zu kommen (vgl. Blanke/Sterzel 1991; Nußbeck 2001). An diesem Punkt setzt auch die Hauptkritik an der Statusdiagnostik in der Sonderpädagogik ein, nämlich dass die mit ihr zustande kommenden Begutachtungen zu wenig konkrete Hinweise auf erforderliche pädagogische Maßnahmen zu liefern vermögen.

Man kann die Kritik an der sonderpädagogischen Statusdiagnostik auch technisch formulieren und entscheidungs- bzw. fehlertheoretische Probleme in den Vordergrund rücken. An der Lernbehindertendiagnostik kritisieren Langfeldt/Ricken (1996) die zu hohe Quote so

genannter falsch Positiver. Als „falsch positiv" wird ein diagnostischer Fehlschluss bezeichnet, wenn ein Test oder ein andere Erhe-
bungsmethode bei einem Individuum ein Merkmal (hier: eine Lernbehinderung), als gegeben („positiv") beurteilt, obwohl das betreffende
Individuum das Merkmal „in Wirklichkeit" nicht besitzt. „Falsch negativ" wäre umgekehrt der Fehlschluss, wenn ein Verfahren ein vor-
handenes Merkmal übersieht (also z.B. ein Schulversagen, obwohl die
Diagnose „Lernbehinderung" verneint wird). Das Überwiegen „falsch
positiver" Lernbehinderter bedeutet, dass relativ viele Schüler in eine
Schule für Lernbehinderte überwiesen werden und dort verbleiben,
obwohl sie die Anforderungen der allgemeinbildenden Schule bewältigen könnten. Dass ich mich hier im Konjunktiv ausdrücke, hängt mit
der Schwierigkeit zusammen, die falsch positiv Getesteten im Nachhinein zu entdecken: Gute, zu Regelschulabschlüssen befähigte Sonderschüler (die als falsch Positive zu bezeichnen wären) könnten auch
von der Förderung in der Sonderschule für Lernbehinderte profitiert
haben. Anzunehmen ist weiterhin, dass mit einer Ausdehnung der
diagnostischen Anstrengungen und der Testuntersuchungen die Zahl
falsch positiv begutachteter Schüler und Schülerinnen zunehmen wird.
Entschärft wird dieses Problem allerdings wegen der verstärkt betrie-
benen schulischen Integration von (Lern-)Behinderten.

7.1.5 Diagnostische Verbesserungsvorschläge

Es gibt eine Reihe von Versuchen in der Sonderpädagogik, die auf die
genannten Probleme der Statusdiagnostik reagieren, auf die ich kurz
eingehen möchte.[20]
  Ein Ansatz, der über die personfixierte Diagnostik hinauszugehen
versucht, ist die so genannte Kind-Umfeld-Analyse. Hier wird nicht
mehr allein das Kind zum Gegenstand der Diagnostik; vielmehr soll
seine Umwelt auf beeinträchtigende und unterstützende Bedingungen
hin untersucht werden. Praktische Vorschläge für eine solche Diagnostik liefert Sander (1998), die jedoch hinsichtlich des Umfangs und
der Zuverlässigkeit der dabei zu erhebenden Daten mit einer gewissen
Vorsicht zu behandeln sind.

---

20 Gesondert werde ich mich im nächsten Abschnitt der Förderdiagnostik zu-
    wenden, der vielleicht bekanntesten, zumindest anspruchsvollsten Reaktion
    auf die Unzulänglichkeiten der Statusdiagnostik.

Ein weiterer Vorschlag zur „Situationsdiagnostik" stammt von Hofmann (1998). Die diagnostisch-theoretisch ambitionierte Autorin empfiehlt eine Diagnostik, die quasi nach konzentrischen Kreisen vorgeht, um vorschnellen, unzureichenden Folgerungen über mögliche Ursachen von Störungen und Behinderungen vorzubeugen und pädagogische Handlungsmöglichkeiten und Verantwortlichkeiten zu betonen. Zunächst soll hierbei von der unmittelbaren Situation des Kindes bzw. den unmittelbaren Bedingungen seines Versagens ausgegangen werden, bevor die mittelbaren, in ihrer pädagogischen Bedeutung oft sekundären Glieder in der Kausalkette einer Störung in die diagnostische Untersuchung einbezogen werden. Die Diagnose eines Lernversagens verfährt dementsprechend in der folgenden Sequenz und klärt gegebenenfalls sukzessive

1) den Lernstand des Kindes oder Jugendlichen in der Schulsituation,
2) die Unterrichtsorganisation,
3) schulische Faktoren wie Lehrerwechsel,
4) Probleme mit dem Schulweg oder
5) die häusliche Lernsituation (vgl. Hofmann 1998, S. 6/7).

Das schrittweise Vorgehen wendet sich also gegen die häufig vorschnelle Verortung der kindlichen Probleme im Elternhaus oder in anderen „Globalursachen", die pädagogisch kaum bearbeitet werden können und deren Fokussierung deshalb pädagogisch-professionelles Handeln ausschließt. In der Konzentration der sonderpädagogischen Diagnostik auf den unterrichtlichen und schulischen Bereich zeigt sich zudem eine diagnostische Philosophie, wonach der Ort der Verursachung einer Behinderung nicht notwendig identisch mit dem Ort der Behebung oder Minderung des Problems sein muss. Pädagogische Problemlösungen können also nur durch möglichst genaue Analysen im Inneren der konzentrischen Kreise gesucht werden, auch wenn z.B. begründete Hinweise auf Deprivationen des Kindes im Elternhaus vorliegen.

Ganz anders stellt sich der Versuch dar, Probleme der Statusdiagnostik durch die so genannte Lernfähigkeitsdiagnostik zu beheben. Diese Diagnostik wurde ursprünglich in der vormaligen DDR entwickelt und propagiert (vgl. Guthke 1972, 1978; Kleiter/Probst 1994). Zwischen der Durchführung eines Vor- und eines Nachtests werden (standardisierte) Übungen mit dem Probanden eingeschoben. Die Differenz zwischen den beiden Testergebnissen wird als ein Indikator für dessen Lernfähigkeit genutzt. Vor allem zwei Gründe sind dafür verantwortlich zu machen, warum sich diese interessante Methode bisher in der Sonderpädagogik nicht durchgesetzt hat. Zum einen ist mit der Lernfähigkeitsdiagnose ein hoher Aufwand verbunden; bei einer oft doch nur binär zu treffenden Umschulungsentscheidung wurde ein solcher Aufwand als eher unangebracht beurteilt. Zum anderen sind bei der Lernfähigkeitsdiagnostik nicht-triviale teststatistische Probleme zu bewältigen, die sich aus der Verwendung von Differenzwerten (Testwert nach der Übung minus Testwert vor der Übung) ergeben. Zu rechnen ist mit einer „Regression zur Mitte"; d.h. aus statistischen Gründen ist zu erwarten, dass zum ersten Messzeitpunkt erzielte niedrige Testwerte wegen des Messfehlers zu niedrig ausgefallen sind und dass deshalb in der 2. Messung die Werte, rein statistisch bedingt, höher ausfallen werden und damit keinen echten Lernzuwachs bedeuten (vgl. hierzu Petermann 1977).

7.2 Förderdiagnostik als Alternative?

7.2.1 Prinzipien der Förderdiagnostik

Die Förderdiagnostik entstand aus der Kritik an der Umschulungs- und generell an der Statusdiagnostik. Diese „neue" Diagnostik betont ähnlich wie die Lernfähigkeitsdiagnostik nicht die soziale oder kriteriale Bezugsnorm, sondern die individuelle Bezugsnorm: Verbesserung, Gleichheit, Verschlechterung des individuellen Verhaltens, der Leistung stehen im Vordergrund. Diagnostik hat die Hauptaufgabe, hypothetisch zu umschreiben, welche Verhaltens- oder Leistungsbereiche eines Kindes gefördert werden sollen, und dann zu prüfen, welchen Erfolg die so angeleitete Förderung erzielte.

Im Prinzip kann man ähnliche diagnostische Verfahren für förderdiagnostische Aufgaben nutzen, wie es die Statusdiagnostik tut. Die Förderdiagnostik unterscheidet sich jedoch im Vorgehen und in der Verwendung dieser Informationsquellen. Sie sucht in den diagnostischen Informationen direkte Hinweise darüber, was im individuellen Fall pädagogisch zu tun ist, um Beeinträchtigungen einer Schülerin oder eines Schülers zu beheben oder zu vermindern. Eine weitere wichtige Neuerung der Förderdiagnostik besteht in der Betonung des Verhaltens- oder Lernverlaufes, wozu eine einmalige Statusdiagnose nicht genügt. Erst damit hält man es für möglich, eine Verschränkung der Diagnostik mit pädagogischen Maßnahmen, mit Fördermaßnahmen zu erreichen. Kornmann (1985) fasst die Aufgaben der Förderdiagnostik zusammen. Neben der treatment-vorbereitenden Aufgabe unterscheidet er eine (offenbar umfassendere) handlungsvorbereitende, eine treatment-begleitende und eine treatment-abschließende Aufgabe der Förderdiagnostik.

Die förderdiagnostische Arbeit verlangt grundsätzlich ein Mehr an diagnostischem Know-how; denn eine kompetente „qualitative" Diagnostik ist, wie sie die Förderdiagnostik propagiert, keineswegs ein einfacheres Unterfangen als die standardisierte, teststatistisch begründete Verfahrensweise. Darüber hinaus muss der Förderdiagnostiker auch didaktisch geschult zu sein, um bei der Bearbeitung von unterrichtlichen Aufgabenreihen systematische Fehler und Schwierigkeiten zu erkennen und zu analysieren, wie sie im alltäglichen Unterricht, besonders häufig aber bei lernbeeinträchtigten Schülerinnen und Schülern vorkommen.

An einem konkreten Beispiel aus einem Aufsatz Kornmanns (1985, S. 847) lässt sich aufzeigen, wie Förderdiagnostik im Detail vorgehen könnte. Das Beispiel schildert, wie Schüler Fritz eine Reihe schriftlicher Mathematikaufgaben bearbeitet hat und welche pädagogisch relevanten Hypothesen aus seinen teils richtigen, teils falschen Ergebnissen gezogen werden können.

Die Aufgabenreihe mit den Lösungen des Schülers sieht folgendermaßen aus:

1)	2)	3)	4)	5)	6)	7)	8)
14	29	11	37	25	42	51	359
+12	+ 13	−7	− 16	− 18	− 16	− 27	− 172
26	42	4	21	13	24	26	127

Kornmann kommentiert dieses Lösungsmuster:

„Die vier ersten Aufgaben sind also richtig, die vier letzten falsch ‚Gute' Lehrer geben sich damit nicht zufrieden, sondern fragen, wie die falschen Lösungen zustande gekommen sind:

– Hat Fritz prinzipielle Schwierigkeiten bei der Zehnerüberschreitung?
  Diese Hypothese wird verworfen, weil Fritz die Aufgaben 2-4 gelöst hat.
– Beherrscht Fritz die Operation des Subtrahierens nicht?
  Diese Hypothese muss differenziert werden: Immerhin hat Fritz die Aufgaben 3 und 4 gelöst und bei den Aufgaben 5-8 jeweils die kleinste Ziffer von der größeren richtig subtrahiert und dabei auch den ‚Zehner' und den ‚Hunderter' mit berücksichtigt.

- Wendet Fritz die Operation falsch an?
  Diese Hypothese wird beibehalten: Fritz subtrahiert immer die kleinere Ziffer von der größeren Ziffer.
- Verwechselt Fritz die Begriffe ‚Ziffer' und ‚Zahl' bei der Anwendung der Regel, dass immer die kleinere Zahl von der größeren abzuziehen sei?
  Diese Hypothese wird ebenfalls beibehalten, denn sie gibt Sinn und entspricht den Ergebnissen." (ebd.)

Für den Zweck der Illustration interessiert zwar weniger, ob Kornmanns Hypothesen richtig bzw. komplett sind. Aus systematischen Gründen ist jedoch eine Anmerkung zu den Kommentaren Kornmanns angebracht, die nicht alle Aspekte des Lösungsmusters beleuchten: Fritz subtrahiert bei Aufgabe 3 entgegen seiner späteren Praxis nicht die kleinere von der größeren Ziffer. Die „11" nimmt er offenbar als Einheit, als Zahl wahr. Weiterhin ist eine Diskrepanz zwischen der Bearbeitung der Aufgabe 5 und dem Vorgehen bei den Aufgaben 6, 7 und 8 zu beobachten. Bei Aufgabe 5 berücksichtigt Fritz nicht, dass im Zehner eine „1" aus der Einer-Subtraktion anzumerken ist; bei den drei anderen Aufgaben macht er es richtig.

Kornmann ist davon überzeugt, aufgrund der aufgestellten Hypothesen zu einer aufgabenspezifischen und individuell angemessenen Unterstützung des Schülers gelangen zu können. Und es ist sicherlich nicht zu bezweifeln, dass Schülerinnen und Schülern die Beherrschung einer grundlegenden Rechenoperation wie die Subtraktion mehrstelliger Zahlen beigebracht werden muss. Ohne sichere Kenntnis dieser Rechenoperation würde Schülerinnen und Schülern eine Aneignung des nachfolgenden Mathematikstoffes erschwert werden; sie könnten den Anschluss an den Kenntnisstand ihrer Klasse verlieren. Wenn aber die Hypothesen Kornmanns über Fritzens Fehler unvollständig sind, dann wird entweder der Übergang von der Problemdiagnose zur Problembehebung nicht funktionieren oder es ist anzunehmen – was wahrscheinlicher ist –, dass der Zusammenhang zwischen der Förderdiagnose (hier: der Fehleranalyse) und einer nachfolgenden pädagogischen Förderung weniger eng ist, als es Vertreter der Förderdiagnostik postulieren.

Wie erwähnt, begnügt sich die Förderdiagnostik nicht mit der Begutachtung solcher Details wie der geschilderten Fehleranalyse, die jeder Lehrer, nicht nur ein Diagnostiker durchführen sollte. Die Förderdiagnostik versucht darüber hinaus die „Gesamtpersönlichkeit" und ihre Entwicklung in den Blick zu bekommen. So war das Schlagwort „Emanzipation" eine zeitweilig zu hörende Zielsetzung förderdiagnostischer Bemühungen.

7.2.2 Kritik an der Förderdiagnostik

Die hohen und weitreichenden Ansprüche der förderdiagnostischen Konzepte provozierten scharfe Kritik. Ich fasse die wichtigsten Einwände zusammen. Man kann aus dieser Auseinandersetzung lernen, wie schwierig, ja wie widersprüchlich es sein kann, wissenschaftlich neue Wege zu beschreiten.

Kritik wurde schon an der Namensgebung geübt (vgl. Schlee 1985, S. 863f.). „Förderdiagnostik" würde nahe legen, dass eine Diagnostik (pädagogische, therapeutische) Förderung impliziere. In der Tat könnte der Name zumindest für pädagogische und diagnostische Laien irreführend sein und bei ihnen fälschlicherweise die Vorstellung einer solchen Implikationsbeziehung hervorrufen.

Wie schon bei der Erörterung der Statusdiagnostik moniert wurde, neigt jegliche sonderpädagogische Diagnostik, also auch die Förderdiagnostik dazu, sich auszudehnen – in der Hoffnung, aufgrund möglichst vieler Informationen auch wirksam pädagogisch helfen zu können. Es kommt so zu ethisch fragwürdigen Diagnosen der „Gesamtpersönlichkeit" des Kindes einschließlich seines sozialen Umfeldes. Die Tiefe des Eingriffs in die Person ist in aller Regel nicht durch die anschließend vorgeschlagenen pädagogischen Maßnahmen und Erfolge zu rechtfertigen, weil die Beziehungen zwischen Diagnose und Förderung weniger eng sind, als es von der Förderdiagnostik angenommen wird (vgl. ebd., S. 873ff.).

Die Förderdiagnostik entspringt darüber hinaus harmonisierenden Vorstellungen von Schule und Gesellschaft (vgl. Hofmann 1998, S. 8). Sie vernachlässigt oder ignoriert eine gesellschaftliche Funktion des Teilsystems Schule, nämlich Schülerinnen und Schüler in leistungsmäßig Erfolgreiche und Versagende zu sortieren. Um dieser Funktion gerecht zu werden, wird zwar dem Schulsystem ein großer Spielraum zugestanden, ja, es darf die Funktion teilweise und zeitweilig, zumindest programmatisch, unterlaufen. Aber die anerkennenswerten Intentionen der Förderdiagnostik können die Selektionsfunktion von Schule allenfalls vergessen machen, aushebeln oder beseitigen können sie diese Funktion nicht. Die Schule erfüllt im Übrigen ihre Selektionsfunktion oft nur mittelbar und „vertraut" auf die Selbstselektion der Schülerinnen und Schüler. Das heißt, schulisches Versagen in Gestalt der Selbstselektion (als relativ autonome Schülerentscheidung) begrenzt die Möglichkeiten von Förderdiagnostik und Förderung. Unter Umständen vermögen die besten pädagogischen Konzepte motivationale, entwicklungsbedingte oder charakterliche Barrieren auf Seiten von Schülern und Schülerinnen nicht zu überwinden. Solche Schwierigkeiten werden insbesondere unter dem Stichwort „Verhaltensauffälligkeiten" oder „Verhaltensstörung" virulent (vgl. ebd., S. 9). Selbstverständlich rechtfertigen derartige Verweigerungshaltungen von Schülerinnen und Schülern keine pädagogischen Nachlässigkeiten; aber sie zeigen die Grenzen pädagogischer Einflussnahme auf.

Abschließen möchte ich die Kritik an der Förderdiagnostik mit einer halbwegs versöhnlichen Feststellung. Die von der Förderdiagnostik propagierten Fehleranalysen an konkreten unterrichtlichen Aufgabenstellungen im individuellen Fall (siehe das aufgeführte Beispiel von Kornmann) stellen nach meiner Überzeugung eine wichtige Methode dar, um an umschriebenen Lernbeeinträchtigungen pädagogisch zu arbeiten und um einer Chronifizierung solcher Beeinträchtigungen entgegenzuwirken. Solche Fehleranalysen setzen zum einen fundierte entwicklungspsychologische Kenntnisse voraus, also begründete Hypothesen über psychische Prozesse bzw. kognitive Schemata. Zum anderen ist hierfür eine fachdidaktische Expertise notwendig, die zu einer Analyse von Aufgabenstrukturen sowie von (alternativen) Lösungswegen und von Irrwegen befähigt.

Um Missverständnissen vorzubeugen, ist anzumerken, dass eine permanent stattfindende Fehleranalyse im sonder- oder integrationspädagogischen Förderalltag selbstverständlich weder möglich noch wünschenswert ist. Eine ständige Fehleranalyse würde Lehrkräfte überfordern. Vor allem aber würde die Massierung einer solchen mikroanalytischen Diagnostik bei einem einzelnen Kind kontraproduktiv sein: Zwar können und müssen Schülerinnen oder Schüler aus Fehlern lernen, aber oft ist es für ihr Fortkommen günstiger, etwas im Gesamtablauf zu tun und zu üben, obwohl das Getane fehlerhaft und unzulänglich ist. Was bei motorischen Lernvorgängen (z.B. das Erlernen des Radfahrens, des Spielens eines Musikinstruments) anerkanntermaßen der Fall ist, nämlich die Notwendigkeit eines Übens ohne fremde Korrekturen, dürfte auch für das Erlernen kognitiver Operationen gelten. Solches Lernen ist in der Pädagogik und Sonderpädagogik gemeint, wenn etwas unpräzise die „Ganzheitlichkeit" des Lernens angepriesen wird.

Zusammenfassung von Kapitel 7

Mit der zunehmenden Bedeutung der integrativen Beschulung von Behinderten wachsen die Anforderungen an die sonderpädagogische Diagnostik. Es muss ihr Ziel sein, die bestmögliche Förderung für die betreffende Schülerin oder den betreffenden Schüler festzulegen und die Wirkung der Förderung zu überprüfen. In dieser Hinsicht sind Unzulänglichkeiten der traditionellen „Statusdiagnostik" zu konstatieren. Die Kritik an der überkommenen Diagnostik erbrachte eine Reihe von Vorschlägen, die stärker das soziale und institutionelle Umfeld der diagnostizierten Schülerinnen und Schüler beachten und die Veränderungsprozesse bei den Kindern und Jugendlichen untersuchen.

Die so genannte Förderdiagnostik stellt den weitestgehenden Versuch in der Sonderpädagogik dar, das Diagnostizieren mit pädagogischen Fördermaßnahmen zu verschränken. Wenngleich terminologisch etwas unglücklich und im Anspruch überhöht, liefern förderdiagnostische Ideen einen wichtigen Beitrag für eine Diagnostik, die für die Weiterentwicklung der Sonderpädagogik zur integrativen Pädagogik unerlässlich ist.

Fragen

1. Diskutieren Sie die Aufgaben der Diagnostik bei der Feststellung des sonderpädagogischen Förderbedarfs! Welcher Verfahren bedient sich dabei die diagnostizierende Person?
2. Welche Vorschläge gibt es, um die Unzulänglichkeiten der so genannten Statusdiagnostik zu überwinden? Beschreiben Sie die Ziele und das Vorgehen eines dieser Vorschläge!

Einführende Literatur

Hofmann, C. (1998) Förderdiagnostik und Versagen – situationsdiagnostische Anmerkungen. Zeitschr. f. Heilpädagogik 49, S. 4-13
Kornmann, R. (1983) Diagnose von Lernbehinderungen. Weinheim
Kornmann, R. (1985) Förderdiagnostik – Ein Bärendienst für Schüler und Lehrer? Zeitschr. f. Heilpädagogik 36, S. 843-850

8. Was ist „professionelle" Integrationspädagogik?

Die sonderpädagogische Diagnostik wie auch spezielle therapeutische Aktivitäten stellen eine Herausforderung, aber auch eine Höherbewertung der sonderpädagogischen Expertise dar. Diese Veränderung verlangt von der Sonderpädagogik – insbesondere, seit sie sich als Integrationspädagogik versteht –, ihre berufliche und institutionelle Rolle und ihre Kooperationsbeziehungen mit der Pädagogik allgemeinbildender Schulen zu reflektieren und neu zu bestimmen.

Man kann diese „Suchbewegung" zu der Frage zuspitzen: Bewegt sich die Sonderpädagogik in Richtung einer Profession? Eine Antwort auf diese Frage hat mitzuteilen, ob die Sonderpädagogik wie andere Berufe (z.b. Betriebswirt, Maurer, Friseurin) umschriebene Aufgaben zu erfüllen hat und so den Lebensunterhalt der Berufsangehörigen sichert, oder ob sie mehr ist, nämlich den klassischen Professionen nahe kommt, zu denen Ärzte und Rechtsanwälte zählen und die sich im Übergang von der Ständegesellschaft zu einer funktional differenzierten Gesellschaft herausbildeten (vgl. Stichweh 1996). Kennzeichnend für Professionen ist die Möglichkeit, mit Klienten in eine nach eigenen Regeln bestimmte Kommunikation zu treten und diesen bei der Lösung von Problemen zu helfen, für die eine Profession das Monopol hat. Bei Ärzten etwa handelt es sich um das Monopol auf die Sicherung oder Wiederherstellung körperlicher, zum Teil auch psychischer Integrität des Patienten. Eine weitere Eigenheit von Professionen besteht darin, dass sie selbst für die berufliche Ausbildung und für die Sozialisation in die Profession zuständig sind und die Berufsausübung überwachen; d.h. Professionen sind – idealtypisch betrachtet – in der Berufsausübung autonom. In den Worten Stichwehs:

„Sie unterscheiden sich dadurch, dass sie die Berufsidee reflexiv handhaben, also das Wissen und das Ethos eines Berufs bewusst kultivieren, kodifizieren, vertexten und damit in die Form einer akademischen Lehrbarkeit überführen." (ebd., S. 51)

Angehörige pädagogischer Berufe gelten traditionellerweise als „Semi-Professionals" (vgl. Combe/Helsper 1996, S. 19ff.), die in eine berufliche Hierarchie und in eine Institution eingebunden sind und für ihre „Kunden", die Schülerinnen und Schüler, eine gesetzlich und rollenmäßig vorgegebene Leistung erbringen. Weiterhin fehlt Pädagogen durch die heute gegebene Schulpflicht die für Professionen übliche Freiwilligkeit des Kontraktes zwischen Professionellen und Klientinnen bzw. Klienten.

Zu konstatieren ist ein Widerspruch zwischen den Herausforderungen, mit denen die „neue" Sonderpädagogik konfrontiert ist und die Professionalität verlangen, und der generellen Schwierigkeit, pädagogische Tätigkeit zu professionalisieren. Bisher existiert keine ausgearbeitete und konsensfähige theoretische Strategie, um diese Widersprüchlichkeit des sonderpädagogischen bzw. integrationspädagogischen Handelns aufzulösen oder zu verringern. Idealtypisch lassen sich gegenwärtig drei Versuche unterscheiden, so zu sagen die professionelle Zukunft einer (integrativen) Sonderpädagogik zu denken. Im Folgenden werden diese Versuche vorgestellt. Auch wenn hier unverkennbar der zuletzt, in Abschnitt 8.3 dargestellte Ansatz präferiert wird, soll das nicht heißen, dass die beiden anderen skizzierten Versuche perspektivlos wären. Denn, wie gesagt, der Diskurs der Sonderpädagogik über den Weg vom Beruf zur Profession ist noch nicht hinreichend konturiert. Es ist außerdem keineswegs sicher, dass sich am Ende der theoretisch ambitionierteste Ansatz faktisch durchsetzen wird.

8.1 Tendenzen der Deprofessionalisierung

Als Konsequenz aus der zunehmenden Einbindung der Sonderpädagogik in eine integrative Erziehung behinderter Kinder und Jugendlicher ergibt sich die Forderung, die Disziplin Sonderpädagogik in die Schulpädagogik insgesamt zu integrieren und letztere verstärkt auf Integration einzustellen. Der Versuch, innerhalb der Schulpädagogik die spezielle Thematik „schulische Integration Behinderter" zu etablieren, geht zum Teil mit der Nivellierung des in der Sonderpädagogik vorhandenen Spezialwissens einher. Das gilt vor allem für die Position, die nicht nur eine um „Integration" erweiterte Schulpädagogik allgemeinbildender Schulen befürwortet, sondern vor allem auch eine

146

Rücknahme der Ausdifferenzierung sonderpädagogischer Fachrichtungen oder eine Abschaffung der gesamten sonderpädagogischen Disziplin verlangt (kritisch hierzu vgl. Hansen 2001).

Wenn man die Sonderpädagogik als Integrationspädagogik definiert, ist es zweifellos berechtigt, die Sonderschullehrerausbildung und die Lehrerausbildung insgesamt zu überdenken, die bisher nur unzureichend auf integrative Beschulung und gemeinsamen Unterricht vorbereitet. Man darf sicherlich auch Korrekturen am Zuschnitt sonderpädagogischer Fachrichtungen und an deren lehrstuhlmäßiger Repräsentation für notwendig erachten. Entscheidend scheint jedoch die Frage zu sein, ob man über diese Kritik das vorhandene sonderpädagogische Spezialwissen nivellieren darf und auf diese Weise den Beruf des Sonder- resp. des Integrationspädagogen deprofessionalisieren und am Hineinwachsen in eine Profession behindern sollte. Eine Reihe von Gründen spricht gegen eine solche Tendenz zur Deprofessionalisierung der Sonderpädagogik:

1. Mit der integrativen Pädagogik sind zwar neue Aufgaben für die Sonderpädagogik hinzugekommen; aber dabei handelt es sich großenteils um zusätzliche Aufgaben und Anforderungen, die sich zu den bestehenden hinzugesellt haben. Das lässt sich etwa den Anforderungen an eine mit pädagogischer Förderung verschränkte sonderpädagogische Diagnostik entnehmen, die neben den traditionellen diagnostischen Kompetenzen zusätzliche Qualifikationen und zusätzlichen Aufwand verlangt.

2. Sonderpädagogisches Wissen und Know-how, wie es zur Zeit in speziellen Ausbildungsgängen vermittelt wird, ist für die Bewältigung und die Rehabilitation von Behinderungen jeglicher Art und unabhängig vom Ort des pädagogischen Wirkens unverzichtbar, auch wenn man gegenüber deren Qualität und Charakter als „Veränderungswissen" skeptisch sein mag (vgl. Schlee 1985, S. 880). Allein schon die Funktion dieses sonderpädagogischen Wissens als – wir nennen es einmal so halbtautologisch – informatives Wissen über mögliche Ursachen, Therapien, pädagogische Erfolgsaussichten bei einer bestimmten Beeinträchtigung oder Behinderung ist hilfreich, um die betroffenen Schülerinnen und Schüler vor Über- oder Unterforderung zu schützen, sie von unrealistischen Erwartungen und ihren diskriminierenden Folgen zu entlasten (vgl. Hansen 2001, S. 30f.).

3. Man kann schließlich auf einen wichtigen Grund für die Existenz der Sonderpädagogik verweisen, nämlich den bisherigen Misserfolg der allgemeinbildenden Schulen bei der Unterrichtung von Schülerinnen und Schülern mit einem besonderen „Förderbedarf". Sonderpädagogik vermochte zwar in der Vergangenheit nicht mit einer rundweg befriedigenden Reaktion auf das Versagen der allgemeinbildenden Schulen aufzuwarten – daraus resultiert die aktuelle Präferenz schulischer und unterrichtlicher Integrationsansätze. Aber die Integrationspädagogik unterschätzt womöglich die vorhandene Professionalität auf Seiten der Sonderpädagogik, die eben das institutionelle Versagen der anderen Schulformen immerhin abmildert (durch Integration aller Schülerinnen und Schüler ins Bildungssystem) und deren Expertise deswegen auch bei integrativer Beschulung unverzichtbar ist.

Mit diesen Argumenten zur Verteidigung sonderpädagogischer Expertise möchten wir nicht eine vordergründige sonderpädagogische Professions- und Erfolgsrhetorik verteidigen, auch nicht ausschließen, dass den Leser die Tendenz einer radikalen Entprofessionalisierung der Sonderpädagogik mehr überzeugt. Es geht hier nicht um Rhetorik, sondern darum, auf in der Sonderpädagogik ausgebildete pädagogische, diagnostische und therapeutische Potenziale aufmerksam zu machen. Das schließt im konkreten Fall nicht aus, dass diese Potenziale unzureichend sind. Zu erinnern ist in dem Zusammenhang an den im 7. Kapitel skizzierten Fall eines schulisch vernachlässigten „geistigbehinderten" Jugendlichen; hier versagten professionelle Sonderpädagogen in Permanenz, waren im pädagogischen Erfolg einem karitativ-ehrenamtlichen, wenngleich sonderpädagogisch inspirierten Engagement weit unterlegen.

8.2 Sonderpädagogische Berufsethik

Die Notwendigkeit sonderpädagogischer Professionalität wird auch von einer Seite betont, die ein neues Berufsethos für notwendig erachtet, damit eine veränderte, integrative Sonderpädagogik die aktuellen und künftigen Anforderungen bewältigen kann. So bezeichnet Heimlich (1999, S. 163) das Berufsethos als den „Kern sonderpädagogischer Professionalisierung". In Anschluss an den Schweizer Heilpädagogen Haeberlin und den Erziehungswissenschaftler Brumlik erwartet auch Benkmann (2001) von diesem besonderen Berufsethos einen Professionalisierungsschub für die Sonderpädagogik. Über fachliches Wissen hinaus sollte sich die Sonderpädagogik nach Benkmanns Überzeugung dadurch auszeichnen, dass sie die Rolle eines Advokaten für die Interessen der Behinderten wahrnimmt. Eine „advokatorische Ethik" ist danach das Spezifikum, das die Sonderpädagogik als Profession kennzeichnet und von der übrigen Erziehungswissenschaft abhebt. Von der Integration der Sonderpädagogik in die Erziehungswissenschaft oder in die Schulpädagogik hält Benkmann wenig, da er diesen Disziplinen auf absehbare Zeit kein hinreichendes Engagement für behindertenpädagogische Aufgaben und Interessen zutraut (vgl. ebd., S. 95).

Sonderpädagogische Professionalität im Benkmannschen Sinne muss also mehr als Expertenwissen sein. Es bedarf einer expliziten Professionsethik, um die unvermeidliche Offenheit und Unsicherheit pädagogischen Handlungswissens zu kompensieren und in einer besonderen individuellen und institutionellen Verantwortung „aufzuheben". Eine ethische Fundierung von Professionalität ist durchaus plausibel; denn sämtliche klassischen Professionen und die Berufe, die dieses berufsständische Ziel anstreben, verfügen über eigene Berufsethiken. Fraglich ist indessen, ob eine ethische Begründung von Professionalität ausreicht, um professionelles Handeln zu gewährleisten. Wir setzen einige Fragezeichen hinter diese Annahme (zum generell begrenzten Stellenwert pädagogischer Ethik vgl. Wigger 1990).

So weist Benkmann selbst auf eine Gefahr advokatorischer Ethik hin, nämlich die Gefahr, die Klientel zu bevormunden. Er verlangt daher von der advokatorischen Ethik in der Sonderpädagogik „das ständige Oszillieren zwischen den Polen notwendiger Stellvertreterschaft und Selbstbestimmung" (Benkmann 2001, S. 93). Es sei dahingestellt, ob sich ein anspruchsvolles ethisches Postulat durch ein zweites ebenso anspruchsvolles wie abstraktes Postulat (die Selbstbestimmung der behinderten Menschen zu achten, zu fördern) de facto stützen lässt. Interessanterweise bringt Benkmann an dieser Stelle pädagogisches Handlungswissen ins Spiel, um die advokatorische Ethik und damit die sonderpädagogische Professionalität abzusichern.

Im Zusammenhang mit der Rolle der Sonderpädagogik im Nationalsozialismus wurde bereits aufgezeigt, wie eine vorhandene, aufgesetzte oder ernsthafte Berufsethik und insbesondere eine advokatorische Ethik versagen kann (vgl. die Abschnitte 3.3 und 3.4). Ein solches Versagen der Berufsethik war in jener Zeit nicht nur und nicht in erster Linie für die Sonderpädagogik, sondern vor allem auch für die klassischen Professionen Medizin und Recht zu konstatieren. Dass die Entwicklung einer Berufsethik grundsätzlich keine Gewähr für professionelles Berufshandeln bietet, dürfte der legalistischen Auslegbarkeit jeglichen kodifizierten Berufsethos geschuldet sein. Das heißt, in Richtlinien oder Berufsordnungen festgeschriebene Maximen können allenfalls weite Grenzen für berufliches Handeln ziehen, sie verhindern aber weder missbräuchliche Auslegungen der Ethik noch können sie die Widersprüche des Handelns selbst auflösen. Man kann beispielsweise buchstabengetreu einer advokatorischen Ethik folgen und trotzdem diese ethische Maxime und pädagogische Anforderungen verfehlen. Dies hat vor Jahren Anstötz (1986) am Beispiel der Geistigbehindertenpädagogik aufzuzeigen versucht. Nach Anstötz fehlt dieser Pädagogik ein objektivierbarer Erfolgsdruck bzw. ist eine entsprechende pädagogische Anstrengung von den Klienten nicht einklagbar, so dass sie einen großen bis übergroßen „Gestaltungsspielraum" besitzt. Unter dem Mantel einer ausdifferenzierten und spezialisierten Sonderpädagogik und einer dazu passenden Berufsethik kann sich beim einzelnen (Geistigbehinderten-)Pädagogen angemessenes pädagogisches Engagement mit einer hohen Handlungsmoral paaren; ebenso können sich hinter ethischen Proklamationen pädagogischer Dilettantismus und Verantwortungslosigkeit verbergen. Dabei ist es wichtig, dass ein Verfehlen der Berufsethik nicht allein dem betreffenden Individuum anzulasten ist – diese Deutung legt der Aufsatz von Anstötz an manchen Stellen nahe. Das Verfehlen der Berufsethik sollte ebenso als institutionelles Versagen und als institutionell induzierte Selbsttäuschung von Pädagogen diskutiert werden. Solche Selbsttäuschungen muss die sonderpädagogische resp. advokatorische Ethik beinahe zwangsläufig begünstigen, wenn man bedenkt, dass die Sonderpädagogik in die Konstitution von Behinderung involviert ist und diese konstitutive Rolle durch ethische Maximen nicht einfach abstreifen kann.[21]

---

21 In den Kapiteln 1 und 2 wurde die Rolle der Sonderpädagogik bei der Definition einer Behinderung ausführlich beleuchtet. Genauso wenig wie die Beschreibung dieser Rolle als eine ethische Rüge der Sonderpädagogik missverstanden werden sollte, genauso wenig lässt sich die widersprüchliche Ver-

Die wohl entscheidende Kritik an einer berufsethischen Begründung und Absicherung von sonderpädagogischer Professionalität rührt daher, dass der Kern einer Profession etwas anderes als Ethik ist. Professionalität entwickelt und realisiert sich in der beruflich kompetenten, verantwortungsvollen Interaktion mit dem Klienten und hat sich im Handlungsvollzug zu bewähren. Das Berufsethos dagegen dient vor allem der nachträglichen Interpretation und Rechtfertigung einer beruflichen Handlung, dem Ausbuchstabieren der Verantwortlichkeit des Professionsvertreters für sein Tun innerhalb einer Profession. Im ungünstigen Falle können diese „ethische" Aufgabe Standesfunktionäre und Sonntagsredner übernehmen, die selbst zum professionellen Handeln gar nicht in der Lage sind oder sich von ihm entfremdet haben.

8.3 Strukturtheorie professionalisierten Handelns

8.3.1 Grundzüge der Professionstheorie Oevermanns

Unter Verwendung von Konzepten des amerikanischen Soziologen Talcott Parsons entwickelte Oevermann (1996) eine soziologische Strukturtheorie professionalisierten Handelns. Innerhalb der Sonderpädagogik griff bisher lediglich Lindmeier (2000) diese Professionstheorie auf.

In professionellen wie generell in zwischenmenschlichen Beziehungen können idealtypisch zwei Reaktionsmuster unterschieden werden. Im Anschluss an Parsons werden diffuse von spezifischen Beziehungsmustern abgegrenzt. Eine diffuse Beziehung zeichnet sich dadurch aus, dass sie durch Funktionsrollen nicht hinreichend umschrieben werden kann, da sie stark durch affektiv-emotionale Momente der zwischenmenschlichen Bindung bestimmt ist. Paradigmatisch für eine diffuse Beziehung ist die Eltern-Kind- und die Ehepartnerbeziehung. Folgt man der soziologischen Strukturtheorie, könnte man etwa den aus der Psychoanalyse bekannten Ödipus-Komplex als Konkurrenz dieser beiden diffus arbeitenden Beziehungssysteme auffassen. Der Ödipuskonflikt ist konfliktuös und zugleich unausweich-

---

strickung der Sonderpädagogik in die Erzeugung und Aufrechterhaltung von Behinderungen durch eine Professionsethik beseitigen.

lich, weil beide diffusen Beziehungsmuster für die westliche Familienstruktur konstitutiv sind. Familiäre und generell diffus bestimmte Beziehungsmuster lassen sich hinsichtlich der zeitlichen und sachlichen Anforderungen nicht genau eingrenzen. Es wäre beispielsweise in einer Mutter-Beziehung absurd, wenn die Mutter ihrem Sohn, der nach 19.30 Uhr hinfällt und sich das Knie aufschlägt, die Hilfe verweigert und die Wunde nicht versorgt, weil Mutter täglich ab 19.30 Uhr frei hat. Man kann sich unschwer weitere Beispiele absurden oder inadäquaten Handelns in einer diffus definierten Beziehungsstruktur vorstellen.

Wenn eine Beziehung dagegen spezifisch definiert ist, dann ist ein zeitlich begrenztes Verhalten wie im Beispiel möglich und normal. Grundsätzlich sind spezifische, rollenförmige Verhaltensmuster charakteristisch für heutige berufliche Beziehungen, also für die Relation zwischen einem Verkäufer und einem Kunden oder zwischen einem Ingenieur und seinem Auftraggeber. Man darf zwar von einem Verkäufer unter Umständen Erste Hilfe erwarten, wenn sich ein Kunde im Kaufhaus versehentlich verletzt; aber dieses Hilfeverhalten hat nichts mit seinem „Job" zu tun, sondern resultiert aus seinem Status als Bürger – der auch in modernen, funktional differenzierten Gesellschaften rudimentär diffuse Beziehungsanteile beinhaltet. Der Verkäufer wird jedenfalls für ein solches Verhalten nicht von seinem Arbeitgeber bezahlt. Vielmehr erwarten wir von einem Verkäufer umschriebene Dienstleistungen. Wir fragen ihn nach der Qualität einer Ware oder nach dem Preis-Leistungs-Verhältnis und erwarten von ihm eine passende Antwort. Wenn er auf unsere Frage keine Antwort weiß, so verweist das auf einen Mangel in der beruflichen Qualifikation, der nicht durch diffuse Beziehungsangebote ausgeglichen werden kann (etwa indem uns der Verkäufer statt der richtigen Auskunft zum Essen einlädt).

Für klassische Professionen ist nach Oevermann charakteristisch, dass sie in eine Beziehung eintreten, in der sich diffuse Beziehungsmomente mit spezifischen Anteilen kreuzen.[22] Der Grundgedanke des

---

22 Folgt man den Überlegungen soziologischer Professionstheorie, sind schulpädagogische und pädagogisch-psychologische Konzeptionen „professionellen" Lehrerhandelns unzureichend, da sie meist nur die spezifischen Aspekte des Berufshandelns berücksichtigen und die diffusen Anteile allenfalls als störende oder erleichternde Faktoren berücksichtigen (vgl. z.B. Rheinberg et al. 2001).

strukturtheoretischen Professionsmodells kann an einem Schema verdeutlicht werden, an dem Oevermann die professionelle Psychotherapeuten-Klienten-Beziehung erläutert. In Abbildung 4, die einer Publikation Oevermanns entnommen ist, werden die Handlungserfordernisse des Arztes bzw. des Psychotherapeuten und komplementär dazu die Verhaltensanforderungen an den Patienten veranschaulicht. Nur wenn es beiden Interaktionspartnern gelingt, ihr Handeln bzw. Verhalten aufeinander abzustimmen, kann ein hilfreiches, therapeutisches „Arbeitsbündnis" zustande kommen.

Abb. 4: Spezifität und Diffusität im therapeutischen Arbeitsbündnis*

	Arzt/Ärztin	Patient/Patientin
spezifische Beziehung	Abstinenzregel	X
diffuse Beziehung	Y	Grundregel

* (Quelle: nach Oevermann 1996, S. 119)

Beginnen wir mit der Zelle in der Abbildung, die ein „X" enthält. Ein Patient als Laie fragt in der Regel einen (ärztlichen) Experten um Rat, meist gegen Bezahlung. Er tritt dem Experten gleichberechtigt gegenüber, handelt spezifisch und erwartet eine spezifische Reaktion auf seine Nachfrage. Er erfährt, was eine Therapiestunde kostet, mit wie vielen therapeutischen Kontakten zu rechnen ist etc. Auf dieser spezifisch-spezifischen Kontaktebene treten Arzt und Patient einander als prinzipiell gleichberechtigte Vertragspartner gegenüber. Der damit konstituierte Teil des Patienten-Therapeuten-Verhältnisses gehört gewissermaßen ins Vorfeld der Therapie. Er ist aber trotzdem für eine professionelle Therapie notwendig, da sich bei Fehlen dieser Kontaktebene problematische Abhängigkeitsbeziehungen entwickeln können, wie man aus der Erfahrung mit den so genannten Psychosekten weiß.

Im eigentlichen Therapieprozess ist es wichtig, dass der Patient die „Grundregel" einhält. Damit ist gemeint, dass die therapeutische und vor allem die psychotherapeutische Situation vom Patienten mehr als nur spezifisches Verhalten verlangt, nachdem der Therapiekrontrakt mit dem Therapeuten zustande gekommen ist. Die Grundregel verlangt vom Patienten, abstrakt gesprochen, diffus zu reagieren, und bedeutet konkret für ihn in der therapeutischen Situation, alle ihn berührenden Gedanken und auftauchenden Assoziationen zu äußern. Nichts ist in der (psychoanalytischen) Psychotherapie von vorneherein un-

153

wichtig, also weder vermeintliche Nebensächlichkeiten noch intimste Empfindungen. Die Einhaltung der Grundregel durch den Patienten führt nach psychoanalytischen Erfahrungen dazu, dass dieser seine Affekte, Gefühle, Empfindungen, die beim Umgang mit wichtigen anderen Personen (etwa Elternfiguren) entstehen bzw. entstanden, auf den Therapeuten überträgt. Die diffusen Patientenreaktionen bzw. seine Übertragungsreaktionen ermöglichen es wiederum dem Therapeuten, Hypothesen über das Grundproblem des Patienten zu gewinnen und ihm damit einen Einblick in die Dynamik seiner Leidensgeschichte anzubieten, was ihm ohne therapeutische Unterstützung bisher nicht gelungen ist.

Wenden wir uns nun den Handlungsaufgaben des Therapeuten zu. In der linken oberen Zelle von Abbildung 4 steht der Terminus „Abstinenzregel". Damit ist gemeint, dass ein professionell handelnder Arzt im Interesse des therapeutischen Arbeitsbündnisses auf die diffusen (affektiven) Äußerungen seines Patienten spezifisch (fachmännisch) reagieren können muss. Er darf keine eigenen diffusen Beziehungsmomente in die Patientenbeziehung einbringen. Er darf also in seinem Engagement und Interesse für den Patienten nicht so weit gehen, dass er private Kontakte zu seinem Patienten aufrechterhält oder gar sucht. Da verständlicherweise die Einhaltung der Abstinenzregel bei Freunden oder Angehörigen nicht gelingen kann, ist in diesen Fällen eine professionelle therapeutische Behandlung ausgeschlossen. Im Falle der Behandlung eines Angehörigen könnte der Therapeut auf das diffuse Beziehungsangebot des Patienten nicht spezifisch reagieren, da er sich mehr oder weniger persönlich angesprochen fühlen muss. Er könnte keine Therapieerfolg versprechende therapeutische Beziehung aufbauen. Die Abstinenzregel dient dem Schutze des Patienten, aber auch dem Schutze des Arztes selbst. Dieser könnte im Falle eines Angehörigen bei Misslingen einer Therapie (oder noch schwerwiegender: bei Misslingen eines chirurgischen Eingriffs) verdächtigt werden, den Misserfolg aufgrund verdeckter oder unbewusster aggressiver Motive herbeigeführt zu haben.

Die Besonderheit professionellen therapeutischen Handelns besteht in der Fähigkeit des Arztes, auf die diffusen Reaktionen des Patienten, Ängste, Tränen, Aggressionen, gedanklich mit diffusen Reaktionen zu reagieren (siehe die Zelle mit dem Y). Auf diese Weise kommt es zur so genannten Gegenübertragung des Therapeuten, die diesen in die Lage versetzt, die Bedeutung der diffusen Reaktionen und Äußerungen des Patienten zu erspüren und nachzuempfinden. Durch das Halten einer Balance zwischen diffusem Nachempfinden und spezifischem Handeln kann es dem Arzt gelingen, beispielsweise Angst nicht mit Angst, Tränen nicht mit Tränen des Mitgefühls zu begegnen, sondern im optimalen Fall mit professionellen Hilfsangeboten zu reagieren. Das kann in Form geäußerter oder zurückgehaltener Deutungen, in Form von Aufgabenstellungen an den Patienten etc. geschehen. Über ein solches Handeln vermag der Therapeut eine stellvertretende Deutung der Leidensgeschichte des Patienten zu erreichen, um diesem zur Wiedergewinnung der beeinträchtigten Handlungsautonomie zu verhelfen. Die Unabdingbarkeit der geschilderten therapeutischen Balance wird im Übrigen von allen Psychotherapie-Richtungen, nicht nur von der Psychoanalyse, betont (vgl. z.B. Strupp 1976). Unterschiedlich sind lediglich die Bezeichnungen dieses Phänomens und die jeweiligen therapeutischen Handlungsempfehlungen.

Dieses schwierige professionelle Handeln und die Befähigung zu der immer neu zu gewinnenden Balance zwischen diffusen und spezifischen Beziehungsmomenten erfordert eine mehrjährige Ausbildung, die – je nach Therapie-Richtung mehr oder weniger – systematische Selbsterfahrung verlangt. Weiterhin wird nach Beendigung der Ausbildung eine berufsbegleitende Supervision für notwendig erachtet, um die Fähigkeit des Therapeuten zum professionellen Handeln zu erhalten und zu entfalten. In abgewandelter Form gelten die Anforderungen an den Psychotherapeuten auch für andere Ärzte (vgl. Balint/ Shelton 2002) und für alle mit zwischenmenschlichen Beziehungen befassten Professionen resp. Berufe.

8.3.2 Sonderpädagogik als Profession

Zweifellos ist der Lehrerberuf ein solcher Beruf, der auf zwischenmenschlichen Beziehungen beruht. Nach Oevermann stellt er jedoch keine Profession dar, weil dort nicht angemessen mit den Beziehungsstrukturen umgegangen wird. Nach seiner Meinung sind Lehrer entweder reine Technologen oder sie übernehmen eine Funktion als Elternersatz, sie reagieren also entweder nur spezifisch oder nur diffus (vgl. Wagner 1998, S. 70). Am ehesten sind nach Oevermann „tatsächliche Tendenzen zur Professionalisierung pädagogischer Praxis ... im Bereich der Sonder- und Heilpädagogik zu beobachten" (Oevermann 1996, S. 151), was er mit der fallspezifischen Arbeitsweise und der beruflichen Nähe zur medizinischen und psychotherapeutischen Praxis in Zusammenhang bringt. Ebenso wie Oevermann sieht der Sonderpädagoge Lindmeier eine zur Therapie äquivalente Situation in der Sonderpädagogik gegeben. Der Sonderpädagoge hat bei einer Schülerin oder einem Schüler mit besonderem Förderbedarf die Aufgabe, die „Möglichkeit pädagogischer Normen- und Wissensvermittlung" wiederherzustellen (Lindmeier 2000, S. 167). Darin sieht Lindmeier zu Recht ein entscheidendes Professionsmerkmal der Sonderpädagogik. Eine solche sonderpädagogische Professionalität schließt besondere Kompetenzen und Qualifikationen ein, ohne sich auf diese „technischen" Kompetenzen reduzieren zu lassen. Sie beschränkt sich auch nicht auf eine „Anwaltsfunktion", die dem pädagogischen Handeln selbst äußerlich ist und sich in einer letztlich außerpädagogischen Interessenvertretung erschöpft.

Professionstheoretisch folgerichtig sind auch Vorschläge Lindmeiers, die er zur Ausbildung und Fortbildung von Lehrkräften aller Schultypen anstellt. Im Anschluss an Oevermann empfiehlt er für die Lehrerausbildung das Einüben in fallorientiertes, fallrekonstruktives Arbeiten. Die theoretische Folgerichtigkeit bedeutet allerdings nicht unbedingt Praktikabilität. Denn die Umsetzung von Lindmeiers Vorschlag erfordert eine höchst aufwändige und voraussetzungsreiche Ausbildung im fallrekonstruktiven Arbeiten. Zwar können künftige Lehrkräfte in einigen Seminaren während des Studiums lernen, wie man Fälle strukturtheoretisch bearbeitet. Ein kompetenter Umgang mit dieser Methodologie, der ihre erkenntnistheoretisch angelegten Möglichkeiten ausschöpft, setzt nach unserer Erfahrung ein souveränes und offenes sozialwissenschaftliches Denken voraus. Eine solche theoretische Vorbildung, deren Stellenwert Oevermann in manchen Veröffentlichungen unterschätzt (vgl. Oevermann et al. 1979), kann im Lehrerstudium jedoch in der Regel nicht vorausgesetzt werden. Außerdem und vor allem muss die Bereitschaft und Fähigkeit zur kollegialen – also öffentlichen – Reflexion eigenen beruflichen Handelns entwickelt werden, um eine Interdependenz von Fallrekonstruktion und pädagogischer Praxis zu erreichen. So wohlwollend eine solche Reflexionsforderung gerade in der Sonderpädagogik unterstützt wird, so schwierig ist sie in der Ausbildung zu institutionalisieren. Denkt man an das Ausbildungsmodell der Psychoanalyse, dann wird dem Psychotherapeuten eine Befähigung zum verantwortlichen fallorientierten Handeln erst nach langjähriger wissenschaftlicher Ausbildung und nach einer Lehranalyse zugetraut. Derartige zeitintensive Professionalisierungsbestrebungen in der Sonderpädagogik wie in der Schulpädagogik allgemein werden aber von den aktuellen Reformmodellen und -projektionen konterkariert, die trotz Differenzen im Einzelnen eine zeitliche und inhaltlich-wissenschaftliche Straffung des Lehrerstudiums verfolgen. Die von so genannten Sach- und finanziellen Zwängen diktierte Verschlankung des Lehrerstudiums läuft unseres Erachtens in die verkehrte Richtung und wird das selbst gesetzte Ziel, eine Verbesserung der Qualität und Leistungsfähigkeit der Institution Schule, verfehlen, schon weil sie die Autonomie (nicht zu verwechseln mit idiosynkratischen Spielräumen) des Lehrerberufs und des Lehrerhandelns weiter einschränkt. Eine professionstheoretisch angemessene Reform des Lehrerstudiums und der praktischen Lehrerausbildung hätte dagegen andere Zeit- und Erfahrungshorizonte zu öffnen. Die Zeit etwa, die für den Erwerb einer komplexen Fertigkeit wie der „Lehrkunst" anzusetzen ist, beträgt nach allgemeinen Schätzungen rund zehn Jahre (vgl. Weinert 1998, S. 28). Es ist nicht zu erkennen, wie dieser eher vorsichtigen Zeitschätzung in der bestehenden wie in der avisierten Lehrerausbildung Rechnung getragen wird.

Damit sind wir bei den Kritikpunkten angelangt, die sich zu den geschilderten professionstheoretischen Überlegungen für die Sonder- und Integrationspädagogik vorbringen lassen. Der praktisch wichtigste Punkt wurde bereits angeführt. Die gegebenen wie vorgesehenen Ausbildungsbedingungen in der Sonderpädagogik wie im Lehrerstudium allgemein stehen einer weiteren Professionalisierung des Lehrerberufs und der sonderpädagogischen Expertise entgegen. Für eine integrativ argumentierende und arbeitende Schulpädagogik ist das besonders kontraproduktiv.

Des Weiteren verdient die Gestaltung einer Arbeitsteilung der Sonderpädagogik mit der Pädagogik anderer Schultypen eine verstärkte Beachtung unter professionstheoretischen Gesichtspunkten. Die Annahme Lindmeiers ist zwar begrüßenswert, dass nicht nur Sonderpädagogen lernen sollten, die Probleme ihrer Klientel zu deuten. Es ist jedoch vorerst ungeklärt, mit welchen besonderen Kompetenzen die unterschiedlichen Pädagogiken kooperativ zu einer solchen Deutung gelangen und welche speziellen Aufgaben sie bei der „Wiederherstellung der Möglichkeit der Normen- und Wissensvermittlung" übernehmen.

Schule als Institution, deren Besuch verpflichtend ist, unterscheidet sich im Prinzip von freien Arbeitsbündnissen, die sonst zwischen Professionellen und ihrer Klientel geschlossen werden. Wie kann, ohne die Voraussetzung autonomer Entscheidungen auf beiden Seiten, ein solches belastbares Arbeitsbündnis entstehen und inwieweit können unter den gegebenen Bedingungen von Schule stellvertretende Deutungen der Schülerprobleme pädagogisch und vom Schüler selbst produktiv verarbeitet werden? Hinzu kommt, dass Unterricht in der Regel und hauptsächlich Klassenunterricht ist, so dass die Exklusivität einer therapeutischen Beziehung allenfalls annähernd erreicht werden kann. Oevermann (1996) flankiert seine professionstheoretischen Ausführungen denn auch mit der Forderung, die Schulpflicht abzuschaffen. Dieser puristische Vorschlag Oevermanns ist wegen der damit verbundenen praktischen, politischen Konsequenzen unseres Erachtens indiskutabel. Er erhellt aber die dilemmatische Situation, in der sich der Lehrerberuf befindet – in einer Zwischenrolle nämlich, die einerseits im gesellschaftlichen Auftrag soziale und kulturelle Selektion betreibt, andererseits mit Schülerinnen und Schülern an ihrer unentwickelten oder beschädigten Identität professionell zu arbeiten versucht.

Schließlich sollte darauf aufmerksam gemacht werden, dass das Vorbild der klassischen Professionen, das in der strukturtheoretischen Professionstheorie durchscheint, die Erblasten einer Ständegesellschaft in sich trägt und in einer sich weiter funktional differenzierenden Gesellschaft unter Legitimationsdruck gerät. Das zeigt sich an der zunehmenden Spezialisierung in der Medizin oder der Jurisprudenz. Den Prozess eines Professionsverfalls könnten zudem die zunehmenden, von außen auferlegten Restriktionen beschleunigen, durch die z.B. die autonome Ausübung des Arztberufes heute eingeschränkt und reguliert wird. Man kann diese Entwicklungen aber nicht nur als einen Professionsverfall deuten, sondern auch als eine fällige gesellschaftliche Anpassungsreaktion, die Kunstfehler autonom handelnder Professioneller reduziert.

Festzuhalten ist, dass die strukturtheoretische Professionstheorie der Sonderpädagogik immerhin ein Professionspotenzial zugesteht. Dieses Potenzial wird interessanterweise nicht primär an der früher propagierten und praktizierten Ausdifferenzierung der Sonderpädagogik in spezielle Subdisziplinen festgemacht. Die technologische Ausrichtung der Sonderpädagogik erhält vielmehr einen Professionalisierungsschub erst dann, wenn sie diese Fertigkeiten in die Gestaltung der Beziehungsstruktur zwischen Pädagogen und Kind integriert. Mit anderen Worten: Eine professionelle Sonderpädagogik muss versu-

158

chen, das jeweilige Kind über die stellvertretende Deutung der kindlichen Beeinträchtigungen und Behinderungen zur Annahme von Hilfen zu befähigen und zur Aneignung sonderpädagogisch aufbereiteter kultureller Bildungsgüter anzuregen. Die integrative Beschulung bietet der Sonderpädagogik unseres Erachtens eine günstige Ausgangsbasis für eine weitere Professionalisierung, da ihr so ein Mehr an beratender Einzelfall- und Kleingruppenarbeit als Aufgabe zuwächst. Mag sein, dass die verbesserten Professionalisierungchancen ein latentes Motiv für das – von ihrer historischen Entwicklung her – erstaunliche Umschwenken der Sonderpädagogik auf das Konzept der integrativen Beschulung darstellen. Allerdings – wir deuteten es bereits an – wird damit auf die Integrationspädagogik ein Problem zukommen, wenn Lehrkräfte unterschiedlicher Provenienz zwar Schwierigkeiten und Behinderungen von Schülerinnen und Schülern kooperativ lösen, aber nicht gleichermaßen in ihrem beruflichen Status profitieren würden.

Zusammenfassung von Kapitel 8

Sonderpädagogik als Integrationspädagogik steht vor der Aufgabe, ihren beruflichen Ort zu reflektieren und neu zu bestimmen. Es existieren zurzeit verschiedene Versuche, sich mit den veränderten beruflichen und institutionellen Bedingungen auseinanderzusetzen. Eine dieser Bestrebungen geht dahin, die sonderpädagogische Fachdisziplin als solche in Frage zu stellen, also die in den vergangenen Jahrzehnten in der Sonderpädagogik zu beobachtende Tendenz zur Differenzierung und Spezialisierung zu problematisieren, die Sonderpädagogik gewissermaßen zu entprofessionalisieren und in die Schulpädagogik zu integrieren. Eine zweite Reaktion auf die stattfindenden schulpolitischen Veränderungen besteht in dem Versuch, die Professionalität der Sonderpädagogik zu bewahren und berufsethisch zu begründen. Als theoretisch anspruchsvoll ist der dritte Versuch zu bezeichnen, die Anschlussfähigkeit der Sonderpädagogik an klassische Professionen zu überprüfen. Im theoretischen Rahmen einer soziologischen Professionstheorie werden Überlegungen zu den Voraussetzungen und Bedingungen für die Entwicklung von Professionalität in der Sonderpädagogik und allgemein in der Schulpädagogik angestellt.

Fragen

1. Weshalb spielen Fragen der Professionalisierung in der aktuellen Sonder- bzw. Integrationspädagogik eine wichtige Rolle? Welche Versuche gibt es, das Professionalisierungsproblem zu lösen?
2. Die Balance zwischen diffusen und spezifischen Handlungsanteilen ist nach Oevermann kennzeichnend für die Beziehung zwischen Professionellen und deren Klienten. Was ist mit den Begriffen „diffus" und „spezifisch" in der Professionstheorie gemeint? Wieso ist die angesprochene Balance erforderlich?

Einführende Literatur

Benkmann, R. (2001) Sonderpädagogische Professionalität im Wandel unter besonderer Berücksichtigung des Förderschwerpunkts Lernen. Zeitschr. f. Heilpädagogik 52, S. 90-98

Lindmeier, C. (2000) Heilpädagogische Professionalität. Sonderpädagogik 30, S. 166-180

Oevermann, U. (1996) Theoretische Skizze einer revidierten Theorie professionalisierten Handelns. In: Combe, A., Helsper, W. (Hg.): Pädagogische Professionalität. Frankfurt a.M., S. 70-182

9. Integrationsdidaktische Methoden und Modelle

In den KMK-Empfehlungen von 1994 wurde, wie in Kapitel 6 ausgeführt, der Sonderpädagogik in unterrichtlichen Fragen eine „subsidiäre" Rolle zugeschrieben. Auch wenn sich diese Begrenzung der unterrichtlichen Verantwortung unterschiedlich begründen und deuten lässt, so verweist sie in jedem Falle auf didaktische und unterrichtsmethodische Erfordernisse des gemeinsamen Unterrichts von Behinderten und Nichtbehinderten, die über traditionell behindertenpädagogische und behindertenspezifische Konzepte und Überlegungen hinausgehen. Der integrative Unterricht in allgemeinbildenden Schulen impliziert für die Sonderpädagogik, sich in ungewohnte didaktische Traditionen und Perspektiven zu integrieren, dabei aber ihre spezielle pädagogische und therapeutische Kompetenz zu bewahren und möglichst ihre Effektivität und Effizienz zu steigern. Geht man vom integrativen Unterricht als pädagogischer Norm aus, können die Sonderpädagogik und die integrative Pädagogik unterrichtsdidaktisch nicht autonom sein; die integrative Pädagogik ist notwendigerweise subsidiär und partizipiert an der Didaktik allgemeinbildender Schulen. Zu diskutieren ist lediglich, ob oder wie für den integrativen Unterricht Lehr- und Lernmethoden des herkömmlichen Unterrichts adaptiert werden müssen (vgl. hierzu Dumke 1993, S. 33f.).

Die folgenden Ausführungen in Kapitel 9 befassen sich schwerpunktmäßig und zunächst (Abschnitt 9.1) mit Unterrichtsmethoden und -modellen, die aus der Didaktik allgemeinbildender Schulen und aus der Instruktionspsychologie stammen und die im Hinblick auf ihre Tauglichkeit für den integrativen Unterricht erörtert werden. Beinahe zwangsläufig ergibt sich aus der Diskussion von Unterrichtsmethoden die Frage nach empirischen Befunden über die pädagogischen Ergebnisse integrativer Unterrichtspraxis, genauer gesagt danach, inwieweit die an der „Integrationsfront" gehandelten Aussagen einer kritischen wissenschaftlichen Prüfung standhalten (Abschnitt 9.2). Darüber hinaus ist ein theoretischer Rahmen resp. ein didaktischer Ansatz, der

161

Methodenelemente integrativen Unterrichts zielorientiert zu verbinden und auszugestalten vermag, eine Vorbedingung für die Begründbarkeit und Entwicklungsfähigkeit eines solchen Unterrichts. Als Beispiel für den Entwurf einer integrationspädagogischen Didaktik wird die sozial-konstruktivistische Entwicklungspädagogik Benkmanns (1998) vorgestellt und diskutiert (Abschnitt 9.3).

9.1 Unterrichtsmethodische Konzepte

Grundlegend für die rund dreißig Jahre versuchsweiser und regulärer schulischer Integrationspraxis und für die damit verbundenen unterrichtsmethodischen Überlegungen ist das Konzept der inneren Differenzierung. Sie stellt einerseits eine Alternative oder Ergänzung zum herkömmlichen nichtdifferenzierten Unterricht dar, wozu unter anderem der oft gescholtene Frontalunterricht zählt. Andererseits verweist das Adjektiv auf die andere Differenzierungsvariante, auf die äußere Differenzierung. Formen der äußeren Differenzierung werden eingesetzt, um die Adressaten des Unterrichts zu homogenisieren. Dies geschieht klassisch durch die Differenzierung der Schülerinnen und Schüler in Jahrgangsklassen oder z.B. in Deutschland vermittels der Mehrgliedrigkeit des Schulsystems. Im Zuge von Gesamtschulentwicklungen kamen neue Formen äußerer Differenzierung hinzu, etwa in Gestalt des unterrichtsfachspezifischen „setting" oder des fächerübergreifenden „streaming" (vgl. Klafki 1970).

Als „Gegenprogramm" zur äußeren und zur Nicht-Differenzierung fungieren Formen innerer Differenzierung im Unterricht vor allem dann, wenn die folgenden Unterrichtsziele im Zentrum stehen. Innere Differenzierung ist besonders indiziert,

– wenn Schülerinnen und Schüler lernen sollen, selbständig zu arbeiten,
– wenn Schülerinnen und Schüler lernen sollen, miteinander auszukommen,
– wenn Schülerinnen und Schüler Aufgaben bearbeiten sollen, die auf ihre besonderen Lernvoraussetzungen abgestimmt sind (vgl. Diederich 1979, S. 21).

Innere Differenzierung ist mithin für die Integrationspädagogik unabdingbar, wenn sie die durch Integration Behinderter entstehende Heterogenität der Schülerschaft einer Klasse pädagogisch nutzen, wenn sie selbständiges, auf die einzelnen Schüler abgestimmtes Lernen und soziale Lernprozesse fördern will.

9.1.1 Adaptiver Unterricht

Differenzierung im integrativen Unterricht hat oft die Aufgabe, vorhandene Lernrückstände von Schülerinnen und Schülern zu berücksichtigen und sich an die besonderen Lernvoraussetzungen einzelner Schüler oder Schülergruppen zu adaptieren. Diese spezielle Zielsetzung verfolgt eine ganze Reihe von Ansätzen (zur Übersicht vgl. Dumke 1993; Wember 2001). Ihnen ist gemeinsam, dass sie im Extremfall eine Individualisierung der Lernvorgänge im Unterricht einer Klasse bedeuten und dass sie entsprechend ihrer Herkunft aus der amerikanischen Instruktionspsychologie unterrichtstechnologisch gedacht sind. Letzteres heißt, dass sie eine möglichst genaue Konkretisierung der Unterrichtsziele und einen überprüfbaren Effektivitätsnachweis der Maßnahmen bzw. des Unterrichts anstreben. Im starken Einfluss der Psychologie auf diese Ansätze dürfte ihre institutionelle Indifferenz begründet sein. Sie lassen es weitgehend offen, an welchem Ort die differenzierenden Maßnahmen durchgeführt werden. Die Maßnahmen können im gemeinsamen Unterricht, aber auch mit einzelnen Schülerinnen und Schülern oder mit Schülergruppen außerhalb des Klassenzimmers oder zu gesonderten Zeiten stattfinden. Sie sind allerdings immer auf den Unterricht der Klasse hin angelegt und intendieren keine dauerhafte Separierung von Klassenmitgliedern.

Ich skizziere nun einige wichtige Ansätze adaptiven Unterrichts.

– Die „Direkte Instruktion" zeichnet sich durch die Formulierung klarer Lernziele, durch hoch strukturiertes Lehrmaterial und durch einen vorstrukturierten Unterrichtsverlauf in einem zeitlich und inhaltlich festgelegten Kursprogramm aus. Als erfolgreich erwies sich diese Unterrichtsmethode in Bildungsprogrammen für Kinder aus sozio-kulturell benachteiligten Bevölkerungsschichten der USA. Vor allem für die Vermittlung von Kulturtechniken scheint sich die Direkte Instruktion zu eignen. In Deutschland gibt es meines Wissens keine nennenswerten unterrichtspraktischen Anwendungen dieses unterrichtsmethodischen Konzepts. Die sozial hoch selektive Zusammensetzung deutscher Schulen für Lernbehinderte (vgl. Mand 1996; Kornmann et al. 1999) könnte aber eine größere Beachtung dieses unterrichtlichen Vorgehens ratsam erscheinen lassen. Das für direkte Instruktionssequenzen zu entwickelnde hochstrukturierte Lehrmaterial dürfte zudem lernbeeinträchtigten Schülerinnen und Schülern entgegenkommen.

Allerdings ist der Einsatzradius des Ansatzes der Direkten Instruktion auf das Erlernen von umschriebenen und umschreibbaren Lernaufgaben begrenzt. Er ist für die Förderung schulisch und gesellschaftlich höher bewerteter Leistungen wie Problemlösen oder kritisches Denken nicht geeignet. Hinzu kommt die Gefahr, dass Direkte Instruktion, wenn sie nicht gezielt und in zeitlich begrenztem Rahmen durchgeführt wird, in traditionellen lehrerzentrierten Unterricht übergehen kann, an dem viele Schülerinnen und Schüler mit Lernbeeinträchtigungen gescheitert sind und den man durch Formen adaptiven Unterrichts eigentlich überwinden möchte.

– Dem „mastery learning" oder Zielerreichenden Lernen liegt eine dezidierte psychologische Hypothese zugrunde. Ihr zufolge unterliegt das Lernen von Schülerinnen und Schülern unabhängig davon, ob sie in der Schule erfolgreich sind oder versagen, denselben oder ähnlichen psychologischen Gesetzmäßigkeiten. Für interindividuelle Unterschiede im Lernen werden nicht qualitativ unterschiedliche Lernprozesse oder kognitive Strukturen verantwortlich gemacht, sondern vornehmlich unterschiedliche Lerntempi. Demgemäß kommt es beim Zielerreichenden Lernen darauf an, die Lernzeit individuell zu dosieren. Die Wirksamkeit des Unterrichts bzw. Zielerreichenden Lernens hängt folglich vom vorhandenen, für die langsamen Lerner verfügbaren Zeitbudget ab. An diesem unterrichtsmethodischen Ansatz ist positiv hervorzuheben, dass die ihm zugrunde liegende psychologische Hypothese auf Diskriminierungen der „slow learners" verzichtet. Nicht mangelnde Begabung oder kognitive Defizite der betroffenen Kinder, sondern Missverhältnisse zwischen schulisch zugestandenen und individuell benötigten Lernzeiten werden als Ursache ihres Leistungsversagens angesehen.

So sympathisch diese allgemeine Annahme zum Zielerreichenden Lernen ist, sie dürfte zumindest das tatsächliche Geschehen stark vereinfachen. Das mastery learning befördert vor allem die schwer zu erfüllende Hoffnung, das Ziel der Chancengleichheit schulischer

Startbedingungen auf eine Chancengleichheit bei den Bildungsergebnissen auszuweiten (zur Problematisierung des Zielerreichenden Lernens aus soziologischer Sicht vgl. Luhmann/Schorr 1979, S. 269ff.). Der Ansatz stößt auch auf Grenzen bei der Erklärung schulpraktisch relevanter Fragen, etwa wie Leistungsdifferenzen eines Schülers oder einer Schülerin in verschiedenen Fächern bzw. bei unterschiedlichen Themen zustande kommen. Schulorganisatorisch bleibt offen, wie ein auf individualisiertes Lernen und auf individuelle Lernzeiten abgestimmter Unterricht realisiert bzw. geplant werden kann. Außerdem sind beim Zielerreichenden Lernen Faktoren wie Motivation und Ausdauer der langsam lernenden Schülerinnen und Schüler ebenfalls mit einem Fragezeichen zu versehen.

Für integrativen Unterricht scheint ein Vorgehen nach dem Konzept des Zielerreichenden Lernens geeignet, berücksichtigt es doch explizit die langsam lernenden, im Lernen beeinträchtigten Schülerinnen und Schüler. Allerdings ist hierbei der so genannte Robin-Hood-Effekt zu vermeiden (vgl. Gage/Berliner 1996, S. 477), womit die dadurch mögliche Vernachlässigung schnell lernender Schülerinnen und Schüler gemeint ist. Für die schnell Lernenden muss beim Unterricht nach mastery learning-Prinzipien ein geeignetes Additum im Curriculum verfügbar sein, das sich nicht auf eine unproduktive „Beschäftigungstherapie" beschränkt. Eine Vernachlässigung der schulisch erfolgreichen Kinder würde den integrativen Unterricht nicht nur pädagogisch, sondern auch politisch insgesamt in Frage stellen.

- Eine weitere adaptive Unterrichtsmethode stellt der Remediale Unterricht dar. Er ist ein Resultat der so genannten Aptitude-Treatment-Interaction-Forschung, die nach unterrichtlichen Maßnahmen, „treatments", sucht, die auf vorhandene Lernfähigkeiten („aptitude") der Schülerinnen und Schüler abgestimmt sind. Remediale Unterrichtsstrategien streben die unmittelbare Beseitigung von Defiziten und Lücken beim Lernenden an. In der Praxis bedeutet dies zusätzlichen Unterricht, durch den die festgestellten Lerndefizite beim einzelnen Schüler ausgeglichen werden sollen. Fehlt es etwa an Gedächtniskapazität, könnte für den betreffenden Schüler ein geeignetes Gedächtnistraining indiziert sein, das bei ihm die Fähigkeit erhöht, sich Dinge einzuprägen und zu behalten. So einleuchtend ein solches Vorgehen erscheint, so schwierig dürfte es aber manchmal sein, „Defizite" eines Schülers detailliert und treffend genug zu umschreiben und darauf aufbauend eine gezielte, Erfolg versprechende remediale Strategie zu entwickeln. In Fällen, in denen das Lerndefizit auf einer nicht oder nicht mehr behebbaren Beeinträchtigung, etwa einer Hörstörung oder einer anderen sensorischen oder auch psychomotorischen Behinderung, beruht, können remediale, direkt an den Beeinträchtigungen ansetzende pädagogische Strategien ohnehin oft nicht greifen.

– Für solche Fälle eignet sich allenfalls die Strategie des kompensatorischen Unterrichts. Als alltagssprachlicher Begriff steht kompensatorischer Unterricht für jegliche Pädagogik des Chancenausgleichs. Als erziehungswissenschaftlicher bzw. instruktionspsychologischer Fachterminus meint kompensatorischer Unterricht jedoch eine pädagogische Förderung, die sich um einen Ausgleich, nicht um das Beseitigen oder Beheben von Lerndefiziten oder sonstigen Beeinträchtigungen bemüht. Wenn beispielsweise eine Schülerin/ein Schüler demotiviert ist oder wenn eine Schülerin/ein Schüler ein starke Sehbehinderung hat, hilft den betreffenden Schülern im ersten Fall unmittelbar kein Motivationstraining und im zweiten Fall keine Wahrnehmungsübung für Normalsichtige. Kompensatorischer Unterricht sucht vielmehr nach Möglichkeiten, damit sich die Beeinträchtigungen eines Schülers/einer Schülerin im Unterricht nicht oder kaum negativ auswirken, damit also die Schwächen oder Beeinträchtigungen kompensiert werden.

Alltägliche Lernhilfen wie „Eselsbrücken", mit denen man versucht, der begrenzten Gedächtniskapazität ein Schnippchen zu schlagen, sind gewissermaßen laienhafte Formen kompensatorischen Unterrichts. Man erhöht durch Eselsbrücken nicht die Gedächtniskapazität, sondern lernt mit der begrenzten Kapazität besser hauszuhalten. Eine schon professionell zu nennende Form kompensatorischen Unterrichts in dem Bereich des Gedächtnisses besteht beispielsweise im Training von Arbeitstechniken, etwa im Einüben des Notizenmachens, um das Gedächtnis zu entlasten und um Schwankungen der Aufmerksamkeit auszugleichen.

Das Phänomen „Aufmerksamkeit" bzw. „Aufmerksamkeitsstörung" vermag im Übrigen zu illustrieren, dass nicht remediale, sondern kompensatorische Strategien bei einer uneindeutigen Störung oder bei Unklarheit über hilfreiche pädagogische/therapeutische Handlungsstrategien die Methode der Wahl sind. So weiß man beim

heute in vieler Pädagogen-Munde geführten Aufmerksamkeitsdefizitsyndrom (ADS) nicht genau, was Ursache, Wirkung oder Symptom der Störung ist. Selbst bei der (zu) beliebten medikamentösen
Therapie der Aufmerksamkeitsstörung ist man sich keineswegs sicher, ob sie remedial oder kompensatorisch wirkt, sofern sie überhaupt Wirkungen zeigt (vgl. Jantzen 2001).

9.1.2 Ansätze kooperativen Lernens

Benkmann (1998) behandelt im Rahmen seiner sozial-konstruktivistischen Pädagogik Unterrichtsmethoden, die schulisches Lernen als
ein zugleich kognitives und soziales Geschehen auffassen. Grundannahme Benkmanns ist (1998, S. 88ff.), dass Lernen weitgehend auf
Kooperation und Kommunikation beruht, dass soziale Interaktionen
und Beziehungsmuster Entwicklungsfortschritte stimulieren, aber
auch Lernschwierigkeiten begünstigen können. In diesem theoretischen Rahmen stellt Benkmann wichtige Typen kooperativen Lehrens
und Lernens vor, „peer tutoring" und „peer collaboration".

– Peer tutoring kennzeichnet einen Unterricht, in dem ein Schüler einen anderen oder eine Schülergruppe unterrichtet oder beim Lernen
  unterstützt. Variabel beim peer tutoring in integrativen Schulklassen ist sowohl die Zahl der durch einen Tutor unterrichteten Schülerinnen und Schüler als auch die Rollenverteilung.
  Alltäglich in jedem Unterricht sollte eigentlich eine Grundform des
  peer tutoring sein, nämlich dass eine Schülerin/ein Schüler ohne
  Behinderung die Rolle des Helfers für behinderte (oder auch nur
  für „langsame") Mitschülerinnen und Mitschüler übernimmt. Eine
  andere Form des peer tutoring kann bei entsprechender Vorbereitung aber auch darin bestehen, dass behinderte Schülerinnen oder
  Schüler eine Tutorenfunktion für die behinderten oder nichtbehinderten Mitschüler wahrnehmen. So kann beispielsweise auch ein
  lernschwacher Schüler von seiner Lehrerin mit einem umschriebenen neuen Lernstoff wie etwa englischen Farbnamen betraut werden, um dann seine Mitschülerinnen und Mitschüler darüber im
  Englischunterricht zu instruieren. Nahe liegend ist beim peer tutoring ein Rochieren der Rollen zwischen verschiedenen Schülerinnen und Schülern. Auf diese Weise können sowohl behinderte als
  auch nichtbehinderte Schülerinnen und Schüler abwechselnd mit

Tutorenaufgaben betraut werden und von den pädagogischen Vorteilen sowohl der Tutorenrolle als auch der veränderten Schülerrolle profitieren.

Es versteht sich beinahe von selbst, dass sich tutorielle Aufgaben, die Schülerinnen und Schüler übernehmen, auf umgrenzte Lerngegenstände beziehen müssen, die meistens der Vertiefung oder Erweiterung bereits erworbenen Wissens dienen. Beispielsweise eignet sich peer tutoring bei der Vorstellung neuer Wortgruppen im Englischunterricht (die Farben, die Zahlen) oder bei Übungsaufgaben zu zuvor erarbeiteten mathematischen Prinzipien. Für die Erarbeitung völlig neuer oder schwieriger Themen kommt peer tutoring nur bedingt in Frage, allenfalls in einer an selbständiges Arbeiten gewohnten Klasse bzw. wenn die Rolle der Lehrkraft als Lernberater eingespielt ist. Ob für eine solche grundlegende Neudefinition der Lehrerrolle der – hier zu Lande noch relativ ungewohnte – integrative Unterricht eine Vorreiterrolle einnehmen sollte und kann, muss dabei offen gelassen werden. Hinzu kommt, dass nach vorliegenden empirischen Befunden (vgl. Benkmann 1997, S. 92f.) peer tutoring im integrativen Unterricht nicht immer positive Lerneffekte zu bewirken scheint. Unbestritten ist aber ein positiver Effekt für die sozialen Beziehungen zwischen behinderten und nichtbehinderten Kindern. Nachweislich günstig scheint es darüber hinaus für das Selbstbild und die Lernmotivation für ältere, im Lernen beeinträchtigte Schülerinnen oder Schüler zu sein, wenn sie als Tutoren von jüngeren Nichtbehinderten fungieren.

Auch wenn das peer tutoring im integrativen Unterricht auf amerikanische Adaptionen zurückgreift, so geht es hierbei im Grunde um die Wiederentdeckung klassisch reformpädagogischer Ideen. So spielte in der Jena-Plan-Schule von Peter Petersen kooperatives Lehren und Lernen eine zentrale Rolle und wurde durch die jahrgangsübergreifende Einteilung von Klassengemeinschaften explizit in den Unterricht eingeplant.

- Für anspruchsvollere Lernaufgaben eignet sich eine andere Form des kooperativen Lernens, peer collaboration. Anders als beim peer tutoring befinden und bewegen sich die kooperierenden Schülerinnen und Schüler auf ungefähr gleichem Kompetenzniveau. Eine besondere Wirkung verspricht man sich von einem Unterricht mit peer collaboration durch den Umstand, dass sich die Dialog- und Kooperationspartner bei der gemeinsamen Aneignung der Lerngegenstände auch über Differenzen in ihrem Hintergrundwissen verständigen. Das heißt, die Schülerinnen und Schüler müssen sich über die besonderen, individuellen Erfahrungen austauschen, die sie mit dem Lerngegenstand gemacht haben. Auf diese Weise, so die Hoffnung, können die Kooperationspartner von idiosynkratischen, fehlerbehafteten Gegenstandskonstruktionen zu Co-Konstruktionen, zu einem gemeinsamen und angereicherten Wissensbestand gelangen.

Eine Voraussetzung für die positive Beeinflussung von Lernvorgängen durch peer collaboration ist ein diskussionsfreudiger, aber von größeren interpersonellen Konflikten freier Ablauf. Es müssen zudem bereits kognitive und soziale Strategien bei den Kooperierenden in ausreichendem Umfang ausgebildet sein. Peer collaboration funktioniert besser unter befreundeten Kindern als zwischen nicht befreundeten Mitschülern (vgl. Benkmann 1997, S. 93ff.). In Integrationsklassen kann dieser Sachverhalt neben den unzureichend ausgebildeten kognitiven und sozialen Strategien zu einem Nachteil für die lernbeeinträchtigten oder behinderten Schülerinnen und Schüler werden. Denn behinderte Schülerinnen und Schüler verfügen in der Regel nur über wenige Freunde oder Freundinnen in der Integrationsklasse und haben es von daher schwer, geeignete Partner für peer collaboration zu finden. Nach empirischen Befunden scheinen Mädchen im Übrigen bessere kooperative Beziehungen zu lernbeeinträchtigten Mitschülerinnen und Mitschülern aufbauen zu können als männliche Schüler.[23]

9.1.3 Unterrichtsmethoden und Unterrichtsmodelle

Bei den bisher vorgestellten unterrichtsmethodischen Ansätzen handelt es sich um eng umschriebene Konzepte, die nicht zuletzt deswegen von der Unterrichtsforschung der letzten Jahrzehnte relativ gut untersucht werden konnten und deren selbstverständlich beschränkte Effektivität bekannt ist. Die Effektivität dieser Methoden beruht wohl zum großen Teil auf ihrer Strukturiertheit. Von daher könnten sie sich insbesondere für einen Unterricht eignen, der mit speziellen pädagogischen oder sonderpädagogischen Aufgaben betraut wird wie der inte-

---

23   Zur Bedeutung kooperativen Lernens generell vgl. Terhart (1989).

grative Unterricht. Denn es muss als ein empirisch relativ gesicherter Befund gelten, dass vor allem lernschwächere Schüler von strukturierten Lehrmethoden profitieren, da sie geeignete Strukturierungsangebote zum Lernen benötigen.

Unterricht ist jedoch zu komplex und auch zeitlich zu umfänglich, um ihn mit der ständigen Anwendung spezieller, hochstrukturierter Unterrichtsmethoden zu füllen. Hinzu kommt, dass Lehrkräfte in der Regel allenfalls einige der aufgeführten Methoden so beherrschen, dass sie diese im Unterrichtsalltag praktisch nutzen können.

Bezug nehmend auf die professionstheoretische Diskussion in Kapitel 8 kann man die skizzierten Unterrichtsmethoden als hochgradig technologisch bezeichnen. Sie begünstigen durch diese Eigenschaft eine spezifische Beziehungsstruktur zwischen Lehrer und Schüler. Ein solches Beziehungsmoment ist zwar für die Kopplung von Lehren und Lernen unverzichtbar, macht aber nicht den möglichen professionellen Zug pädagogischen Handelns aus.

Die Unzulänglichkeiten isolierter Unterrichtstechniken sind Pädagogen in Wissenschaft und Praxis durchaus bekannt. Traditionelle und kritische Bildungstheorien beispielsweise insistieren auf der Annahme, wonach es nicht genügt, Schülerinnen und Schüler in ein unterrichtstechnologisches Konzept zu zwängen. Und die Didaktik weiß, dass die Effektivität von Unterrichtstechnologien entscheidend davon abhängig ist, in welches Unterrichtsmodell sie eingebettet sind. So bietet das Modell des klassischen Frontalunterrichts, auch wenn er gut durchgeführt wird, kaum Gelegenheit, die geschilderten Methoden binnendifferenziert einzuführen, und verweist solche Instruktionsmethoden auf eine nach- oder außerunterrichtliche Zeit. Damit aber bürdet er sich und den Methoden der äußeren Differenzierung ein Transferproblem auf, nämlich das Problem, dass die Schüler das außerhalb des regulären Unterrichts Gelernte nur schwer in den Unterricht rückübertragen und dort anwenden können, von einem Transfer des Gelernten in den nichtschulischen Alltag ganz zu schweigen. Ein vergleichbares Problem haftet im Übrigen Differenzierungsmaßnahmen bei einer Integrationspraxis an, in der Sonderpädagogen keine Mitwirkungsmöglichkeit im regulären Unterricht haben und mit behinderten oder lernbeeinträchtigten Kindern nur außerhalb des Unterrichts arbeiten können. Diese fragwürdige Praxis scheint nicht selten zu sein und richtet eine Hürde für schulische Integrationsbemühungen generell auf (vgl. z.B. die Hinweise bei Strotmann & Tietig 2002 oder Werning et al. 2001).

170

Um integrationsförderliche, strukturierte Unterrichtsmethoden praktizieren zu können, bedarf es also eines Unterrichtsmodells, das Binnendifferenzierung einplant und das eine Lernumwelt bereitstellt, in der eine Unterstützung bei Lernbeeinträchtigungen wie auch das kooperative und selbständige Lernen der Schülerinnen und Schüler stattfinden können. Die hierfür geeigneten Modelle sind aus der Allgemeinen Didaktik bekannt und finden auch längst Eingang in die Schulpraxis, vor allem in die der Grundschule: Freiarbeit, Tagesplan- oder Wochenplanunterricht sind Unterrichtsmodelle, die einen Rahmen bieten können, um auch Unterrichtstechniken professionell zu praktizieren, um also produktive Lernprozesse anzuregen. Ein derartiger unterrichtlicher Rahmen eignet sich daneben für Unterrichtsformen wie „entdeckendes Lernen" oder die „Projektmethode", die auf eigenständiges Erarbeiten von Wissensbeständen durch die Schülerinnen und Schüler Wert legen und die vor allem wegen der Forcierung impliziter Lernprozesse bedeutsam sind, das heißt von Momenten beim Wissenserwerb, die nicht über das herkömmliche Lehren in verbalisierbarer Form vermittelt werden können.

Modelle binnendifferenzierten Unterrichts bieten sich für den integrativen Unterricht besonders dann an, wenn dieser Unterricht auf dem Zweipädagogenprinzip beruht. Dadurch ergeben sich Möglichkeiten der Differenzierung und der Arbeitsteilung, die einer Lehrkraft als „Einzelkämpfer" im Unterricht nicht verfügbar sind. Aber es sollte dabei beachtet werden, dass Modelle binnendifferenzierten Unterrichts vor allem einen Rahmen darstellen, der situativ angemessen pädagogisch-didaktisch zu füllen ist. Binnendifferenzierter Unterricht oder auch andere Modelle „offenen Unterrichts" lassen sich zwar hinsichtlich der pädagogischen Intentionen gut begründen, die Realisierung und die Effektivität dieser Modelle werfen jedoch gesonderte Probleme auf. Gerade im integrativen Unterricht kann sich negativ bemerkbar machen, wenn man sich allzu sehr auf die Intentionen eines progressiven Unterrichtsmodells verlässt. Heterogenität der Schülerinnen und Schüler im integrativen Unterricht bedeutet nicht nur Heterogenität bei den unterrichtlich relevanten Voraussetzungen, sondern auch, dass Lernangebote und Unterrichtsmodelle bei den Adressaten unterschiedlich ankommen können. Grundsätzlich benötigen etwa „slow learners" ein Mehr an Lernhilfen und an kleinschrittigen Vorgaben als Schülerinnen und Schüler, die ihre Lernprozesse bereits selbsttätig organisieren und von außerschulischen Lerngelegenheiten profitieren. Lehrkräfte sollten also Offenheit in den Unterrichts- und Lernverläufen mit adaptiven Strukturierungstechniken und Hilfen verknüpfen. Das gleichzeitige Postulieren von Offenheit und Strukturiertheit des Unterrichts klingt nur wie ein Widerspruch. Es macht auf den Umstand aufmerksam, dass erst Offenheit in den unterrichtlichen Vorgaben angemessenen Raum für den Einsatz unterrichtstechnologischer Methoden schafft, von denen speziell langsamer lernende, lernbeeinträchtigte oder behinderte Schülerinnen und Schüler profitieren können.

9.2 Schulleistungen in Sonderschulen und im integrativen Unterricht

9.2.1 Fallstudien

Eine verbreitete empirische Quelle über integrativen Unterricht stellen publizierte Fallstudien, genauer, Berichte über durchgeführte Unterrichtseinheiten oder über besondere unterrichtliche Vorkommnisse dar. Als – willkürlich ausgewähltes – Beispiel für einen solchen Bericht verweise ich auf den Beitrag von Müller (2002) für die Zeitschrift für Heilpädagogik. Geschildert werden hier Erfahrungen mit dem Gemeinsamen Unterricht bei der Unterrichtseinheit „Fernsehen" in der 7. Klasse einer Integrierten Gesamtschule. Die Klasse umfasst drei Schülerinnen und Schüler mit unterschiedlichen Behinderungen oder Beeinträchtigungen. Vorgestellt werden didaktische Intentionen, Verlauf und Ergebnisse dieses Unterrichts. Ein Ergebnis lautet:

> „Insgesamt wurde die Partnerarbeit von nahezu allen Schülerinnen und Schülern explizit positiv beurteilt. Die erfolgreiche Zusammenarbeit zeigt sich nach meiner Einschatzung nicht zuletzt darin, dass als helfende Person fast durchgehend der Partner oder die Partnerin genannt wurde." (Müller 2002, S 79)

Obwohl die Autorin ihr Fazit durchaus zurückhaltend zieht, fällt doch an diesem Bericht wie generell an kasuistischen Berichten zweierlei auf. Zum einen entsteht die Suggestion, das Modell binnendifferenzierten Unterrichts gehöre im integrativen Unterricht zum alltäglichen, routinemäßigen Tun der Lehrerin oder gar der Mehrheit in Integrationsklassen arbeitender Lehrkräfte. Gleichzeitig spricht das Publizieren jedoch eher dafür, dass etwas Vorzeigbares, etwas Ungewöhnliches berichtet wird. Zum anderen verbreiten derartige Praxisberichte den Eindruck, der integrative Unterricht sei gerade für behinderte Kinder ein voller Erfolg. Dass Fallberichte solche positiven Eindrücke hervorrufen (wollen), darf man ihnen nicht allein anlasten, da sie einem generellen Produktionsprinzip folgen: Publikationswürdig und berichtenswert erscheinen heute vor allem Erfolgsmeldungen und Mitteilungen von etwas Neuartigem, nicht dagegen Schilderungen des „grauen Unterrichtsalltags".

Trifft diese Diagnose über Fallberichte zu, dann sind Überprüfungen oder Korrekturen von Erfolgsmeldungen aus der Praxis dringend erforderlich. Ein Weg der Überprüfung kann sein, die Berichte selbst einer genauen Analyse zu unterziehen und etwa eine hermeneutische Rekonstruktion der Aussagen und der latenten, so zu sagen hinter den Erfolgsmeldungen verborgenen Mitteilung zu erreichen. Allerdings ist dieses Vorgehen ein schwieriges und meist nur ansatzweise durchführbares Unterfangen. Einfacher zu realisieren sind kritische Begriffsanalysen, mit denen man Praxisberichte auf entsprechende Unschärfen hin untersuchen kann. So fällt in dem Bericht Müllers (2002) der Konnex ins Auge, den die Autorin zwischen der unterrichtlichen Individualisierung und der Individualisierungsthese von Ulrich Beck herstellt. Die Autorin scheint sich dabei vom Gleichklang der Wörter leiten zu lassen und zu unterstellen, beide Begriffe würden denselben Sachverhalt repräsentieren. Zu erwarten wäre jedoch beispielsweise eine argumentative Erörterung, ob das normative Prinzip unterrichtlicher Individualisierung von denselben empirischen Tatbeständen gespeist wird wie die Zeitdiagnosen Becks, die er zur Individualisierungsthese verdichtet hat. Ein regulatives Prinzip für Unterrichtsbeschreibungen und -analysen könnte die Individualisierungsthese Becks erst werden, wenn dieser (Nicht-)Zusammenhang halbwegs präzisiert wird.

9.2.2 Quantitative Studien zur Sonderbeschulung

Breiter angelegte, statistische Methoden nutzende Untersuchungen sind ein anderer beschrittener Weg, um den Misserfolg der Sonderbeschulung bzw. um mittelbar die Erfordernis integrativen Unterrichts abzuschätzen und um aus den Befunden gegebenenfalls pädagogische Verbesserungsvorschläge abzuleiten. Die empirisch gestützte Begründung für den integrativen Unterricht erfolgt dabei also ex negativo.

Seine Notwendigkeit wird daraus abgeleitet, dass im Lernen beeinträchtigte oder behinderte Schülerinnen und Schüler vom Sonderschulbesuch leistungsmäßig wenig profitieren oder dass der Sonderschulbesuch im Gegenteil negative Effekte auf die Schulleistungsentwicklung hat.

Hildeschmidt/Sander (1996) rekapitulieren vorliegende empirische Studien aus dem deutschsprachigen Raum, die die Leistungsentwicklung von Besuchern der Sonderschule für Lernbehinderte bzw. der Hilfsschule zum Gegenstand hatten. In diesen Untersuchungen wurde der Leistungsstand oder seine Entwicklung von Sonderschülerinnen und Sonderschülern mit der Leistung von Besuchern allgemeinbildender Schulen verglichen. Als methodisch vorbildlich bezeichnen Hildeschmidt/Sander in diesem Zusammenhang eine Studie von Tent et al. (1991), welche die per Test erfassten Schulleistungen von nach verschiedenen Merkmalen vergleichbar gemachten hessischen Schülerinnen und Schülern aus Sonderschulen und Regelschulen untersuchte und dabei die leistungsmäßige Unterlegenheit der Sonderschülerinnen und Sonderschüler feststellte. Dieser wie die anderen berücksichtigten Befunde veranlassen Hildeschmidt/Sander zu der Folgerung, „diese SfL [=Schule für Lernbehinderte/Lernhilfe, P.W.] sollte keine Zukunft mehr haben" (S. 131).

Bei einer kritischen Würdigung der vorliegenden Befunde erscheint diese Folgerung überspitzt, wobei zu konzedieren ist, dass die Autoren ihr Urteil nicht auf Sonderschulen generell ausdehnen, sondern auf die Sonderschule für Lernbehinderte beschränken. Wenn auch die berichteten Ergebnisse dieser Sonderschule kein gutes Zeugnis ausstellen und ihre heute angestrebte Bezeichnung als „Förderschule" nicht zu rechtfertigen scheinen, so sind Folgerungen über die Qualität von Sonderschulen aus Vergleichen mit anderen Schulformen oder mit anderen Populationen mit gebührender Vorsicht zu behandeln. Man kann erstens bei solchen Vergleichen nicht mehr im Detail rekonstruieren, wieso es bei den Schülerinnen und Schülern im einen Falle zu einer Umschulung kam, im anderen Falle nicht. Hinzu kommt zweitens, dass Sonderschulen für Lernbehinderte eine sozial und ethnisch selektive Zusammensetzung der Schülerschaft aufweisen können, die schulische Erfolge der Schulbesucher erschwert, obwohl der Unterricht nach anerkannten Kriterien eine hohe didaktische Qualität aufweist. Die sonderschulische Arbeit kann bei massiertem Förderbedarf jedes einzelnen Kindes an eine Sisyphus-Tätigkeit erinnern. Man sollte deshalb das Urteil von Hildeschmidt/Sander dahingehend abmildern bzw. präzisieren, dass man für die sich unzureichend entwickelnden Schulleistungen von Schülerinnen und Schülern aus Sonderschulen für Lernbehinderte nicht allein die schlechte Sonderschulqualität verantwortlich machen kann. Die mangelnden Fördererfolge der Sonderschulen könnten vielmehr auch Anzeichen ihrer pädagogischen Überforderung sein und auf das Versagen der „Regelschulen" im Umgang mit der zunehmenden Heterogenität ihrer Schülerschaft hinweisen.

Die schulsystemimmanente Problematik, der die Sonderschule für Lernbehinderte im Wesentlichen ihre Existenz und auch ihre Probleme verdankt, zeigt sich nicht nur in mangelhaften pädagogischen Erfolgen, sondern bereits und in erster Linie an der Zusammensetzung der Schülerschaft dieser Schule. Überrepräsentiert sind hier Kinder aus sozialen Unterschichten bzw. genauer aus randständigen sozialen Milieus, d.h. aus so genannten sozialen Brennpunkten, aus Trabantenstädten, aus „Problemfamilien" (vgl. Mand 1996). Auch liegt der relative Anteil der ausländischen Kinder und Jugendlichen in der Sonderschule für Lernbehinderte seit Jahren über dem relativen Anteil deutscher Schülerinnen und Schüler. Er ist etwa doppelt so hoch und liegt, statt bei ca. 2 Prozent wie für die deutschen, bei ca. 4 Prozent für die ausländischen Schülerinnen und Schüler (vgl. Kornmann et al. 1999). Die so gegebene, pädagogisch ungewollte und politisch unerwünschte soziale/ethnische Selektivität des deutschen Schulsystems führt dazu, dass die Sonderschule für Lernbehinderte unter dem Label „Lernbehinderung" Schülerinnen und Schüler zusammenfasst, die – wenn überhaupt – nicht nur pädagogisch-psychologische, sondern auch soziologische Gemeinsamkeiten aufweisen. Ob diese Schule über eine Neu- oder eine erweiterte Definition ihrer Zuständigkeit, ihres Zwecks und ihrer pädagogischen Aufgaben auf diese Schieflage in der sozialen/ethnischen Zusammensetzung zu reagieren imstande ist, ist fraglich. Wegen der unzureichenden Förder- und Leistungsfähigkeit scheint die Sonderschule für Lernbehinderte den diskriminierenden Effekt nicht legitimieren zu können, der für Kinder und Jugendliche mit der alleinigen Zugehörigkeit zu dieser Schulform verbunden ist.

9.2.3 Erfolgskontrolle integrativen Unterrichts

Aber belegen solche Befunde über die asymmetrische soziale/ethnische Zusammensetzung der Sonderschule für Lernbehinderte und über ihre mangelhafte Leistungsfähigkeit das Gelingen integrativen Unterrichts? Selbstverständlich nicht. Zwar kann man sich mit Katzenbach et al. (1999, S. 570) darauf verständigen, dass die (schulische, unterrichtliche) Integration eine moralische Maxime und, frei nach Kant, ein Zweck an sich sei. Da es jedoch eine Mehrzahl möglicher Integrationsmodelle und unterrichtlicher Realisierungsmöglichkeiten gibt, ist eine gesonderte, auf empirischen Befunden gestützte Evaluation integrativen Unterrichts unerlässlich. Anders formuliert: Die pädagogische Ausgestaltung und die Leistungsfähigkeit unterrichtlicher Integration ist eine Aufgabe, deren Bewältigung von gesonderten empirischen Nachweisen abhängig ist.

Viele stichhaltige empirische Befunde über Effekte integrativen Unterrichts liegen bisher nicht vor, trotz zahlreicher in der Bundesrepublik stattgefundener Modellversuche zur Integration von behinderten und von Behinderung bedrohten Kindern und Jugendlichen. Diese Versuche hatten jedoch die vorrangige Aufgabe, die grundsätzliche Praktikabilität (oder, bei entsprechender Voreinstellung, die Untauglichkeit) eines solchen Unterrichts zu prüfen. Zudem bewegten sie sich meist im Einflusskreis bildungspolitischer und schuladministrativer Interessen, was eine wissenschaftliche Feststellung von pädagogischen Effekten integrativer Maßnahmen erschwerte oder verunmöglichte. Wenn heute gesetzliche Bestimmungen für den integrativen Unterricht bzw. für die integrierten Kinder und Jugendlichen differente Lernziele ermöglichen und vorsehen, so beruht dieser Sachverhalt also nicht auf verlässlichen wissenschaftlichen Befunden, vielmehr auf praktischen Erfahrungen und Evidenzen, die sich in Modellversuchen zur Integration und Prävention von Behinderungen ergaben, nämlich dass bei bestimmten Behinderungen eine zielgleiche Integration nicht möglich war und dass auch präventive Maßnahmen ein Auseinanderdriften der Lernentwicklung von Schülerinnen und Schülern oft nicht verhindern konnten.

In Hinblick auf die Evaluation von Verlauf und Effekt unterrichtlicher Integration stellt die umfangreiche und sorgfältig konzipierte empirische Studie zu dem in den 90er Jahren des 20. Jahrhunderts durchgeführten Hamburger Schulversuch zur „Integrativen Grundschule"

176

eine bundesrepublikanische Ausnahme dar. Über die Begleituntersuchung liegen mehrere Veröffentlichungen vor.[24] Der Schulversuch „Integrative Grundschule" steht am Ende einer Reihe von Erprobungen verschiedener Integrationsmodelle in Hamburg und zeichnet sich durch die Besonderheit aus, dass Grundschulen in sozial schwierigen Einzugsgebieten zusätzliche sonderpädagogische Fachkräfte erhalten (vgl. Katzenbach et al. 1999). Mit dieser Ausstattung sollte den bei sozial benachteiligten Kindern gehäuft auftretenden Lern-, Sprach- und Verhaltensproblemen pädagogisch entgegengewirkt werden. Um institutionell erzeugte Stigmatisierungen zu vermeiden, geschah die Zuweisung der Sonderpädagogen nach allgemeinen Erfahrungswerten, ohne dass bei einzelnen Kindern zuvor sonderpädagogischer Förderbedarf diagnostiziert wurde.

Die vorliegenden Ergebnisse der Begleituntersuchung zeigen Grenzen dieses Integrationsmodells auf. Betrachtet man die Leistungsentwicklung und das Sozialklima in Integrationsklassen und in „Kontrollklassen" aus Grundschulen vergleichbarer Wohngegenden und sozialer Milieus, so liegen die entsprechenden Werte für die Kontrollklassen im Durchschnitt über denen der Integrationsklassen. Die großen Differenzen in den Erfolgen der untersuchten Kontroll- und Integrationsklassen rechtfertigen es allerdings nicht, von einem Scheitern des Modellversuchs zu sprechen. Es scheint hier so wie in anderen schulischen Untersuchungen zu sein, dass der pädagogische Ertrag nicht allein von einem bestimmten didaktischen oder Fördermodell, sondern auch ganz wesentlich von den Bedingungen und der Realität des konkreten Unterrichts in einer Klasse abhängt. Wember verknüpft die Ergebnisse des Hamburger Modellversuchs zum integrativen Unterricht mit Ergebnissen aus früheren Studien zur Leistungsfähigkeit von Sonderschulen und interpretiert die bestehende Situation als pädagogische Herausforderung:

> „Weder in Sonderschulen noch in Integrationsklassen gelingt es grundsätzlich und immer, die zunehmende Leistungsschere zwischen den Kindern mit Lern- und Verhaltensstörungen und den anderen Kindern zu schließen, aber es gibt vereinzelt durchaus erfolgreiche Integrationsschulen und vermutlich auch erfolgreiche Sonderschulen. Allein die Platzierung in einer Integrations- oder Förderklasse entscheidet offensichtlich nicht über Erfolg und Versagen, sondern es kommt darauf an, was und wie unterrichtet wird." (Wember 2001, S 178)

---

24 Literaturhinweise zu diesem Versuch finden sich bei Katzenbach et al. (1999) oder bei Wember (2001).

In einer Replik kritisiert Roeder (1999, S. 943) am Hamburger Modellversuch, dass er „verhalten" für eine zieldifferente Integration in der Grundschule votiere. In der Tat könnte das mäßige Abschneiden der Integrationsklassen als eine Option gelesen werden, den Unterricht dort noch stärker zu individualisieren, unter weitgehender Aufgabe gleicher Lern- und Bildungsziele für alle Kinder einer Klasse. Nach Roeder ist es aber wichtig, den Anspruch bzw. die Möglichkeit zielgleicher Integration für Schülerinnen und Schüler mit Lernrückständen aufrechtzuerhalten. Dass zielgleiche Integration gegebenenfalls eine segregierende Beschulung bedeuten kann, ist bei Roeder die unausgesprochen bleibende Pointe. Das ändert aber nichts an der Berechtigung der Forderung, verschiedene Integrationsmodelle, zielgleiche wie zieldifferente Integrationsansätze zu erproben, zu evaluieren und weiterzuentwickeln sowie erneut zu diskutieren, ob und inwieweit Unterricht mit äußerer Differenzierung für das Erreichen eines Integrationsziels (z.B. berufliche Integration durch Regelschulabschluss an einer Sonderschule) günstig sein kann.

Es ist mithin zu beachten, dass die Ergebnisse des Hamburger Modellversuchs vor allem über die Möglichkeiten und Grenzen eines bestimmten Integrationsmodells informieren, nicht über unterrichtliche Integration generell. So enthalten sie selbstverständlich keine Antwort auf die Frage, wie unterrichtliche Integration z.B. bei Kindern mit körperlichen oder schweren geistigen Beeinträchtigungen zu gestalten ist und wie man dann „Integrationserfolge" definieren sollte. Abschließend lässt sich also konstatieren, dass trotz erwiesener Nachteile von Sonderbeschulung vor allem, aber nicht nur für Kinder und Jugendliche mit Lern-, Sprach- und Verhaltensproblemen die Integrationsforschung noch am Anfang steht. Das kritische Resümee von Preuss-Lausitz vor über einem Jahrzehnt scheint auch noch auf die heutige Situation der Integrationsforschung zuzutreffen:

> „...in ihrer Begrenztheit der materiellen Rahmenbedingungen, der Fragestellungen und Designs stellen sie [die bisher vorliegenden Ergebnisse der Integrationsforschung; P.W.] eine Aufforderung dar, die Forschung zu intensivieren und komplexer anzulegen." (Preuss-Lausitz 1988, S. 246)

9.3 Integrationsdidaktik

Das Gelingen von unterrichtlicher Integration bzw. die erfolgreiche Anregung von Lernprozessen ist, darauf macht Wembers oben zitierte Folgerung aufmerksam, entscheidend von dem Wie und dem Was des Unterrichts abhängig. Mit den beiden Fragewörtern wird eine klassische didaktische Frage an den integrativen Unterricht herangetragen, die sich in die miteinander verschränkten Fragen nach den Bildungs- und fachlichen Inhalten des Unterrichts sowie nach den Formen des Lehrens aufspaltet. „Miteinander verschränkt" bedeutet unter anderem, dass die Frage nach dem Wie des Unterrichts nicht unabhängig vom Lehrgegenstand behandelt und grundsätzlich nicht auf isolierte unterrichtsmethodische Überlegungen eingeengt werden sollte. Unterrichtsmethoden als Lehrtechniken gewinnen – wie ausgeführt wurde (Abschnitt 9.1) – didaktische und pädagogische Bedeutung erst dann, wenn sie in angemessene Unterrichtsmodelle eingebettet werden und – das wird Gegenstand dieses Abschnitts sein – wenn Methoden und Modelle pädagogisch und psychologisch, also didaktisch begründet werden können. Unterrichtsmethodische und unterrichtsgegenstands-spezifische Empfehlungen und Entscheidungen müssen mit Bildungs-zielen und mit anthropologischen Prämissen (entwicklungspsycho-logischen, lernpsychologischen Erkenntnissen etc.) in einen (nach sys-temtheoretischen Hinweisen auf Eigendynamiken in komplexen Sys-temen „lose gekoppelten") Zusammenhang gebracht werden können.

Nach drei Jahrzehnten Erprobungen schulischer Integration von behinderten Kindern und Jugendlichen gibt es mittlerweile Versuche, die sich um die Entwicklung einer solchen Ansprüchen genügenden Integrationsdidaktik bemühen. Beschränken werde ich mich im nächsten Abschnitt darauf, den bemerkenswerten Ansatz einer „Entwick-lungspädagogik" aus „sozial-konstruktivistischer Perspektive" von Benkmann (1998) in Grundzügen vorzustellen.[25]

---

25 Kapitel 8 ging kritisch auf professionstheoretische Thesen Benkmanns (2001) ein. Diese Thesen fallen durch eine zu starke Gewichtung berufsethischer Fra-gen hinter die zuvor in seiner „Entwicklungspädagogik" zu findenden Über-legungen professionellen pädagogischen Handelns zurück.

9.3.1 Der Versuch einer sozial-konstruktivistischen Entwicklungspädagogik

Benkmanns entwicklungspädagogischer Versuch bezieht sich auf die integrative pädagogische Förderung von Kindern mit „gravierenden Lernschwierigkeiten", also auf die traditionelle Klientel der Hilfs- bzw. Lernbehindertenschule.

Der zentrale Begriff in Benkmanns Abhandlung ist – bereits der Titel verrät es – „Entwicklung", wie er theorie- und disziplinenübergreifend von Jean Piaget und Heinrich Roth begründet wurde. In dieser Tradition stellt Entwicklung das (ergebnisoffene) Ziel der Erziehung dar. Das Individuum wird als aktives, sich und seine Welt(vorstellungen) konstruierendes Wesen begriffen. Negativ ausgedrückt, folgt das Individuum weder einem bei Geburt festgelegten Programmablauf, noch erweist es sich als passives Gegenbild irgendwelcher Umwelteinflüsse oder konditionierter Reaktionen. Für pädagogisches Handeln bedeutet eine derartige entwicklungspädagogische Ausrichtung, die Konstruktionsprozesse des Kindes zu unterstützen, ihm – in der Version Heinrich Roths – den Weg zur Mündigkeit in Form von Selbst-, Sach- und Sozialkompetenz zu öffnen (ebd., S. 22f.). Stärker als in manchen Abhandlungen von Piaget (und vor allem stärker als im „Mainstream" der Rezeption von Piagets Theorie) wird hier wie in Theorien des Symbolischen Interaktionismus (George H. Mead) und des Pragmatismus (John Dewey) die soziale Eingebundenheit der menschlichen Entwicklungs- und Konstruktionsprozesse betont. Die Verarbeitung dieser theoretischen Zugänge (ebd., S. 77ff.) veranlasst Benkmann, den Vorgang der menschlichen Entwicklung als Co-Konstruktionsprozess zu begreifen:

> „Das Modell sozialer Konstruktion kognitiver Strukturen geht davon aus, dass soziale Prozesse zwischen dem Kind und seinen Partnern kognitive Prozesse innerhalb des Individuums auslösen. Interaktion und Beziehung sind den inneren kognitiven Vorgängen vorgelagert, aus ihnen entwickeln sich kognitive Fähigkeiten. Indem in den sozialen Prozessen das Handeln wechselseitig koordiniert wird, sind es keine nur von einer Seite aus konstruierten Prozesse, sondern ‚Co-Konstruktionsprozesse'." (ebd., S. 85)

Diese theoretische Annahme impliziert für Benkmann, kognitive Prozesse stets im Zusammenhang mit sozialen und dabei involvierten emotionalen Vorgängen zu betrachten. Diese sozialpsychologische Fundierung der Entwicklungspädagogik eröffnet die Möglichkeit, die

Entstehung von Entwicklungsstörungen und speziell von Lernschwierigkeiten zu erklären sowie Prinzipien für den (integrativen) Unterricht bei Kindern mit und ohne Lernschwierigkeiten zu begründen. Entwicklungspädagogisch ungünstig sind soziale Co-Konstruktionsprozesse nämlich dann, wenn sie im Kind keine entwicklungsförderlichen kognitiven Konflikte hervorzurufen vermögen (wenn sie also das Kind nicht zur Akkommodation, zur „Anpassung" seiner vorhandenen kognitiven Schemata an die neuen Anforderungen des jeweiligen Objekts oder der jeweiligen Situation veranlassen). Vor allem Störungen der frühen Mutter-Kind-Beziehung können schwerwiegende Folgen für die weitere kognitive Entwicklung des Kindes haben, wenn etwa ungenügender emotionaler Halt und Unterstützung Co-Konstruktionsprozesse verhindert, die für die Entwicklung von Beziehungen zu anderen Erwachsenen, zu anderen Kindern und zu den Objekten der kindlichen Lebenswelt angemessen und notwendig sind. Die Bedeutung der (emotionalen) Beziehungen zwischen dem Kind und den Mitgliedern seiner Familie und den Partnern in seiner weiteren sozialen Umwelt unterstreicht, dass die Entwicklung kindlicher Co-Konstruktionsprozesse und der Erwerb von Wissen keine isolierten kognitiven Vorgänge sind. Die emotionalen und sozialen Bedingungen für Störungen und Probleme im Lernen, im Denken und Urteilen, auch im moralischen Urteilen und Entscheiden dürfen deshalb nicht vernachlässigt werden. Durch die Hervorhebung von Co-Konstruktionsprozessen und durch die damit verbundene Betonung der (kognitiven) Operationen des Kindes wird sowohl ein biologischer wie ein sozialer Determinismus bei der Erklärung von gravierenden Lernschwierigkeiten vermieden. Der Ansatz Benkmanns versucht so

> „... die in der Lernbehindertenpädagogik traditionelle Unterscheidung zwischen Lernbehinderung als genetisch-organisches Phänomen und Lernstörungen, die als sozial bedingt gelten, zurückzustellen... Ebenso grenzt sich dieser Ansatz von der in der aktuellen Armutsdiskussion vertretenen Auffassung zu einer ‚ursächlichen Verbindung' ... von sozialer Benachteiligung und Lernbehinderung ab. Auch wenn soziale Benachteiligung und Lernbehinderung oft sehr eng zusammenhängen, hält der konstruktivistische Ansatz die Idee des sozialen Determinismus bei der Entstehung von Lernbehinderungen für problematisch." (ebd., S. 89)

Wenn man die sprachlichen Unschärfen in diesem Zitat einmal außer Acht lässt, besitzt der soziale Konstruktivismus Benkmanns meines Erachtens den Vorzug gegenüber vereinfachten Kausalmodellen. Er begründet Möglichkeiten pädagogischer Förderung und Korrekturen unzureichender Co-Konstruktionen und vermag – weitergehend – die Chancen integrativer Pädagogik abzuschätzen. Die Anforderungen für eine (integrative) Pädagogik bei Lernbeeinträchtigungen bestehen demnach nicht nur in der unmittelbaren Behebung oder Verminderung von Lern- und Schulleistungsdefiziten. Der pädagogischen Förderung sollte nach Benkmann (ebd., S. 95f.) eine gezielte Analyse der Kind-Kind- und Erwachsenen-Kind-Interaktionen vorausgehen, damit der Pädagoge geeignete Interventionen planen kann. Er sollte auf dieser Basis Lehrer-Kind- und Kind-Kind-Interaktionen anbahnen, die für das Kind einen Entwicklungsschub auszulösen vermögen, weil sie an bereits vorhandene kognitive Strukturen anknüpfen und zugleich über sie angemessen hinausweisen, das heißt motivierende, Erfolg versprechende, nicht überfordernde Anforderungen enthalten.

Prinzipiell sieht Benkmann günstige Voraussetzungen für die Förderung von Schülerinnen und Schülern mit Lernbeeinträchtigungen in einem Unterricht und in einer Schule, die kooperative Beziehungen zwischen Lehrer und Schüler und zwischen Schülerinnen und Schülern untereinander ermöglicht. Er knüpft in seinen didaktischen Überlegungen an Schulmodelle an, die den Kooperationsgedanken zur Förderung von Lernen und Entwicklung hervorheben (ebd., S. 99ff.): John Deweys Chicagoer Laborschule, die reformpädagogisch beeinflusste Jena-Plan-Schule, die Just Community-Schule von Lawrence Kohlberg und Mitarbeitern. Insbesondere im Just Community-Programm und in seinen Varianten, die sich der sozialkognitiven Entwicklung moralischen Urteilens und Entscheidens hin zu gemeinschaftlichem, gerechtem und fairem Handeln der Schulgemeinde widmen, findet Benkmann Anregungen für den gemeinsamen Unterricht von Schülerinnen und Schülern mit und ohne Lern- und Erziehungsschwierigkeiten. Entsprechend der sozial-konstruktivistischen Interpretation von Lernschwierigkeiten könnten Schulmodelle und Programme, in denen Schüler moralpädagogische Probleme gemeinsam lösen, soziale und emotionale Entwicklungsprozesse anregen und sich günstig auch auf die kognitive Entwicklung auswirken.

Aus dem Vorteil solcher Schulmodelle, über eine Veränderung schulischer Strukturen auch die Kooperationsbeziehungen der Schülerinnen und Schüler im Unterricht zu fördern, ergibt sich allerdings auch ihr bildungspolitischer Nachteil, traditionellen Schulen und einem „gewachsenen" Schulsystem allenfalls Impulse geben, aber die veränderten Strukturen nicht auf sie übertragen zu können. Benkmann plädiert deswegen dafür, für den integrativen Unterricht nicht nur Anregungen aus diesen hochgeschätzten Modellen zu nutzen, sondern auch Erfahrungen und Programme zu berücksichtigen, die unmittelbar auf unterrichtliche Veränderungen abzielen und die sich durch die Gestaltung kooperativer Lernsituationen auszeichnen. Sie vermögen über diese Lernsituationen das gemeinsame Lernen und die Entwicklung lernschwieriger und lernunauffälliger Kinder anzuregen (ebd., S. 127ff.). Benkmann diskutiert in diesem Zusammenhang einerseits „offene" Formen des Unterrichts wie Freiarbeit, Projekt- und Wochenplanunterricht, andererseits empirische Befunde und Erfahrungen, die zu speziellen unterrichtlichen Programmen und Formen integrativen Unterrichts in den USA vorliegen. Dazu zählen die bereits erwähnten Methoden peer tutoring und peer collaboration.

Benkmanns Entwicklungspädagogik durchzieht eine stringente integrationsdidaktische Botschaft: Soziale Co-Konstruktionsprozesse werden als konstitutiv für jegliche menschliche Entwicklung bestimmt; unzureichende Co-Konstruktionsprozesse führen dementsprechend zu Fehlentwicklungen, etwa zu gravierenden Lernschwierigkeiten, die in der Sonderpädagogik traditionellerweise und ungenau als Lernbehinderung aufgefasst werden. Eine (integrative) Pädagogik, die Kinder mit Lernschwierigkeiten zu fördern versucht und entwicklungspädagogische Annahmen berücksichtigt, ist jedoch nur Erfolg versprechend, wenn sie gezielt Kooperation zwischen Lehrer und Kind und unter den Kindern mit und ohne Lernschwierigkeiten anregt, so dass über neue oder korrektive Co-Konstruktionsprozesse Lernen und Entwicklung ermöglicht werden. Solches kooperatives Lernen konkretisiert und steigert sich Benkmann zufolge in werterzieherischen bzw. moralpädagogischen Ansätzen, wie sie ursprünglich von Kohlberg in seiner Ausdeutung der Piagetschen Entwicklungstheorie vorgelegt wurden. Sie könnten nach Benkmann das Fundament des integrativen Unterrichts bilden.

9.3.2 Aufgaben einer künftigen Integrationsdidaktik

Benkmanns Entwicklungspädagogik als Beispiel einer Integrationsdidaktik wurde weder in der Absicht vorgestellt, einen über alle Zweifel erhabenen Ansatz zu feiern, noch mit dem Ziel, sich den Ansatz über eine knappe Darstellung für eine pauschale Kritik zurechtzulegen. Wenn abschließend Unzulänglichkeiten und Leerstellen der Integrationsdidaktik benannt werden, so kommt es mir also nicht darauf an, Benkmanns Ansatz abzuqualifizieren, sondern vordringliche Aufgaben zu umreißen, die auf die Agenda der integrationspädagogischen Diskussion gehören.

Eine Reihe von didaktischen Fragen wird deutlich, wenn man Benkmanns umstrittene und vielleicht auch für manche Leserinnen und Leser überraschende Betonung einer kooperativen und werterzieherischen Pädagogik und Didaktik für die schulische Integration „unter die Lupe" nimmt. Mit seiner Ausrichtung verlässt Benkmann den Boden der traditionellen Sonderpädagogik bzw. Lernbehindertenpädagogik, die an ihrer oder vielleicht wegen der Fokussierung des „Symptoms" Lernbehinderung scheiterte. Die Dynamik von Lernschwierigkeiten wie auch von organisch begründeten Behinderungen ist nur zu verstehen, wenn man die Erfahrungs- und Konstruktionsprozesse berücksichtigt, die sich in der Auseinandersetzung des betreffenden Individuums mit seiner sozialen und physischen Umwelt entwickeln. Deshalb setzt sich Benkmann zu Recht von einer Didaktik ab, die eine rationelle Steuerung von Unterrichts- resp. von Lernprozessen für möglich hält und die „Lebenswelt" des Kindes – soziale Beziehungen, Aneignungsformen, emotionale Vorgänge –, also Bedingungen impliziten Lernens ausklammert. Benkmanns Alternative besteht in der Favorisierung kooperativen und moralischen Lernens, womit in der Tat instruktionspsychologische oder herkömmliche fachdidaktische Engführungen vermieden werden. Allerdings könnte Benkmann die pädagogischen Chancen einer sozialkognitiv orientierten Didaktik, ihre Möglichkeit, emotionale Reaktionen und moralisches Handeln gezielt zu fördern, überschätzen. Komplexe Vorgänge impliziten Lernens, deren Beachtung gerade für die Förderung bei Lernschwierigkeiten unabdingbar erscheint, entziehen sich meines Erachtens weitgehend der didaktischen Planung, bleiben für pädagogische und psychologische Bemühungen stets riskant (vgl. Neuweg 1999). Darüber hinaus darf man hinter den moralpädagogischen Optimismus Benkmanns ein Fragezeichen setzen; denn Benkmanns Entwicklungspädagogik wie die Integrationspädagogik generell muss auch Prozesse ihres Scheiterns konzeptualisieren. So ist etwa mit der Widerständigkeit kindlicher Akteure zu rechnen, die sich pädagogischer Inklusionsabsichten entziehen. Die psychoanalytische Pädagogik lebt sozusagen von dieser Kehrseite des pädagogischen Optimismus.

Eine andere Seite der Entwicklungspädagogik Benkmanns wie der gegenwärtigen Integrationspädagogik insgesamt wirft weitere ungelöste didaktische Fragen auf. Folgt man den klassischen Kontroversen der Didaktik (vgl. Diederich 1988; Jank/Meyer 1991, S. 129ff.), bewegt sich nämlich die Integrationsdidaktik in den Fußstapfen einer überholten formalen Bildungstheorie, für die Voraussetzungen und Methoden des Lernens sowie die Entwicklung psychischer und psychomotorischer Funktionen zentral sind. Die Benkmannsche „Entwicklungspädagogik" scheint im Grunde eine „Entwicklungspsychologie" zu sein, aus der pädagogische Normen und Handlungsprinzipien gewonnen werden. So legitim gerade im integrationspädagogischen Aufgabenzusammenhang die Konzentration auf Psychologie ist, so vermisst man in dieser Orientierung jedoch soziologische und lerngegenstandsspezifische (fachdidaktische) Überlegungen und Bezüge.

Aus soziologisch-systemtheoretischer Perspektive beobachtet man an der Integrationspädagogik die Tendenz, die Bedeutung gesellschaftlicher Funktionen des Schulsystems und seiner organisatorischen und institutionellen Merkmale zu unterschätzen. Auch wenn die Pädagogik „Systemzwänge" nicht als Handlungszwänge zu akzeptieren oder zu internalisieren braucht, so wäre aber mindestens und beispielsweise zu reflektieren, wie die Selektionsfunktion oder die Homogenisierungstendenzen des Schulsystems integrative Arbeitsweisen einerseits, Entwicklungsprozesse von Schülerinnen und Schülern andererseits begrenzen oder kanalisieren. Aus diesem soziologischen Blickwinkel wären auch das Verhältnis von wünschenswerter schulischer Integration und unvermeidlicher schulischer Separierung zu diskutieren, Vor- und Nachteile zielgleicher und zieldifferenter Integration zu behandeln oder das unbeabsichtigte Entstehen eines „heimlichen Lehrplans" integrativen, binnendifferenzierten Unterrichts abzuklären.

Für das Gelingen der unterrichtlichen Integration von Behinderten machte Wember (2001) – ich erinnere an das Zitat in Abschnitt 9.2.3 – neben dem „Wie" auch das „Was" des Unterrichts, also die Gegenstände des Lehrens und Lernens verantwortlich. Selbst bei zurückhaltender Formulierung ist festzustellen, dass fachdidaktische Diskussionen (die ich im Übrigen auch für eine Voraussetzung fächerübergreifenden Lernens halte) in der Integrationsdidaktik unterbelichtet sind. Wenn der Schule ein Bildungsauftrag zugebilligt wird, ist gerade für eine heterogene Schülerpopulation zu diskutieren, welche Rolle Unterrichtsinhalte und die sich gegenständlich konkretisierenden Lernziele spielen. Als Entschuldigung für das Fehlen einer solchen Diskussion ist die Schwierigkeit zu berücksichtigen, im integrativen Unterricht die heterogenen Lernvoraussetzungen und Lernfortschritte auf einen gemeinsamen Nenner zu bringen. Auch (fach-)didaktische Defizite sind unübersehbar. Wählt man als wichtiges Beispiel den Schriftspracherwerb bei Schülerinnen und Schülern (mit Lernschwierigkeiten), so scheinen dort spekulative Konzepte und nach Daumenregeln erstellte unterrichtliche Vorschläge zu dominieren. Das gilt etwa für Jung (1997) wie für Valtin (1996). Unschärfen beim Gebrauch linguistischer Termini (etwa bei der basalen Unterscheidung von Graphemen und Phonemen) herrschen vor, wissenschaftliche Analysen und linguistische Modelle zu den Regeln der Schriftsprache werden, zum Teil bewusst, ignoriert (vgl. Röber-Siekmeyer/Spiekermann 2000).

Wie immer man die Folgen dieser Situation für den Schriftspracherwerb im integrativen Unterricht einschätzen mag, es zeigt sich auch an diesem Beispiel unzweifelhaft, dass die Integrationspädagogik für die Zukunft vor grundlegenden wie komplexen didaktischen Herausforderungen steht. Ihre Bewältigung ist mitentscheidend für die Zukunft der unterrichtlichen Integration von behinderten Schülerinnen und Schülern.

Zusammenfassung von Kapitel 9

Es ist eine Vielzahl an Methoden adaptiven Unterrichts (z.B. Remedialer Unterricht) und kooperativen Lernens (z.B. peer tutoring) zu verzeichnen. Sie eignen sich für den gemeinsamen Unterricht von Schülerinnen und Schülern mit und ohne Behinderung. Um jedoch diese Unterrichtsmethoden angemessen für die Integrationspädagogik zu nutzen, müssen verschiedene Bedingungen erfüllt sein:

- Umschriebene Methoden des Unterrichtens und Förderns sind im Unterrichtsalltag nur effektiv, wenn sie in ein übergreifendes Modell binnendifferenzierten Unterrichts (z.B. Wochenplanunterricht) eingebunden und integriert werden.
- Es werden im verstärkten Maße empirische Studien benötigt, um die pädagogische Qualität und Effizienz der verschiedenen Integrationsmodelle abzuschätzen und auf dieser Grundlage zu verbes-

sern. Es reicht für die Begründung von Integration nicht aus, bekannte Belege über unzureichende Fördererergebnisse herkömmlichen Sonderschulunterrichts oder Einzelfallstudien gelingenden integrativen Unterrichts vorzulegen.

– Integrationspraxis benötigt eine Integrationsdidaktik, die Annahmen über Entstehung und Verlauf von Beeinträchtigungen und Behinderungen mit Überlegungen zu pädagogischen Zielsetzungen und unterrichtlichen Strategien verknüpft. Ansätze einer solchen Didaktik, etwa Benkmanns sozial-konstruktivistische Entwicklungspädagogik, liegen mittlerweile vor, wenngleich sie vor allem differenzierte fachdidaktische Fragen und Fragen nach angemessenen Lernzielen und Lerngegenständen erst noch beantworten müssen.

Fragen

1. Wieso sollte integrativer Unterricht (methodische, fachliche) Offenheit des Unterrichts mit hochstrukturierten Lernangeboten verbinden? Skizzieren Sie Methoden adaptiven Unterrichts und ihre Rolle bei der Förderung von behinderten Schülerinnen und Schülern!
2. Erörtern Sie die Bedeutung des Entwicklungsbegriffs in Benkmanns „Entwicklungspädagogik" für die Entstehung von Lernschwierigkeiten und die Gestaltung einer integrativ ausgerichteten Schule und einen integrativ arbeitenden Unterrichts!

Einführende Literatur

Benkmann, R. (1998) Entwicklungspädagogik und Kooperation. Sozial-konstruktivistische Perspektiven der Förderung von Kindern mit gravierenden Lernschwierigkeiten in der allgemeinen Schule. Weinheim

Dumke, D. (1993) Integrativer Unterricht: eine neue Lehrmethode? In: Dumke, D. (Hg.): Integrativer Unterricht. Gemeinsames Lernen von Behinderten und Nichtbehinderten. Weinheim, S. 33-56

Hildeschmidt, A., Sander, A. (1996) Zur Effizienz der Beschulung sogenannter Lernbehinderter in Sonderschulen. In: Eberwein, H. (Hg.): Handbuch Lernen und Lern-Behinderungen. Weinheim, S. 115-134

Ausblick

Die allgemeinpädagogisch motivierte Darstellung und Analyse von grundlegenden Fragen sozialer und schulischer Integration von Behinderten beschränkte sich weitgehend auf die Situation in der Bundesrepublik Deutschland. Dieses Vorgehen scheint berechtigt zu sein, da damit der ohnehin schwer überschaubare (integrations-)pädagogische Handlungskontext der meisten Leserinnen und Leser berücksichtigt wird. Trotzdem soll abschließend Erwähnung finden, dass die deutsche Integrationspädagogik in eine internationale Diskussion und Bewegung eingebettet ist. International wird mittlerweile eindeutig die schulische Integration von behinderten Menschen favorisiert. So heißt es etwa in der so genannten Salamanca-Deklaration der UNESCO unter anderem:

> „The guiding principle that informs this Framework is that schools should accommodate all children regardless of their physical, intellectual, social, emotional, linguistic or other conditions. This should include disabled and gifted children, street and working children, children from remote or nomadic populations, children from linguistic, ethnic or cultural minorities and children from other disadvantaged or marginalized areas or groups." (UNESCO 1994, S. 6)

Die internationale Schulentwicklung geht damit in eine Richtung, die Schulen mehr Heterogenität auferlegt und zutraut. Gleichzeitig wird in dieser Deklaration aber auch befürwortet, die z.B. in Deutschland vorhandene sonderpädagogische Expertise für die neuen integrativen Ziele zu nutzen (ebd., S. 12). Diese Forderung stimmt mit einem Anliegen der hier vorgelegten Ausführungen überein, nämlich Integrationspädagogik auf allgemeinpädagogische und zugleich auf vorhandene sonderpädagogische Kompetenzen zu begründen.

Das Vorherrschen von Voluntativ-Verben im obigen Zitat wie im gesamten Deklarationstext bestärkt die andere zentrale Intention der vorgelegten Ausführungen. Es sollte deutlich werden, dass die unterrichtliche Integration von behinderten Kindern und Jugendlichen zwar von vielen gewollt wird, dass die Pädagogik und die Erziehungswissenschaft zum Erreichen dieses Zieles aber noch große konzeptionelle, reflexive und praktisch-pädagogische Anstrengungen zu unternehmen haben.

Anhang 1:
Denkschrift zum Ausbau des heilpädagogischen Sonderschulwesens aus 1954 (Auszug)

Dem Deutschen Städtetag
ergebenst überreicht!
Hannover, den 10. September 1954
Verband Deutscher Hilfsschulen
gez. Dohrmann
Vorsitzender

(...)

A. Die Hilfsschulen

Das Problem der hilfsschulbedürftigen Kinder in der Volksschule

1) Die gemeinsame Unterrichtung und Erziehung mit den normal begabten Mitschülern bringt die hilfsschulbedürftigen Kinder in eine
   schwere seelische Not.

Es ist bedauerlich, dass wir die sich später als hilfsschulbedürftig er-
weisenden Kinder nicht schon bei ihrem ersten Schuleintritt als solche
erkennen können. Unsere psychologischen Untersuchungsmethoden
lassen es leider heute noch nicht zu, derartige schwerwiegende Entscheidungen, wie sie nun einmal die Überweisung in die Hilfsschule
bedeutet, zu Beginn der Schulzeit zu treffen. Vielleicht ist es auch
richtig, dass jedem Kind erst einmal eine Chance gegeben wird, und
sehr wahrscheinlich ist auch das der Wille des Bonner Grundgesetzes.
Trotzdem aber müssen wir wissen, dass eine Früherfassung der hilfsschulbedürftigen Kinder diese vor einer schweren seelischen Not bewahren würde. Es kommt hier nicht einmal darauf an, dass die ein
oder zwei vergeblich in der Volksschule verbrachten Jahre besser aus-
genutzt werden könnten. Viel wichtiger ist es, dass eine Früherfassung
dem Kinde die schwere Tragik des Erlebens seines Nichtkönnens er-

191

sparen würde. So aber muss das gemeinsame Unterrichten mit den normal begabten Mitschülern das hilfsschulbedürftige Kind seelisch und damit auch geistig in seiner Entwicklung unerbittlich hemmen und in die Tiefe der Mutlosigkeit hinabdrücken.

Versuchen wir nur einmal, uns in die Situation eines solchen Kindes zu versetzen, Es ist mit dem gleichen Willen zum Lernen zur Schule gekommen wie die anderen. Aber schon nach wenigen Wochen merkt es, dass es das nicht leisten kann, was die anderen spielend leicht zustande bringen, und dieser Augenblick ist der Beginn eines unheimlichen, immer stärker werdenden Erlebens. Sein kleines Sein wird von der Angst des Nichtkönnens und des Nichtverstehens dessen, was der Lehrer von ihm fordert, gepackt, und diese Angst lässt es nicht wieder los. Was hilft es, dass der Lehrer sein ganzes pädagogisches Geschick aufbietet, damit es den Mut nicht verliert! Das fortgesetzte Ermuntern und Aufwärtsloben nutzt nichts. Die geleisteten Arbeiten – seine und die der Mitschüler – sind Tatsachen, an denen auch der tapferste Mut scheitern muss.

Ist dem kleinen, vom Leben geängstigten Wesen aber wirklich ein bescheidener Erfolg beschieden, der ihm Mut zu neuer Arbeit geben könnte, dann wirft ihn ein Blick auf die Mitschüler wieder zurück. Der Mut sinkt gerade in dem Augenblick, in dem die Ansätze zum Aufwärtsklimmen gelegt werden können. „Das kann ich doch nicht!" das ist die Einleitung seiner Arbeit, und wo das Vertrauen zur eigenen Kraft fehlt, da bleibt auch der Erfolg aus. Die Kinder müssen in die Teilnahmslosigkeit und in das Nichts zurücksinken. Das ist die notwendige Folge!

2) Die Zahl der hilfsschulbedürftigen Kinder beträgt 3,5 bis 4% der Gesamtzahl der schulpflichtigen Kinder

Diese Zahl kann als gültige Norm angesehen werden. Sie entspricht den Erfahrungen der letzten Jahrzehnte und hat sich als so feststehend erwiesen, dass bei einem geringeren Prozentsatz immer der Verdacht besteht, dass nicht alle hilfsschulbedürftigen Kinder erfasst wurden. Lediglich in Ausnahmefällen (kleinere Universitätsstädte ohne Industrie) sinkt er auf 3%, kann aber andererseits in reinen Industrie- und Hafenstädten auf 5% und mehr steigen. Als Einzelfall sei auf eine Kleinstadt hingewiesen, in der durch besondere Verhältnisse die Zahl der hilfsschulbedürftigen Kinder 8% beträgt. Aber das ist selbstverständlich eine Ausnahme.

3) Der Prozentsatz wird noch nicht überall erreicht. Infolgedessen bleiben zahlreiche hilfsschulbedürftige Kinder in den Volksschulen und bilden dort in den 4. und 5. Klassen einen störenden Bodensatz. Unterrichtlich können sie nicht mehr gefördert werden. Erziehlich werden sie in die Schwererziehbarkeit abgedrängt.

Leider wird der Satz von 3,5 bis 4% nicht überall erreicht, teilweise wird er sogar erheblich unterschritten. Das bedeutet, dass nicht sämtliche hilfsschulbedürftigen Kinder in die Hilfsschule umgeschult werden und oft 1 bis 2% der Gesamtschülerzahl in den Volksschulen verbleiben, obwohl sie den Anforderungen dieser Schulen nicht gewachsen sind. Meistens spielt ein falsch verstandenes Mitleid eine Rolle. Man will dem Kinde nicht den Lebensweg verbauen, übersieht dabei aber, dass die Überweisung in die Hilfsschule nur das Sekundäre ist, die eigentliche Ursache, dass dem Kinde später mancher Beruf verschlossen bleibt, aber in der mangelnden Begabung und Eignung liegt und dass das Leben viel härter und rücksichtsloser alles ausmerzt, was nicht geeignet erscheint, qualifizierte Berufe ausüben zu können. In Wirklichkeit ist das vermeintliche Mitleid eine Verantwortungslosigkeit dem Kinde gegenüber, dem eine ihm gemäße Ausbildung und Erziehung verwehrt wird.

Das schulische Bild dieser Kinder ist rasch gekennzeichnet. Fast jede Klasse muss zweimal durchgemacht werden. und sehr oft erfolgt selbst dann die Versetzung in die nächsthöhere Klasse nur „altershalber". So ersitzt sich das Kind im Laufe seiner Schulzeit schließlich die 4. oder 5. Klasse, im Einzelfall unter Zuhilfenahme eines weiteren Schuljahres auch noch die 6. Klasse, ohne indessen hier irgendwie dem Unterrichte folgen zu können. Leistungsmäßig hat es seinen in der Volksschule möglichen Höchstpunkt schon längst erreicht, und es muss nun ohne wesentliche Förderungsaussichten das Ende seiner Schulzeit einfach abwarten. Das ist ein trauriges Los, denn es fehlt dem Kinde eine richtige, sinnvolle Arbeit und ein anspornender Erfolg.

Das wiederum führt zu einer schweren seelischen und charakterlichen Veränderung des Kindes. Es wird unweigerlich in die Schwererziehbarkeit abgedrängt. Kein Kind kann sich ohne ein gewisses Maß von Selbstbewusstsein, ohne Achtung vor sich selbst und ohne Anerkennung durch seine Umgebung normal entwickeln. Hier aber wird das natürliche und gesunde Geltungsbedürfnis in keiner Weise befriedigt. Das Kind ist um 3 oder 4 Jahre älter als seine Mitschüler. Es ist ihnen an Größe und Körperkraft überlegen, kann sich aber mit ihnen in den schulischen Leistungen in keiner Weise messen, und eines Tages wird ihm seine körperliche Überlegenheit und seine geistige Unterlegenheit bewußt. Dann versucht es, zur Befriedigung seines normalen Geltungsbedürfnisses entweder seine Körperkräfte rücksichtslos einzusetzen und entwickelt sich dabei zum Rowdy seiner Klasse, oder es beginnt, seine geistige Unterlegenheit zu verbergen und wird faul und nachlässig. Dabei ist diese Faulheit nicht ein Wesenszug des Kindes oder eine Auswirkung seiner Mutlosigkeit, sondern bildet nur eine Reaktion gegen das schwindende Ansehen in der Klasse. Es weiß, dass seine Hausaufgaben, auch wenn es sich noch so große Mühe gibt, von Fehlern und sachlichen Unrichtigkeiten wimmeln, und wenn es sie am nächsten Tag in der Schule vorzeigt, ist es vor der Klasse blamiert und wird vielleicht von seinen Mitschülern noch verlacht. Dem will es entgehen und tarnt sein Nichtkönnen mit Faulheit, sein Unvermögen mit Frechheit.

Das ganze Schulleben des Kindes wird zur Lüge. Es spielt bewusst den faulen, ungezogenen und frechen Schüler, nur um seine Leistungsmängel zu verbergen und sich zum „Helden" der Klasse aufzuspielen, der sich von dem Lehrer nichts sagen lässt. Sehr oft geschieht das blutenden Herzens, denn das Kind möchte wohl seine Hausaufgaben ordentlich und zur Freude des Lehrers erledigen Aber es bleibt ihm keine andere Wahl: getarnte Faulheit und Frechheit oder Eingestehen des Nichtkönnens. Jedes Kind aber wird in einer solchen Situation – sofern es nicht bereits der Apathie verfallen ist – den ersteren Weg wählen, verschafft er ihm doch ein allerdings etwas zweifelhaftes Ansehen bei den Mitschülern.

4) Diese Kinder bilden eine ernste Gefahr. Es muss deshalb alles getan werden, um die hilfsschulbedürftigen Kinder restlos zu erfassen.

War anfangs die Faulheit und Frechheit nur eine Tarnung, so übt sich doch das Kind im Laufe seiner letzten Schuljahre in diesen gewiss nicht lobenswerten Eigenschaften und bringt es darin oft zu erstaunlichen Fähigkeiten. Aus der Tarnung aber wird ein Wesenszug des Kindes. Es täuscht nicht mehr eine Faulheit vor, sondern ist jetzt tatsächlich faul. Es versucht nicht mehr, sich durch irgendwelche Angstlügen aus einer unangenehmen Situation herauszureden, sondern wird verlogen, frech und roh.

Mit diesen Eigenschaften verlässt es dann die Schule. Es konnte dort nicht zu ernster und treuer Arbeit und Pflichterfüllung erzogen werden, sondern hatte gelernt, der Arbeit aus dem Wege zu gehen und sich um die kleinen Anstrengungen der Schulzeit mit Erfolg zu drücken. Mit dieser Einstellung geht es nun in das Leben hinaus und scheitert dort schon nach wenigen Wochen, denn es fehlt ihm die Ausdauer, die Freude an dem Gelingen einer Arbeit und an der Überwindung kleiner Schwierigkeiten. Es ist nachlässig, oberflächlich und unzuverlässig geworden, hat kein Interesse an geregelter Arbeit und wird arbeitsscheu. Kommt dann noch das Verlangen nach Befriedigung kleiner und größerer Wünsche hinzu, ist der Weg zur Kriminalität geebnet.

Diese Jugendlichen bilden dann – wie die schon a.a.O. erwähnten Untersuchungen des Wohlfahrtsamtes in Hannover zeigen – eine erhebliche Belastung der öffentlichen Fürsorge, die hätte vermieden werden können, wenn sie als Schüler rechtzeitig in eine Hilfsschule gekommen wären. So aber sind sie das Opfer eines falsch verstandenen Mitleids geworden, das sie vor der angeblichen Schande der Hilfsschule bewahren wollte, sie nun aber in die wirkliche Schande der Arbeitsscheu, des Rowdytums und des Verbrechens hinabführte.

Sorgfältige Überprüfung aller schwachen Schüler und restlose Erfassung der hilfsschulbedürftigen ist notwendig. Die Städte haben einen Anspruch darauf, dass das geschieht, denn sie müssen sonst später die Kosten tragen. Es darf nicht vorkommen, dass Kinder aus den 4., 5. und 6. Klassen schulentlassen werden. In allen derartigen Fällen aber sollten de Schulräte Rechenschaft von den Volksschulen verlangen.

(Quelle: Zeitschr. für Heilpädagogik 6, 1955, S. 3-43)

Anhang 2:
Verband Deutscher Sonderschulen (1997): Sonderpädagogische Förderzentren Entwicklungen und Perspektiven

Beschlossen von der 38. Hauptversammlung 1997 in Leipzig

Der Verband Deutscher Sonderschulen – Fachverband für Behindertenpädagogik – setzt sich dafür ein, dass alle Kinder und Jugendlichen mit einem sonderpädagogischen Förderbedarf die ihrer individuellen und sozialen Persönlichkeitsentwicklung gemäße Hilfe und Förderung erhalten. Der Verband befindet sich in Übereinstimmung mit Grundpositionen der gesamtgesellschaftlichen Diskussion, die durch Begriffe wie Normalisierung, Partizipation und Dezentralisierung gekennzeichnet ist. Entsprechend besteht Einigkeit über die angemessene Förderung von benachteiligten, behinderten und von Behinderung bedrohten Kindern und Jugendlichen im Gemeinsamen Unterricht. Grundsätzliche Aussagen zur integrativen Praxis finden sich im Benachteiligungsverbot des Artikels 3 des Grundgesetzes, in der Schulgesetzgebung einzelner Länder, in der Rechtsprechung bis zum Bundesverfassungsgericht und nicht zuletzt in der UNESCO-Erklärung von Salamanca. Der Fachverband für Behindertenpädagogik fordert ausdrücklich eine weitgehende Umsetzung des Gemeinsamen Unterrichts für alle Kinder und Jugendlichen auf der Grundlage ihres individuellen Förderbedarfs. Die Allgemeine Schule muss so ausgestaltet werden, dass sie möglichst viele Kinder ihres Einzugsbereiches aufnehmen und fördern kann. Die Qualität sonderpädagogischer Förderung muss an allen Förderorten gleichermaßen gesichert werden.

Wege zur Veränderung

Nachdem die grundsätzlichen Zielsetzungen weitgehend geklärt sind, sucht der vds – Fachverband für Behindertenpädagogik – nach Wegen zu einer Veränderung des Systems der sonderpädagogischen Hilfen in einem zunehmend integrativen Schulwesen. Dabei dürfen bewährte sounerpädagogische Organisationsformen und Angebote nicht leichtfertig aufgegeben werden. Sie bilden Basis und Ausgangspunkte für die Entwicklung innovativer Analtze.

Aus der Sicht des Fachverbands für Behindertenpädagogik stellt das Sonderpädagogische Förderzentrum mit seinen beweglichen und offenen Angeboten innerhalb und außerhalb des Zentrums ein Organisationsmodell sonderpädagogischer Förderung dar, das ein umfassendes und wohnortnahes Angebot an spezifischen Hilfen im weitgehend gemeinsamen Unterricht gewährleisten kann. Dieses Konzept bezieht die besonderen Interessen aller Kinder und Jugendlichen ein und bietet Eltern Möglichkeiten der Wahl eines angemessenen Förderortes für ihre Kinder.

Ausdifferenzierung an unterschiedlichen Förderorten

Die vielerorts feststellbaren Veränderungen des Systems der sonderpädagogischen Hilfen sind von unterschiedlicher Ausrichtung. Die Übernahme zusätzlicher Aufgaben wie Sprachtherapie, zielgerichtete Zusammenarbeit zwischen Allgemeiner Schule und Sonderschule im Bereich von Diagnostik, Entwicklung von Förderplänen, Fördermaßnahmen und Beratung oder der Einsatz mobiler Dienste durch die Sonderschule stellen vor allem eine Ausweitung sonderpädagogischer Aufgabenfelder dar. Die gesellschafts- und bildungspolitische Zielsetzung einer intensiveren gemeinsamen pädagogischen Praxis in der Allgemeinen Schule erfordert einen Ausbau sonderpädagogischer Angebote in dieser Schule. Ein bedarfsangemessenes und schulbezogenes Kontingent an sonderpädagogischen Ressourcen in der Allgemeinen Schule kann einen wesentlichen Beitrag dazu leisten, notwendige Hilfen und Unterstützung rechtzeitig und umfassend zur Verfügung zu stellen. Schüler und Schülerinnen können in immer größerem Maße gemeinsam leben und lernen. Das Sonderpädagogische Förderzentrum ist die Einrichtung, von der diese Hilfen ausgehen und koordiniert werden, denn nur das Anknüpfen an gewachsenen Strukturen sichert eine verlässliche, kompetente sonderpädagogische Versorgung aller Kinder, die einen besonderen Förderbedarf haben.

Aufgaben des Sonderpädagogischen Förderzentrums

Aufgaben des Sonderpädagogischen Förderzentrums sind neben dem Unterricht für Schüler der eigenen Schule die Beratung und Unterstützung der Kinder, Jugendlichen und jungen Erwachsenen mit sonderpädagogischem Förderbedarf in Allgemeinen Schulen und die Unterstützung wichtiger Personen des Umfelds der jungen Menschen, vor allem der Lehrkräfte und der Eltern. Ein wesentlicher Teil der Unterstützung der Lehrerinnen und Lehrer an Allgemeinen Schulen besteht in deren Fortbildung im Hinblick auf methodisch-didaktische Veränderungen des Unterrichts mit behinderten und nichtbehinderten Kindern und Jugendlichen, z.B. durch ein ganzheitliches Angebot mit differenzierenden und individualisierenden Arbeitsformen. In prozessbegleitender Diagnostik, in der gemeinsamen Planung, Durchführung und Evaluation des gemeinsamen Unterrichts, in der Bereitstellung behinderungsspezifischer Medien, aber auch in der Gewährleistung notwendiger therapeutischer Angebote wird diese Unterstützung in der alltäglichen schulischen Arbeit realisiert. Das Sonderpädagogische Förderzentrum entwickelt sich in diesem Zusammenhang zu einem Anbieter sonderpädagogischer Kompetenz und sächlicher Hilfen für junge Menschen mit Behinderungen und für Kolleginnen und Kollegen aller Schulformen.

Von besonderer Bedeutung in Unterricht und Erziehung ist der Bereich der vorbeugenden Interventionen. Frühzeitige Unterstützung und Hilfen zielen darauf, weitergehende Auswirkungen einer Benachteiligung oder bestehenden Behinderung zu vermeiden oder zu begrenzen. Bei Kindern und Jugendlichen, die von einer Behinderung bedroht sind, wirken präventive Hilfen dem Entstehen einer Behinderung entgegen. Von daher hält der Fachverband für Behindertenpädagogik den frühzeitigen Einsatz sonderpädagogischer Kompetenz im Früh- und Elementarbereich und in der Grundschule für unverzichtbar. Der interdisziplinären Zusammenarbeit kommt in der frühen Förderung eine herausragende Bedeutung zu.

Schulische und soziale Integration kann nur gelingen, wenn die Spannung zwischen individuellen Verhaltenspotentialen und Handlungskompetenzen einerseits und Handlungsanforderungen der sozialen Umwelt andererseits verringert wird. Individuelle Kompetenz- und soziale Ressourcenförderung müssen stets zusammen gedacht werden. Soziale Eingliederung kann nicht dem einzelnen behinderten Menschen allein aufgelastet werden. Aufnahme und Einbeziehung durch die Personen des jeweiligen Umfelds sind nur möglich, wenn sich die sozialen Positionen und Handlungen der mit den behinderten Menschen zusammenlebenden Personen auch auf dessen soziale Bedürfnisse hin verändern. Die zur Verfügung zu stellenden personellen und sächlichen Ressourcen sind also unter dem Gesichtspunkt zu prüfen, ob sie dazu beitragen, Bewältigungsstrategien zu entfalten und ob sie es Menschen ermöglichen, neue und erweiterte Handlungskompetenzen zu erlangen. Die Förderung von Partizipation, von Wahl- und Entscheidungsmöglichkeiten und von Verantwortung behinderter junger Menschen sind wesentliche Kriterien für die Beurteilung der Arbeit in Förderzentren.

Zusammenarbeit

Die Zusammenarbeit des Sonderpädagogischen Förderzentrums mit der Allgemeinen Schule strebt eine enge inhaltlich-organisatorische Verbindung an.

Die Wahrnehmung der vielfältigen Aufgaben des Förderzentrums in Diagnostik, Unterricht, Erziehung, Therapie und Beratung sowie in der Begleitung in die Arbeitswelt bedingt eine intensive Zusammenarbeit mit anderen Einrichtungen und Diensten. Das Sonderpädagogische Förderzentrum übernimmt in einem Netzwerk verbundener Einrichtungen Aufgaben der Organisation und Koordination. Dies setzt das Vorhandensein unterschiedlicher fachspezifischer Kompetenzen voraus. Erhalt und Weiterentwicklung dieser Kompetenzen setzen sonderpädagogische Institutionen voraus, die den fachlichen Austausch gewährleisten.

Zukünftige Entwicklung

Der vds – Fachverband für Behindertenpädagogik – unterstützt alle Konzepte, die Erziehung und Unterricht für Kinder und Jugendliche mit sonderpädagogischem Förderbedarf in allgemeinbildenden und berufsbildenden Schulen ermöglichen.

Für die Einrichtung eines Sonderpädagogischen Förderzentrums kann kein einheitliches und verbindliches Modell vorgegeben werden, da lokale und regionale Gegebenheiten berücksichtigt werden müssen. Statt dessen sollen vielfältige offene und flexible Systeme sonderpädagogischer Förderung im Rahmen des Sonderpädagogischen Förderzentrums entwickelt und fortgeschrieben werden, in die sich Beteiligte vor Ort mit ihren Vorstellungen und Möglichkeiten einbringen können.

(Quelle: http://www.vds-bundesverband.de/verband/positionen01.html, 27.02.2003)

Anhang 3:
Empfehlungen zur sonderpädagogischen Förderung in den Schulen in der Bundesrepublik Deutschland

Beschluss der Kultusministerkonferenz vom 6. Mai 1994

I. Vorwort

Im Zuge des Zusammenwachsens der alten und der neuen Länder in der Bundesrepublik Deutschland gilt es, auch für die sonderpädagogische Förderung eine gemeinsame Orientierung für die künftige Entwicklung zu finden und den Veränderungen pädagogischen Arbeitens Rechnung zu tragen.

Für die Länder in der Bundesrepublik Deutschland hat die KMK mit ihrer „Empfehlung zur Ordnung des Sonderschulwesens" vom 16.03.1972 zur Verwirklichung des Rechts auf Bildung für behinderte Kinder beigetragen, der schulischen Bildung und Erziehung behinderter junger Menschen wesentliche Impulse verliehen und den Ausbau eines differenzierten Sonderschulwesens unterstützt.

Für die Deutsche Demokratische Republik wurde mit dem „Gesetz über das einheitliche sozialistische Bildungssystem" vom 25.02.1965 und mit der „Fünften Durchführungsbestimmung zum Gesetz über das einheitliche sozialistische Bildungssystem – Sonderschulwesen –" vom 23.03.1984 die Erziehung und Unterrichtung behinderter Kinder und Jugendlicher (mit Ausnahme eines Teils der Geistigbehinderten) geregelt.

Die hiermit vorgelegten Empfehlungen zur sonderpädagogischen Förderung in den Schulen in der Bundesrepublik Deutschland berücksichtigen zum einen die pädagogischen Folgen der gesellschaftlichen Umbrüche und die in den vergangenen Jahren veränderten Lebensbedingungen und Lernvoraussetzungen der Kinder und Jugendlichen; sie tragen zum anderen einem gewandelten pädagogischen Selbstverständnis Rechnung.

Die wachsende Vielfalt der Organisationsformen und der Vorgehensweisen in der pädagogischen Förderung, die Erfahrungen mit gemeinsamem Unterricht behinderter und nichtbehinderter Kinder, erziehungswissenschaftliche Denkanstöße und schulpolitische Schwerpunktsetzungen in den einzelnen Ländern lassen heute vielfältige Übereinstimmungen erkennen, sie sind Zeichen für eine eher personenbezogene, individualisierende und nicht mehr vorrangig institutionenbezogene Sichtweise sonderpädagogischer Förderung. In diesem Prozess ist neben den Begriff der Sonderschulbedürftigkeit in zunehmendem Maße der Begriff des Sonderpädagogischen Förderbedarfs getreten. Die Erfüllung Sonderpädagogischen Förderbedarfs ist nicht an Sonderschulen[1] gebunden; ihm kann auch in allgemeinen Schulen[2], zu denen auch berufliche Schulen zählen, vermehrt entsprochen werden.

Die Bildung behinderter junger Menschen ist verstärkt als gemeinsame Aufgabe für grundsätzlich alle Schulen anzustreben. Die Sonderpädagogik versteht sich dabei immer mehr als eine notwendige Ergänzung und Schwerpunktsetzung der allgemeinen Pädagogik.

Dieser Prozess ist vor allem gekennzeichnet durch

- die Erfahrungen sonderpädagogischer Förderung in Sonderschulen und in allgemeinen Schulen,
- ein verändertes Verständnis im Umgang mit behinderten Menschen,
- die Ausweitung der Früherkennung und Frühförderung,
- die Weiterentwicklung von pädagogischen Konzepten in Kindergärten, Kindertagesstätten und allgemeinen Schulen sowie von erweiterten Fördermöglichkeiten vor allem in der Grundschule,
- den Einsatz weiterentwickelter und neuer technischer Hilfen,
- die Verbesserung der förderdiagnostischen Möglichkeiten,
- eine Höherbewertung der wohnortnahen Schule für das Kind.

Die Empfehlungen haben zum Ziel, ausgehend vom heute erreichten Standard in der Behindertenförderung die Weiterentwicklung der

---

1 Für Sonderschulen gibt es unterschiedliche Bezeichnungen in den einzelnen Ländern.Allgemeine Schulen im Sinne dieser Empfehlungen sind in Bezug auf die Sonderschulen und Sonderpädagogischen Forderzentren alle übrigen Schulen.

2 Allgemeine Schulen im Sinne dieser Empfehlungen sind in Bezug auf die Sonderschulen und Sonderpädagogischen Förderzentren alle übrigen Schulen.

schulischen Förderung aller behinderten und von **Behinderung** bedrohten **Kinder** und **Jugendlichen** abzusichern und die **Bemühungen** um gemeinsame Erziehung und gemeinsamen Unterricht für **Behinderte** und Nichtbehinderte zu unterstützen. Es gilt, **Bewährtes** zu erhalten, Verbesserungen zu erreichen und Ziele zu beschreiben und zu verfolgen. Diese Bestrebungen stehen in Verbindung mit der Weiterentwicklung der allgemeinen Schule.

Bei allen geplanten Veränderungen ist darauf zu achten,

- dass die notwendige Qualität und der erforderliche Umfang der Fördermaßnahmen gesichert wird,
- dass die Flexibilität der Förderangebote in einem System gestufter und miteinander verbundener Hilfen gewährleistet ist,
- dass Kinder und Jugendliche mit Sonderpädagogischem Förderbedarf unabhängig von Ort und Form der Förderung möglichst gleiche Bildungschancen erhalten,
- dass Behinderte und Nichtbehinderte im gemeinsamen Unterricht ihren Bedürfnissen entsprechend gefördert und gefordert werden,
- dass die Zusammenarbeit aller an der Förderung des jeweiligen Kindes bzw. Jugendlichen beteiligten Personen und Institutionen gewährleistet ist.

II. Grundlegung sonderpädagogischer Förderung

1. Ziele und Aufgaben

Sonderpädagogische Förderung soll das Recht der behinderten und von Behinderung bedrohten Kinder und Jugendlichen auf eine ihren persönlichen Möglichkeiten entsprechende schulische Bildung und Erziehung verwirklichen. Sie unterstützt und begleitet diese Kinder und Jugendlichen durch individuelle Hilfen, um für diese ein möglichst hohes Maß an schulischer und beruflicher Eingliederung, gesellschaftlicher Teilhabe und selbständiger Lebensgestaltung zu erlangen.

Dabei ist es vordringliche Aufgabe,

- das Bedingungsgefüge einer Behinderung – ihre Ausgangspunkte und Entwicklungsdynamik – zu erkennen,

- die Bedeutung der jeweiligen Behinderung für den Bildungs- und Lebensweg des Kindes bzw. Jugendlichen einzuschätzen, um dann
- die pädagogischen Notwendigkeiten hinsichtlich Erziehung, Unterricht und Förderung so zu verwirklichen, dass die Betroffenen fähig werden, ein Leben mit einer Behinderung in sozialer Begegnung sinnerfüllt zu gestalten und – wann immer möglich – eine Minderung oder Kompensation der Behinderung und ihrer Auswirkungen zu erreichen.

Sonderpädagogische Förderung orientiert sich daher an der individuellen und sozialen Situation des behinderten oder von Behinderung bedrohten Kindes bzw. Jugendlichen und schließt die persönlichkeits- und entwicklungsorientierte Vorbereitung auf zukünftige Lebenssituationen ein:

- Es werden Möglichkeiten eröffnet, in denen soziale Beziehungen und Bindungen Behinderter untereinander und zwischen Behinderten und Nichtbehinderten entstehen und aufgebaut werden können.
- Es werden Lernsituationen geschaffen, die geeignet sind, das Selbstvertrauen und Selbstwertgefühl der Kinder und Jugendlichen unter Anerkennung individueller Leistungsmöglichkeiten und -grenzen zu stärken und ihre Handlungsmöglichkeiten auszuschöpfen und zu erweitern.
- Den Kindern und Jugendlichen werden Gelegenheiten gegeben, gemeinsam mit für sie wichtigen Partnern Lebens- und Zukunftsfragen aufzugreifen.

Sonderpädagogische Förderung schließt begleitende spezifische Hilfen ein mit dem Ziel, für den einzelnen bestehende Abhängigkeiten und Hemmnisse so weit wie möglich zu überwinden. Dies bedeutet:

- Bei der Gestaltung des Unterrichts werden – wenn pädagogisch erforderlich – Freiräume und Entscheidungskompetenzen der Lehrkräfte ausgeschöpft. Entsprechend individueller Fördernotwendigkeiten werden die Zielsetzungen und Bildungsinhalte der Lehrpläne verändert.
- Technische und behinderungsspezifische apparative Hilfen sowie Medien sollen bereitgestellt und individuell angepasst werden; ihr Gebrauch ist einzuüben; Kenntnisse über die Beschaffung der Hilfsmittel, über Einbau, Nutzung und Wartung sind zu vermitteln.

- Für eine fachgerechte Pflege, auch zur Vermeidung gesundheitlicher Risiken, ist Sorge zu tragen. Dabei kann Eingliederungshilfe anderer Maßnahmeträger notwendig werden.
- Baulich-räumliche Voraussetzungen für ein bedürfnis- und behinderungsgerechtes Leben und Lernen sollen gewährleistet werden.

2. Sonderpädagogischer Förderbedarf

Sonderpädagogischer Förderbedarf ist bei Kindern und Jugendlichen anzunehmen, die in ihren Bildungs-, Entwicklungs- und Lernmöglichkeiten so beeinträchtigt sind, daß sie im Unterricht der allgemeinen Schule ohne sonderpädagogische Unterstützung nicht hinreichend gefördert werden können. Dabei können auch therapeutische und soziale Hilfen weiterer außerschulischer Maßnahmeträger notwendig sein.

Sonderpädagogischer Förderbedarf ist immer auch in Abhängigkeit von den Aufgaben, den Anforderungen und den Fördermöglichkeiten der jeweiligen Schule zu definieren. Er hat Konsequenzen für die Erziehung und für die didaktisch-methodischen Entscheidungen und die Gestaltung der Lernsituationen im Unterricht. Er ist damit eine didaktisch-methodische Bedingung der Erziehung und Unterrichtung, die nur individuell bestimmt werden kann und die in jedem neuen Lernzusammenhang eigens bedacht werden muss. Sonderpädagogischer Förderbedarf lässt sich nicht allein von schulfachbezogenen Anforderungen her bestimmen; seine Klärung und Beschreibung müssen das Umfeld des Kindes bzw. Jugendlichen einschließlich der Schule und die persönlichen Fähigkeiten, Interessen und Zukunftserwartungen gleichermaßen berücksichtigen. Daher sind Voraussetzungen und Perspektiven der elementaren Bereiche der Entwicklung wie Motorik, Wahrnehmung, Kognition, Motivation, sprachliche Kommunikation, Interaktion, Emotionalität und Kreativität in eine Kind-Umfeld-Analyse einzubeziehen.

Da die Entwicklung dieser Bereiche sich in stetiger Wechselwirkung untereinander wie auch in Abhängigkeit von den äußeren Lebens- und Lernbedingungen vollzieht, sind Behinderungen oft gekoppelt mit Beeinträchtigungen in anderen Bereichen. Gleichwohl kann der Sonderpädagogische Förderbedarf beim einzelnen Kind bzw. Jugendlichen seine spezifische Ausformung in bestimmten Bereichen haben, wodurch die inhaltliche Ausrichtung der Förderung Schwerpunkte erhält:

- das Lern- und Leistungsverhalten, insbesondere das schulische Lernen, das Umgehen-Können mit Beeinträchtigungen beim Lernen
- die Sprache, das Sprechen, das kommunikative Handeln, das Umgehen-Können mit sprachlichen Beeinträchtigungen
- die emotionale und soziale Entwicklung, das Erleben und die Selbststeuerung, das Umgehen-Können mit Störungen in Erleben und Verhalten
- die geistige Entwicklung, das Umgehen-Können mit geistiger Behinderung
- die körperliche und motorische Entwicklung, das Umgehen-Können mit erheblichen Beeinträchtigungen im Bereich der Bewegung und mit körperlicher Behinderung
- das Hören, die auditive Wahrnehmung, das Umgehen-Können mit einer Hörschädigung
- das Sehen, die visuelle Wahrnehmung, das Umgehen-Können mit einer Sehschädigung
- die körperliche und seelische Verfassung, das Umgehen-Können mit einer lang andauernden Krankheit.

Mit der Beschreibung Sonderpädagogischen Förderbedarfs ist ein Verständnis von Behinderung verbunden, das die Bedeutung für den Bildungs- und Lebensweg der Betroffenen, die Folgen für die Aneignungsweisen, für das Lern- und Sozialverhalten, die Auswirkungen auf das psychische Gleichgewicht vor dem Hintergrund schulischer Anforderungen in den Vordergrund rückt. Das behinderte Kind und der behinderte Jugendliche dürfen dabei nicht nur unter dem Blickwinkel ihrer Behinderung gesehen werden; eine Behinderung stellt immer nur einen Aspekt der Gesamtpersönlichkeit des Kindes bzw. des Jugendlichen dar; Anknüpfungspunkte für die Förderung sind ihre jeweils bereits entwickelten Fähigkeiten.

Besondere Anforderungen stellen zunehmend Kinder und Jugendliche mit schweren Mehrfachbehinderungen.

3. Feststellung von Sonderpädagogischem Förderbedarf

Die Feststellung Sonderpädagogischen Förderbedarfs umfasst die Ermittlung des individuellen Förderbedarfs sowie die Entscheidung über den Bildungsgang und den Förderort. Sie findet statt in Verantwortung der Schulaufsicht, die entweder selbst über eine sonderpädagogische Kompetenz und ausreichende Erfahrungen in der schulischen Förderung Behinderter verfügt oder fachkundige Beratung hinzuzieht.

3.1 Ermittlung Sonderpädagogischen Förderbedarfs

Bei der Ermittlung Sonderpädagogischen Förderbedarfs sind die diagnostischen Fragestellungen auf ein qualitatives und ein quantitatives Profil der Fördermaßnahmen gerichtet, das Grundlage sein soll für die angestrebte Entscheidungsempfehlung. Es sind Art und Umfang, ggf. auch die Dauer des behinderungsbedingten und problembezogenen Förderbedarfs zu erheben; darüber hinaus sind die im konkreten Einzelfall gegebenen und organisierbaren Formen der Förderung in der Schule abzuklären, die das Kind bzw. der Jugendliche besucht oder besuchen soll.

Für die Ermittlung Sonderpädagogischen Förderbedarfs sind daher Informationen aus folgenden Bereichen wichtig:

- Erleben und Verhalten, Handlungskompetenzen und Aneignungsweisen
- Wahrnehmung und Wahrnehmungsverarbeitung Entwicklungs- und Leistungsstand
- soziale Einbindung
- Kommunikations- und Interaktionsfähigkeit
- individuelle Erziehungs- und Lebensumstände
- das schulische Umfeld und die Möglichkeiten seiner Veränderung
- das berufliche Umfeld und die erforderlichen Fördermöglichkeiten

Das Verfahren zur Feststellung Sonderpädagogischen Förderbedarfs kann von den Erziehungsberechtigten, den volljährigen Schülerinnen und Schülern selbst, der Schule und ggf. von anderen zuständigen Diensten beantragt werden und sollte die Kompetenzen der an der Förderung und Unterrichtung beteiligten bzw. zu beteiligenden Personen auf geeignete Weise einbeziehen. Die Erkenntnisse und Daten zum sonderpädagogischen Förderbedarf sollten interdisziplinär gewichtet und abgestimmt sowie unter Berücksichtigung der Stellungnahme der Erziehungsberechtigten zu einer Empfehlung zusammengefasst werden, die in eine Förderplanung einmündet.

3.2 Entscheidung über den Bildungsgang und den Förderort

Auf der Grundlage der Empfehlung unter Beteiligung der Erziehungsberechtigten sowie unter Beachtung der jeweils gegebenen bzw. bereitstellbaren Rahmenbedingungen entscheidet die Schulaufsicht, ob die Schülerin oder der Schüler in die allgemeine Schule aufgenommen wird, dort verbleibt, Unterricht und Förderung in einer Sonderschule oder in kooperativen Förderformen erhält. In diese Entscheidung kann auch die Inanspruchnahme von Einrichtungen mit ergänzenden Betreuungs- oder Ganztagsangeboten einbezogen werden. Dabei sind bei jeder einzelnen Entscheidung zu berücksichtigen:

- Art und Umfang des Förderbedarfs
- Stellungnahme der Erziehungsberechtigten, ggf. beratender Gremien
- Fördermöglichkeiten der allgemeinen Schule
- Verfügbarkeit des erforderlichen sonderpädagogischen Personals
- Verfügbarkeit technischer, apparativer Hilfsmittel sowie spezieller Lehr- und Lernmittel, ggf. baulich-räumlicher Voraussetzungen.

Vor diesem Hintergrund ist dann derjenige Lernort zu wählen, der auf bestmögliche Weise den Förderbedürfnissen des Kindes bzw. Jugendlichen, seiner Selbstfindung und Persönlichkeitsentwicklung gerecht werden und auf die gesellschaftliche Eingliederung sowie auf berufliche Anforderungen vorbereiten kann. Die Entscheidung über den individuellen Förderbedarf erfordert in geeigneten Abständen eine Überprüfung.

III. Realisierung sonderpädagogischer Förderung

1. Erziehung und Unterricht

Sonderpädagogisch orientierte Erziehung und Unterrichtsgestaltung beruhen auf einer den Lernprozess begleitenden Diagnostik und lassen sich von den übergeordneten Prinzipien Entwicklungsnähe, Ganzheitlichkeit, Kommunikations- und Handlungsorientierung leiten. Ziele, Methoden, Lernorganisation und Medien werden dem Förderbedarf entsprechend ausgewählt. Damit unterscheiden sich eine sonderpädagogisch ausgerichtete Erziehung und Unterrichtsgestaltung nicht prinzipiell von allgemeinpädagogischer Arbeit. Sonderpädagogik hat subsidiäre Aufgaben.

Wichtig ist, dass Lernzusammenhänge hergestellt werden, in denen sich die Schülerinnen und Schüler mit ihren Fähigkeiten und Neigungen, mit ihren Motiven, Fragen und Zielvorstellungen als handelnde Personen erleben und begegnen können. Ein offenes und anregungsreiches Lernumfeld soll es den Kindern und Jugendlichen ermöglichen, sich auch für die Übernahme bisher nicht vertrauter sozialer Rollen, für die eigenaktive Erprobung an neuen Aufgaben und für ein möglichst selbstverantwortliches Leben und Lernen zu entscheiden. Die Bildungsziele und -inhalte sollen auch die voraussichtlich zu erwartenden Anforderungen im späteren persönlichen und beruflichen Lebenszusammenhang einbeziehen.

2. Sonderpädagogische Förderschwerpunkte

Eine zentrale Aufgabe sonderpädagogischer Förderung besteht darin, behinderungsspezifische Förderschwerpunkte aus einem oder aus mehreren Entwicklungsbereichen mit erzieherischen und unterrichtlichen Aufgaben zu verknüpfen. Dies gilt vor allem bei den häufig anzutreffenden Verbindungen von Beeinträchtigungen im Lernen, in der Motorik, in der Sprache sowie in emotionalen und sozialen Entwicklungsbereichen, die eine individuelle und umfassende Förderung notwendig machen. Bei Kindern und Jugendlichen mit schweren Mehrfachbehinderungen sind verschiedene Förderschwerpunkte zur Sicherstellung einer basalen Förderung zu beachten.

Nachfolgend sind sonderpädagogische Förderschwerpunkte aufgeführt:

Förderschwerpunkte im Bereich des Lern- und Leistungsverhaltens, insbesondere des schulischen Lernens, des Umgehen-Könnens mit Beeinträchtigungen beim Lernen

Eine Förderung von Schülerinnen und Schülern mit Beeinträchtigungen im schulischen Lernen, in der Leistung sowie im Lernverhalten setzt die Bereitstellung von anregenden Erfahrungsräumen voraus. Sie schafft strukturierte Lernsituationen, in denen vor allem elementare

Bereiche der Lernentwicklung wie Motorik, Wahrnehmung, Kognition, sprachliche Kommunikation, Emotionalität und Interaktion beachtet werden. Diese müssen geeignet sein, Interesse zu wecken, individuelle Lernwege zu erschließen, Aneignungsweisen aufzubauen, um die Aufnahme, Verarbeitung und handelnde Durchdringung von Bildungsinhalten zu ermöglichen und über die Vermittlung von Lernerfolgen das Selbstvertrauen der Kinder und Jugendlichen zu stärken.

Förderschwerpunkte im Bereich der Sprache, des Sprechens, des kommunikativen Handelns, des Umgehen-Könnens mit sprachlichen Beeinträchtigungen

Zur Förderung von Schülerinnen und Schülern mit Sprachbeeinträchtigungen sind für das Sprachverstehen und die Sprachverwendung besonders ergiebige Sprachlernsituationen auszuwählen, methodenbewusst zu planen und aufzubereiten. Damit soll erreicht werden, dass die betroffenen Kinder und Jugendlichen über einen dialoggerichteten Gebrauch Sprache auf- und ausbauen, sprachliches Handeln in Bewährungssituationen bewältigen und sich als kommunikationsfähig erleben können.

Die Komplexität der Entstehungsbedingungen von Sprach- und Kommunikationsstörungen samt ihrer Verbindungen und Rückwirkungen auf das Lernen und das Erleben erfordern einen mehrdimensional angelegten sonderpädagogisch gestalteten Unterricht. Hierbei ist kommunikatives Handeln in natürlichen Situationen besonders wertvoll.

Die spezifischen Maßnahmen müssen frühzeitig einsetzen zur Sicherung einer erfolgreichen Mitwirkung des Kindes an der im wesentlichen sprachlich vermittelten schulischen Bildungsarbeit und Kulturaneignung; in diesem Zusammenhang ist auch auf voraussehbare und anzugehende Schwierigkeiten beim Schriftspracherwerb zu achten.

Förderschwerpunkte im Bereich der emotionalen und sozialen Entwicklung, des Erlebens und der Selbststeuerung, des Umgehen-Könnens mit Störungen des Erlebens und Verhaltens

Eine Förderung von Schülerinnen und Schülern mit Beeinträchtigungen im Bereich der emotionalen und sozialen Entwicklung sowie des

Erlebens und des Verhaltens zielt auf Erziehungshilfe und strebt bei einem hohen Maß an Verständnis, besonderer persönlicher Zuwendung und pädagogisch-psychologischer Unterstützung einen Aufbau von Grundverhaltensweisen an. Hilfen zur Orientierung im sozialen Umfeld und zur Selbststeuerung dienen auch der Verarbeitung von belastenden Lebenseindrücken und sollen so zu einer individuell und sozial befriedigenden Lebensführung beitragen. Wenn verschiedene Dienste beteiligt sind, ist eine Koordinierung der Maßnahmen erforderlich.

Bei allen Bemühungen sind Wege zu suchen, bei den Betroffenen Lernbereitschaft anzuregen, Leistungsfähigkeit zu entwickeln und sie gleichzeitig aufzuschließen für die Lerninhalte der Schule. Musische, sportliche und technische Unterrichtsangebote, Projekte und gruppenpädagogische Verfahren eignen sich in besonderer Weise für die Förderung dieser Schülerinnen und Schüler und sollten daher den entsprechenden Stellenwert im Rahmen der schulischen Arbeit erhalten.

Förderschwerpunkte im Bereich der geistigen Entwicklung, des Umgehen-Könnens mit geistiger Behinderung

Eine Förderung von Schülerinnen und Schülern mit geistiger Behinderung beinhaltet eine alle Entwicklungsbereiche umfassende Erziehung und Unterrichtung mit lebenspraktischem Bezug. Um ein Leben in größtmöglicher Selbständigkeit und in Würde führen zu können, sind lebensbegleitende Förderung und spezielle Lern- und Strukturierungshilfen für eine aktive Lebensbewältigung in sozialer Integration erforderlich.

Die Förderung umfasst Maßnahmen zur kognitiven, sprachlichen, senso- und psychomotorischen, emotionalen und sozialen Entwicklung. Für Schülerinnen und Schüler mit geistiger Behinderung soll über den Vormittagsunterricht hinaus ein Nachmittagsangebot vorbehalten werden.

Förderschwerpunkte im Bereich der körperlichen und motorischen Entwicklung, des Umgehen-Könnens mit erheblichen Beeinträchtigungen im Bereich der Bewegung und mit körperlicher Behinderung

Eine Förderung von Schülerinnen und Schülern mit Beeinträchtigungen der motorischen und körperlichen Entwicklung richtet sich auf

Hilfen zur Ausweitung der Wahrnehmungs- und Erlebnisfähigkeit, zur Erweiterung eigener Handlungsmöglichkeiten, zur Nutzung von spezifischen Hilfsmitteln, zum möglichst selbständigen Bewältigen alltäglicher Verrichtungen. Psychomotorische Maßnahmen sind in die alltägliche Unterrichtsarbeit einzubeziehen. Wichtig ist der Aufbau sozialer Beziehungen, die Hinführung zu einer realistischen Selbsteinschätzung der eigenen Leistungsmöglichkeiten und die Akzeptanz der eigenen, oft bleibenden Behinderung.

Förderschwerpunkte im Bereich des Hörens, der auditiven Wahrnehmung und des Umgehen-Könnens mit einer Hörschädigung

Eine Förderung von Schülerinnen und Schülern mit Hörschädigungen soll zur Begegnung mit der Welt der Hörenden befähigen. Sie führt – soweit möglich – zu einer verständlichen Lautsprache unter Einbeziehung der Schulung des Resthörvermögens. Für die Identitätsfindung Hörgeschädigter bezieht die Schule gebärdensprachliche Kommunikationsformen ein.

Besondere Förderschwerpunkte sind der systematische Sprachaufbau, Artikulationsunterricht, Absehschulung, die Förderung der optischen Orientierung und des Vibrationssinnes, Hörtraining sowie die optimale Nutzung von technischen Hörhilfen. Die Bildungsinhalte sind immer auf die besondere psychische Situation von Kindern und Jugendlichen mit Hörschädigungen, auf ihren großen Informationsbedarf und auf ihre Kommunikationsbehinderung abzustimmen; der Schriftsprache kommt bei der Bildungsarbeit ein hoher Stellenwert zu.

Förderschwerpunkte im Bereich des Sehens, der visuellen Wahrnehmung, des Umgehen-Könnens mit einer Sehschädigung

Eine Förderung von Schülerinnen und Schülern mit Sehschädigungen richtet sich auf die Erschließung der Umwelt, auf die Entwicklung von Orientierungsstrategien und Verhaltensweisen zur Bewältigung der Anforderungen des Alltags in bekannter und unbekannter Umgebung. Förderung der Mobilität und Unterricht zum Erwerb lebenspraktischer Fertigkeiten sind erforderlich. Entscheidende Bedeutung für die Informationsaufnahme kommt der Aktivierung des Restsehvermögens sowie der Ausbildung der taktil-kinästhetischen und auditiven Wahrnehmung und der Sprache zu; zudem sind alle geeigneten technischen

Hilfsmittel zur Kompensation der Behinderung und zum Umgang mit ihr auszunutzen. Die Schülerinnen und Schüler erhalten vor allem durch Rhythmik, Sport und Tanz Sicherheit in der Bewegung, eine gute Körperbeherrschung und Körperhaltung. Auch das bildnerische Gestalten mit spezifischen Materialien und der Musik haben für Sehgeschädigte hohen Bildungswert.

Förderschwerpunkte bei lang andauernder Erkrankung und beim Umgehen-Können mit einer lang andauernden Erkrankung

Eine Förderung von Schülerinnen und Schülern, die aufgrund einer Erkrankung für längere Zeit oder in regelmäßigen Abständen im Krankenhaus untergebracht sind oder zuhause bleiben müssen, kann im Einzel- oder Gruppenunterricht erfolgen, der auch zum Schulabschluss führen kann.

Die sonderpädagogische Aufgabe besteht darin, der sich aus einer längeren Erkrankung und Abwesenheit von der Schule ergebenden Belastung für das seelische Gleichgewicht, einer Gefährdung der Schullaufbahn und einer möglichen Isolierung der Betroffenen pädagogisch entgegenzuwirken. Über leistbare Anforderungen, Erfolgserlebnisse und persönliche Zuwendung sollen Selbstvertrauen, Lern- und Lebensfreude und Genesung gestärkt und gestützt werden.

3. Formen und Orte sonderpädagogischer Förderung

Die schulische Förderung von Kindern und Jugendlichen mit Sonderpädagogischem Förderbedarf bezieht alle Schulstufen und Schularten ein; sie hat in den vergangenen Jahren zu einer Vielfalt von Förderformen und Förderorten geführt. Es entwickeln sich Formen der gemeinsamen Erziehung und Unterrichtung von Kindern und Jugendlichen mit und ohne Behinderungen an unterschiedlichen Lernorten. Vorbeugende Maßnahmen erfahren zunehmend eine höhere Bewertung.

3.1 Sonderpädagogische Förderung durch vorbeugende Maßnahmen

Je früher vorbeugende Maßnahmen einsetzen, desto größer ist ihre Wirksamkeit. Vorbeugende Maßnahmen (Prävention) zielen darauf, weitergehende Auswirkungen einer bestehenden Behinderung zu vermeiden. Bei Kindern und Jugendlichen, die von einer Behinderung bedroht sind, wirken vorbeugende Hilfen dem Entstehen einer Behinderung entgegen. Der interdisziplinären Zusammenarbeit in der Frühförderung kommt eine herausragende Bedeutung zu.

Vorbeugende sonderpädagogische Maßnahmen in der Schule können neben der Förderung der Kinder und Jugendlichen auch die gemeinsame Beratung der Sonderschullehrkräfte mit Lehrkräften der anderen Schulen, mit den betroffenen Eltern sowie besondere Förderung einer Schülerin bzw. eines Schülers umfassen. Je nach Notwendigkeit im Einzelfall gehört auch die Zusammenarbeit mit bestimmten Institutionen, Fachleuten und Beratungsdiensten dazu.

3.2 Sonderpädagogische Förderung im gemeinsamen Unterricht

Kinder und Jugendliche mit Sonderpädagogischem Förderbedarf können allgemeine Schulen besuchen, wenn dort die notwendige sonderpädagogische und auch sächliche Unterstützung sowie die räumlichen Voraussetzungen gewährleistet sind; die Förderung aller Schülerinnen und Schüler muss sichergestellt sein.

Zu den notwendigen Voraussetzungen gehören neben den äußeren Rahmenbedingungen sonderpädagogisch qualifizierte Lehrkräfte, individualisierende Formen der Planung, Durchführung und Kontrolle der Unterrichtsprozesse und eine abgestimmte Zusammenarbeit der beteiligten Lehr- und Fachkräfte. Dabei ist eine inhaltliche, methodische und organisatorische Einbeziehung pädagogischer Maßnahmen, auch individueller Unterrichtsziele und -inhalte, in die Unterrichtsvorhaben für die gesamte Schulklasse vorzunehmen. Sonderpädagogische Förderung findet dabei im und, wenn notwendig, auch neben dem Klassenunterricht statt.

3.3 Sonderpädagogische Förderung in Sonderschulen

Kinder und Jugendliche mit Sonderpädagogischem Förderbedarf, deren Förderung in einer allgemeinen Schule nicht ausreichend gewährleistet werden kann, werden in Sonderschulen, Sonderberufsschulen und Berufsschulen mit sonderpädagogischen Förderschwerpunkten sowie vergleichbaren Einrichtungen unterrichtet.

Die Sonderschulen haben dafür Sorge zu tragen, eine auf die individuelle Problemlage und Behinderung von Schülerinnen und Schülern ausgerichtete Erziehung und Unterrichtung anzubieten; sie müssen in die Lage versetzt werden, die erforderlichen technischen Medien sowie spezielle Lehr- und Lernmittel bereitzustellen. Es können auch therapeutische, pflegerische und soziale Hilfen anderer außerschulischer Maßnahmeträger einbezogen werden. Sonderschulen unterscheiden sich nach der Art ihrer sonderpädagogischen Förderschwerpunkte und nach ihrem Angebot an Bildungsgängen. Sie unterstützen bei ihren Schülerinnen und Schülern alle Entwicklungen, die zu einem möglichen Wechsel in eine allgemeine Schule und in die Ausbildung führen können.

Mehrfachbehinderte Schülerinnen und Schüler besuchen die Sonderschule, in der sie am besten gefördert werden können.

3.4 Sonderpädagogische Förderung in kooperativen Formen

Viele Sonderschulen und allgemeine Schulen sind dabei, eine enge pädagogische Zusammenarbeit aufzubauen. Kooperative Formen der Förderung und Unterrichtung erschließen allen Beteiligten Möglichkeiten zur wechselseitigen Annäherung und zur Erfahrung von mehr Selbstverständlichkeit im Umgang miteinander. Kooperative Formen können den Unterricht und das Schulleben bereichern. Die Durchlässigkeit der Schularten und ihrer Bildungsgänge, die Erhöhung gemeinsamer Unterrichtsanteile und der Wechsel von Schülerinnen und Schülern aus den Sonderschulen in allgemeine Schulen werden hierdurch begünstigt. Die räumliche Zusammenführung von Klassen der Sonderschulen mit Klassen der allgemeinen Schulen kann geeignete Rahmenbedingungen für die angestrebte Kooperation schaffen.

3.5 Sonderpädagogische Förderung im Rahmen von Sonderpädagogischen Förderzentren

Die Angebotsvielfalt sonderpädagogischer Förderung führt immer häufiger zur Herausbildung Sonderpädagogischer Förderzentren. Es lassen sich dabei verschiedene Richtungen ausmachen, die einer fachlichen und organisatorischen Weiterentwicklung der sonderpädagogischen Förderung Rechnung tragen. Dabei sollen Sonderpädagogische Förderzentren als regionale oder überregionale Einrichtungen einzelnen oder mehreren Förderschwerpunkten entsprechen und sonderpädagogische Förderung in präventiven, integrativen, stationären und kooperativen Formen möglichst wohnortnah und fachgerecht sicherstellen.

3.6 Sonderpädagogische Förderung im berufsbildenden Bereich und beim Übergang in die Arbeitswelt

Jungen Menschen mit Sonderpädagogischem Förderbedarf sind Wege zu einer qualifizierten Berufsbildung in einem anerkannten Ausbildungsberuf oder, wo dies nicht durchführbar erscheint, in einem für Behinderte vorgesehenen Ausbildungsberuf zu öffnen, um damit die Voraussetzungen für eine dauerhafte Eingliederung in die Arbeitswelt zu schaffen. Soweit dies nicht durchführbar ist, muß eine an die individuellen Möglichkeiten und Fähigkeiten des Jugendlichen angepasste Vorbereitung auf eine Berufstätigkeit mit selbständiger Lebensführung oder auf eine Beschäftigung in der Werkstatt für Behinderte angeboten werden.

Aufgabe der sonderpädagogischen Förderung im berufsbildenden Bereich ist es auch, Voraussetzungen für erfolgreiches berufliches Lernen zu schaffen, Berufswahlvorbereitungen und Berufsvorbereitung zu unterstützen.

Um die bestmögliche berufliche Eingliederung zu erreichen, bedarf es der vertrauensvollen Zusammenarbeit der beruflichen Schulen mit den Jugendlichen und jungen Erwachsenen sowie den Rehabilitationspartnern, den Kammern, der Arbeitsverwaltung, den Fachdiensten, den Erziehungsberechtigten und den Ausbildern.

Der Unterricht ist grundsätzlich von Lehrkräften zu erteilen, die die Befähigung zum Lehramt an beruflichen Schulen besitzen; diese sollten durch entsprechende Aus- oder Fortbildung eine sonderpädagogische Qualifikation erworben haben. Bestimmte sonderpädagogische Aufgaben sind von Sonderschullehrkräften wahrzunehmen.

Für den berufsbildenden Bereich gelten im Übrigen die sonstigen Inhalte dieser Empfehlungen entsprechend.

4. Zusammenarbeit

Bei Kindern und Jugendlichen mit Sonderpädagogischem Förderbedarf ist eine intensive und vertrauensvolle Zusammenarbeit zwischen Erziehungsberechtigten und Schule erforderlich. Die Lehrkräfte erhalten für ihre Arbeit, z.B. aus den Gesprächen mit Erziehungsberechtigten, Hinweise über Erleben und Verhalten des Kindes oder Jugendlichen außerhalb der Schule. Sie informieren ihrerseits die Erziehungsberechtigten über wichtige Beobachtungen und die Entwicklung des Kindes oder Jugendlichen und beraten sich gemeinsam mit ihnen über Möglichkeiten und Grenzen der Förderangebote und -maßnahmen. Mitunter ist es nötig, Erziehungsberechtigte für spezifische Fördermöglichkeiten ihres Kindes zu gewinnen. Aussprachen dienen dazu, die beiderseitigen Bemühungen aufeinander abzustimmen und auftretende alltägliche Schwierigkeiten gemeinsam zu bewältigen. Solche Gespräche können sowohl zuhause als auch in der Schule stattfinden.

Die gemeinsame Verantwortung der Schulen für die schulische Bildung und Förderung von Kindern und Jugendlichen mit Sonderpädagogischem Förderbedarf macht eine verbindliche und qualifizierte Zusammenarbeit der Lehrkräfte unverzichtbar. Die Zusammenarbeit der Lehrerinnen und Lehrer und weiterer Fachkräfte verlangt ein gemeinsames Grundverständnis der Aufgaben und eine klare Zuordnung von Kompetenz- und Verantwortungsbereichen für jeden Beteiligten in Unterricht und Schulleben.

Sonderpädagogische Förderung in der Schule bedarf einer Ergänzung durch Maßnahmen unterschiedlicher Dienste und Leistungsträger. Daher müssen Schulen mit den Gesundheits-, Sozial- und Jugendämtern, den schulpsychologischen, schul- und fachärztlichen Diensten, Einrichtungen der Frühförderung, weiteren Fachleuten und Institutionen, Arbeitsämtern, Kammern, Betrieben und Erziehungsberatungsstellen im Interesse einer abgestimmten ganzheitlichen Förderung zusammenarbeiten. In dieser Hinsicht besteht ein deutlicher Regelungsbedarf. Es sind Verbindungen zwischen verschiedenen Fach- und Dienstleistungsbereichen sowie Maßnahmeträgern herzustellen, unterschiedliche Förder- und Hilfeleistungen zu koordinieren, damit verfügbare Ressourcen und Kompetenzen effektiv eingesetzt und genutzt werden können.

Dies kann unterstützt werden durch die Bildung von Patenschaften zwischen Schulen, zwischen Schulen und Betrieben sowie mit anderen Institutionen, z.b. durch Inanspruchnahme von Bildungs-, Kultur- und Freizeitangeboten.

5. Besondere Regelungen für den Schulbesuch

Für Schülerinnen und Schüler, die für eine angemessene Schulbildung und zur Erfüllung ihres Sonderpädagogischen Förderbedarfs einer längeren Zeit bedürfen, als es die Schulpflichtbestimmungen vorsehen, ist die Schulbesuchszeit entsprechend zu verlängern. Einem von den Schülerinnen und Schülern oder deren Erziehungsberechtigten gestellten Antrag auf Verlängerung der Schulbesuchszeit soll stattgegeben werden, wenn zu erwarten ist, dass das angestrebte Bildungsziel bei einer Verlängerung erreicht werden kann.

Für die Dauer der Bearbeitung mündlicher, schriftlicher und praktischer Aufgaben zum Leistungstand kann für die einzelne Schülerin bzw. den einzelnen Schüler entsprechend der Beeinträchtigung die allgemein vorgesehene Zeit verlängert werden. Außerdem können andere Unterstützungsformen erforderlich werden, um Nachteile aus Art und Schwere einer Behinderung auszugleichen.

Aus den Zeugnissen von Schülerinnen und Schülern mit Sonderpädagogischem Förderbedarf in allgemeinbildenden Schulen muss hervorgehen, nach welchen Lehrplänen diese unterrichtet wurden.

IV. Einsatz und Qualifikation des Personals in der sonderpädagogischen Förderung

Sonderpädagogische Förderung geschieht in vielfältigen Aufgabenfeldern und Handlungsformen. Sie erfordert den Einsatz unterschiedlicher Berufsgruppen mit entsprechenden Fachkompetenzen. Das Personal muss befähigt sein, die Aufgaben in Unterricht und Erziehung, in Sonderschulen und allgemeinen Schulen, in besonderen behinderungsspezifischen Fördermaßnahmen und im Bereich der Versorgung und Pflege unter Berücksichtigung der individuellen Bildungsmöglichkeiten behinderter Kinder und Jugendlicher in einem abgestimmten pädagogischen Gesamtkonzept kompetent wahrzunehmen. Über die Mitarbeit von wissenschaftlich ausgebildeten Lehrkräften und anderem pädagogisch ausgebildetem Personal hinaus ist auch der Einsatz von medizinisch-therapeutischen Fachkräften und Mitarbeitern im Bereich der Versorgung und Pflege erforderlich.

Die Ausbildung des Personals muss Breite und Struktur des jeweiligen Tätigkeitsfeldes und dessen Anforderungen an die einzelne Person berücksichtigen. Sie vermittelt nicht nur die Grundkompetenz für die eigene Aufgabe, sondern auch einen Überblick über den Gesamtbereich der Erziehung und Unterrichtung von Kindern und Jugendlichen mit Sonderpädagogischem Förderbedarf. Aufgabenbezogene und sonderpädagogische Zusatzausbildungen müssen absolviert werden können. Sonderpädagogische Förderangebote werden maßgeblich in der Praxis und an der Praxis ausgestaltet. Die Anwendung und Erprobung wissenschaftlicher und fachlicher Mittel und Wege im praktischen Zusammenhang sind deshalb auch in allen Phasen der Ausbildung unverzichtbare Elemente.

Kennzeichnend für das sonderpädagogische Handeln sind Veränderungen der Schülerschaft und ihres Umfeldes, der Aufgaben sonderpädagogischer Förderung sowie Weiterentwicklungen im Bereich der wissenschaftlichen Erkenntnisse und der praktischen Handlungsmodelle. Zur Sicherung der Qualität der sonderpädagogischen Förderung und des zeitgemäßen Standes in der Kompetenz des Personals ist eine regelmäßige fachliche Fortbildung unabdingbar. In den Fortbildungsangeboten ist jeweils auch der Kooperations- und Abstimmungsbedarf zu berücksichtigen, der sich durch die fachliche Arbeitsteilung ergibt. Unterschiedliche individuelle Voraussetzungen der Schülerinnen und Schüler und die häufig notwendige Abstimmung individueller Fördermaßnahmen mit Instanzen im Umfeld der Schule machen es erforderlich, dass sich die Schule auch im Bereich der Fortbildung für die Zusammenarbeit mit anderen Fachkräften öffnet.

V. Schlussbestimmung

Die „Empfehlung zur Ordnung des Sonderschulwesens" (Beschluss der Kultusministerkonferenz vom 16.03.1972) wird aufgehoben mit Ausnahme des Abschnittes 2. „Richtlinien für die einzelnen Sonderschulen", soweit die hierin getroffenen Aussagen den neuen Empfehlungen nicht widersprechen.

(Quelle: zitiert nach der Fassung in der Zeitschr. f. Heilpädagogik 45, 1994, S.484-494)

Literatur

Anstötz, C. (1986) Der „gute" Lehrer für Geistigbehinderte. Ein Beitrag zur Berufsethik des Sonderpädagogen. Zeitschr. f. Heilpädagogik 37, S,593-601

Antor, G. (1976) ,Labeling approach' und Behindertenpädagogik. Zeitschr. f. Heilpädagogik 27, S.89-107

Antor, G. (1988) Behindertes Leben und Lebensqualität – Offene Fragen zum Schwangerschaftsabbruch aus Sicht der Sonderpädagogik. In: Wocken, H., Antor, G., Hinz, A. (Hg.): Integrationsklassen in Hamburger Grundschulen. Bilanz eines Schulversuchs. Hamburg [http://www.bidok.ubik.ac.at/texte/28lebensqualität.html]

Antor, G., Bleidick, U. (1995) Recht auf Leben – Recht auf Bildung. Heidelberg

Arbeitsgruppe Bielefelder Soziologen (Hg.) (1978) Alltagswissen, Interaktion und gesellschaftliche Wirklichkeit. Bd. 1. Reinbek

Balgo, R. (2002) Sonderpädagogik im historischen und aktuellen Kontext. In: Werning, R. et al.: Sonderpädagogik. Lernen, Verhalten, Sprache, Bewegung und Wahrnehmung. München, S.15-128

Balint, J.A., Shelton, W.N. (2002) Understanding the dynamics of the patient-physician relationship: Balancing the fiducary and stewardship roles of physicians. The Amer. J. of Psychoanalysis 62, S.337-346

Barnes, M., Berke, J. (1973) Mary Barnes. Meine Reise durch den Wahnsinn. München

Bateson, G. (1982) Geist und Natur. Frankfurt a.M.

Beck, C. (1996) Zur Geschichte von Eugenik und Euthanasie unter besonderer Berücksichtigung der behinderten Menschen. In: Zwierlein, E. (Hg.): Handbuch Integration und Ausgrenzung. Neuwied, S.81-93

Beck, U. (1986) Risikogesellschaft. Auf dem Weg in eine andere Moderne. Frankfurt a.M.

Becker, H.S. (1963) Outsiders: Studies in the Sociology of Deviance. Glencoe/Ill.

Begemann, E. (1970) Die Erziehung der sozio-kulturell benachteiligten Schüler. Hannover

Benkmann, R. (1997) Förderung kooperativen Lernens unter Schulkindern mit und ohne Lernschwierigkeiten. In: Heimlich, U. (Hg.): Zwischen Aussonderung und Integration: schülerorientierte Förderung bei Lern- und Verhaltensschwierigkeiten. Neuwied, S.87-101

Benkmann, R. (1998) Entwicklungspädagogik und Kooperation. Sozial-konstruktivistische Perspektiven der Förderung von Kindern mit gravierenden Lernschwierigkeiten in der allgemeinen Schule. Weinheim

221

Benkmann, R. (2001) Sonderpädagogische Professionalität im Wandel unter besonderer Berücksichtigung des Förderschwerpunkts Lernen. Zeitschr. f. Heilpädagogik 52, S.90-98

Blanke, T., Sterzel, D. (1991) Menschenwürde und Tests: Voraussetzungen und Grenzen ihrer rechtlichen Zulässigkeit. In: Grubitzsch, S.: Testtheorie – Testpraxis. Reinbek, S.325-372

Bleidick, U., Rath, W., Schuck, D. (1995) Die Empfehlungen der Kultusministerkonferenz zur sonderpädagogischen Förderung in den Schulen der Bundesrepublik Deutschland. Zeitschr. f. Pädagogik 41, S.247-264

Bleidick, U. (1998) Der Verband und die Bildungspolitik 1948 bis 1998. In: Möckel, A. (Hg.): Erfolg – Niedergang – Neuanfang. 100 Jahre Verband Deutscher Sonderschulen – Fachverband für Behindertenpädagogik. München, S.96-163

Blumer, H. (1978) Der methodologische Standort des Symbolischen Interaktionismus. In: Arbeitsgruppe Bielefelder Soziologen (Hg.): Alltagswissen, Interaktion und gesellschaftliche Wirklichkeit. Bd.1. Reinbek, S.80-146

Boban, I. (1996) „Voll peacy!?!" – Integration aus der Sicht der SchülerInnen. [http://www.bidok.uibk.ac.at/texte/boban-peacy.html]

Brockhaus-Enzyklopädie (1989) Bd. 10. 19. Aufl. Mannheim, S.552

Bröse, B. (1998) Die DDR – ein deutsches Land ohne den Verband Deutscher Sonderschulen. In: Möckel, A. (Hg.): Erfolg – Niedergang – Neuanfang. 100 Jahre Verband Deutscher Sonderschulen – Fachverband für Behindertenpädagogik. München, S.208-219

Buchanan, A., Brock, D.W., Daniels, N., Wikler, D. (2000) From chance to choice. Genes and social justice. New York

Bundesministerium für Bildung und Forschung (2001) Grund- und Strukturdaten 2000/2001. Bonn

Bundesministerium für Bildung, Wissenschaft, Forschung und Technologie (1996) Grund- und Strukturdaten 1996/97. Bonn

Bundschuh, K. (1997) Integration als immer noch ungelöstes Problem bei Kindern mit speziellem Förderbedarf. Zeitschr. f. Heilpädagogik 48, S.310-315

Cattell, R.B., Weiß, R.H. (1971) Grundintelligenztest Skala 3 (CFT 3). Göttingen

Cattell, R.B., Weiß, R.H., Osterland, J. (1997) Grundintelligenztest Skala 1 (CFT 1). 5. Auflage. Braunschweig.

Combe, A., Helsper, W. (1996) Einleitung. Pädagogische Professionalität. Historische Hypotheken und aktuelle Entwicklungstendenzen. In: Combe, A., Helsper, W. (Hg.): Pädagogische Professionalität. Frankfurt a.M., S.9-48.

van der Daele, W. (2002) Zeugung auf Probe. In: „Die Zeit" vom 02.10.02, S.34

Darwin, C. (1971[1871]) Die Abstammung des Menschen und die geschlechtliche Zuchtwahl. Stuttgart

Denkschrift zu dem Ausbau des heilpädagogischen Sonderschulwesens (1955) Zeitschr. f. Heilpädagogik 6, S.3-43

Diederich, J. (1979) Studienhilfe: Differenzierung im Unterricht. Westermanns Pädagogische Beiträge 31/1, S.20-25

222

Diederich, J. (1988) Didaktisches Denken. Weinheim

Diederich, J., Tenorth, H.E. (1997) Theorie der Schule. Ein Studienbuch zu Geschichte, Funktionen und Gestaltung. Berlin

Dumke, D. (1993) Integrativer Unterricht: eine neue Lehrmethode? In: Dumke, D. (Hg.): Integrativer Unterricht. Gemeinsames Lernen von Behinderten und Nichtbehinderten. Weinheim, S.33-56

Eberwein, F. (1996) Sozialpsychologische Untersuchungen zur Stigmatisierung und Diskriminierung sowie zum Selbstkonzept sogenannter Lernbehinderter. In: Eberwein, H. (Hg.): Handbuch Lernen und Lern-Behinderungen. Weinheim, S. 192-211

Eberwein, H. (Hg.) (1988) Behinderte und Nichtbehinderte lernen gemeinsam. Handbuch der Integrationspädagogik. Weinheim

Edwards, D. (1997) Discourse and Cognition. London

Edwards, S.D. (1997) Dismantling the Disability/Handicap Distinction. J. of. Med. Philos. 22, S.589-606

Ellger-Rüttgardt, S. (1998) Der Verband der Hilfsschulen Deutschlands auf dem Weg von der Weimarer Republik in das „Dritte Reich". In: Möckel, A. (Hg.): Erfolg – Niedergang – Neuanfang. 100 Jahre Verband Deutscher Sonderschulen – Fachverband für Behindertenpädagogik. München, S.50-95

Feuser, G. (1999) Integration – eine Frage der Didaktik einer Allgemeinen Pädagogik. In: Behinderte in Familie Schule und Gesellschaft, 22/1 [http://www.bidok.ac.at/texte/beh1-99-frage.html]

Foucault, M. (1977) Wahnsinn und Gesellschaft. Frankfurt a.M.

Gage, N.L./Berliner, D.C. (1996) Pädagogische Psychologie. Weinheim. 5. Auflage

Gewalt, D. (1974) Sonderpädagogische Anthropologie und Luther. Lutherjahrbuch 41, S.103-132

Goffman, E. (1967) Stigma. Über Techniken der Bewältigung beschädigter Identität. Frankfurt a.M.

Goffman, E. (1973) Asyle. Über die soziale Situation psychiatrischer Patienten und anderer Insassen. Frankfurt a.M.

Grubitzsch, S. (1991) Testtheorie – Testpraxis. Reinbek

Guthke, J. (1972) Zur Diagnostik der intellektuellen Lernfähigkeit. Berlin

Guthke, J. (1978) Ist Intelligenz messbar? Berlin

Haeberlin, U. (1996) Heilpädagogik als wertgeleitete Wissenschaft. Ein propädeutisches Einführungsbuch in Grundfragen einer Pädagogik für Benachteiligte und Ausgegrenzte. Bern

Hansen, G. (2001) „Behinderte sind doch in erster Linie Menschen, und deshalb ..." – Theoretische Argumente gegen die sukzessive Nivellierung sonder- und heilpädagogischen Spezialwissens. Sonderpädagogik 31, S.25-33

Heimlich, U. (1999) Der heilpädagogische Blick – Sonderpädagogische Professionalisierung auf dem Weg zur Integration. In: Heimlich, U. (Hg.): Sonderpädagogische Fördersysteme. Auf dem Weg zur Integration. Stuttgart, S.163-182

Heimlich, U. (2002) Integrationspädagogik als demokratische Pädagogik – der Beitrag des Projektlernens zu einer Schule für alle. [http://www.klinkhardt. de/heimlich.html]

Helsper, W. (1995) Pädagogisches Handeln in den Antinomien der Moderne. In: Krüger, H.H., Helsper, W. (Hg.): Einführung in Grundbegriffe und Grundfragen der Erziehungswissenschaft. Opladen, S.15-34

Hildeschmidt, A., Sander, A. (1996) Zur Effizienz der Beschulung sogenannter Lernbehinderter in Sonderschulen. In: Eberwein, H. (Hg.): Handbuch Lernen und Lern-Behinderungen. Weinheim, S. 115-134

Hiller, G.G. (1991) Von normierter Einfalt zu normaler Vielfalt. Zeitschr. f. Pädagogik 37, S.225-245

Hofmann, C. (1998) Förderdiagnostik und Versagen – situationsdiagnostische Anmerkungen. Zeitschr. f. Heilpädagogik 49, S.4-13

Homfeldt, H.G. (1973) Ist die Sonderschule für Lernbehinderte eine totale Institution? Die Deutsche Schule 65, S.769-782

Homfeldt, H.G. (1996) Die Schule für Lernbehinderte unter labelingtheoretischen Aspekten – Konsequenzen für schulisches Lernen. In: Eberwein, H. (Hg.): Handbuch Lernen und Lern-Behinderungen. Weinheim, S. 176-191

Humphreys, A., Müller, K. (1996) Norm und Normabweichung. In: Zwierlein, E. (Hg.): Handbuch Integration und Ausgrenzung. Neuwied, S. 56-70

Jank, W., Meyer, H. (1991) Didaktische Modelle. Frankfurt a.M.

Jantzen, W. (2001): Über die soziale Konstruktion von Verhaltensstörungen. Das Beispiel „Aufmerksamkeitsdefizitsyndrom" (ADS). Zeitschr. f. Heilpädagogik 52, S.222-231

Jung, H.A. (1997) Mit Erstwörtern lesen und schreiben lernen – Förderung bei Lernschwierigkeiten im Schriftspracherwerb. In: Heimlich, U. (Hg.): Zwischen Aussonderung und Integration: schülerorientierte Förderung bei Lern- und Verhaltensschwierigkeiten. Neuwied, S.160-173

Katzenbach, D., Rauer, W., Schuck, K.D., Wudtke, H. (1999) Die Integrative Grundschule im sozialen Brennpunkt. Ergebnisse empirischer Längsschnittuntersuchungen des Hamburger Schulversuchs. Zeitschr. f. Pädagogik 45, S. 567-590

Keupp (1992) Normalität und psychische Störungen. In: Asanger, R., Wenninger, G. (Hg.): Handwörterbuch Psychologie. 4. Auflage. Weinheim, S.494-504

Klafki, W. (1970) Der konsequenteste Schulversuch in der Bundesrepublik: Die integrierte Gesamtschule. In: Klafki, W., Rückriem, G.M., Wolf, W., Freudenstein, R., Beckmann, H.-K., Lingelbach, K.-C., Iben, G., Diederich, J.: Erziehungswissenschaft 1 (Funk-Kolleg Erziehungswissenschaft). Frankfurt a.M., S.194-214

Klee, E. (1974) Behinderten-Report. Frankfurt a.M.

Kleiter, E.E., Probst, H. (Hg.) (1994) Lernwege-Abbildung. Weinheim

KMK (Ständige Konferenz der Kultusminister der Länder in der BRD) (1994) Empfehlungen zur sonderpädagogischen Förderung in den Schulen in der Bundesrepublik Deutschland. Zeitschr. f. Heilpädagogik 45, S.484-494

Kobi, E.E. (1998) Integrale Denkaufstöße zum Thema Integration. Zeitschr. f. Heilpädagogik 49, S.374-375

Kornmann, R. (1983) Diagnose von Lernbehinderungen. Weinheim

Kornmann, R. (1985) Förderdiagnostik – Ein Bärendienst für Schüler und Lehrer? Zeitschr. f. Heilpädagogik 36, S.843-850

Kornmann, R., Bungard, P., Eichling, H.M. (1999) Zur Überrepräsentation von ausländischen Kindern und Jugendlichen in Schulen für Lernbehinderte. Revision älterer und Mitteilung neuerer Ergebnisse. Zeitschr. f. Heilpädagogik 50, S.106-109

Kubiak, C., Moog, W. (1995) Kinder mit sonderpädagogischem Förderbedarf – Ein Vergleich des Ein- und Umschulungsverfahrens zwischen den alten Bundesländern. Zeitschr. f. Heilpädagogik 46, S.16-23

Langfeldt, H.P., Ricken, G. (1996) Diagnose der Diagnostik bei Lernbehinderten. In: Eberwein, H. (Hg.): Handbuch Lernen und Lern-Behinderungen. Weinheim, S. 95-114

Lehmann, R.H., Gänsfuß, R., Peek, R. (1999) Aspekte der Lernausgangslage und der Lernentwicklung von Schülerinnen und Schülern an Hamburger Schulen – Klassenstufe 7. Berlin

Lenzen, D. (1999) Erziehung zu sozialer Integration in einem Europa der Minoritäten. Zeitschr. f. Erziehungswissenschaft 2, S.179-194

Leitlinien zur pädagogischen Förderung Behinderter (1998[1979]). In: Möckel, A. (Hg.): Erfolg – Niedergang – Neuanfang. 100 Jahre Verband Deutscher Sonderschulen – Fachverband für Behindertenpädagogik. München, S.343-347

Levi-Strauss, C. (1994[1952]) Rasse und Geschichte. In: Clausen, D. (Hg.): Was heißt Rassismus? Darmstadt, S.141-181

Lindmeier, C. (2000) Heilpädagogische Professionalität. Sonderpädagogik 30, S.166-180

Luhmann, N., Schorr, K.-E. (1979) Reflexionsprobleme im Erziehungssystem. Stuttgart 1979

Lutz-Bachmann, M. (2002) Ethische Bewertung der Stammzellenforschung. Welchen Status hat der Embryo? Forschung Frankfurt H.3/02, S.36-39

Lyotard, J.F. (1987) Der Widerstreit. München.

Mand, J. (1996) Lernbehinderung als soziale Benachteiligung. In: Eberwein, H. (Hg.): Handbuch Lernen und Lern-Behinderungen. Weinheim, S.165-175

Mand, J. (2002) Sonderschule oder Gemeinsamer Unterricht? Zum Einfluss von Gutachtervariablen auf Schullaufbahnentscheidungen für schulschwache oder auffällige Kinder und Jugendliche. Zeitschr. f. Heilpädagogik 53, S.8-13

Möckel, A. (Hg.) (1998a) Erfolg – Niedergang – Neuanfang. 100 Jahre Verband Deutscher Sonderschulen – Fachverband für Behindertenpädagogik. München

Möckel (1998b) Die Vorgeschichte des Verbandes. In: Möckel, A. (Hg.): Erfolg – Niedergang – Neuanfang. 100 Jahre Verband Deutscher Sonderschulen – Fachverband für Behindertenpädagogik. München, S.8-19

Müller, S. (2002) Individualisierung und Gemeinsamkeit am Beispiel einer Unterrichtsreihe im Gemeinsamen Unterricht. Zeitschr. f. Heilpädagogik 53, S.75-79

Mutzeck, W. (Hg.) (1998) Förderdiagnostik bei Lern- und Verhaltensstörungen. Konzepte und Methoden. Weinheim

Neuweg, G.H. (1999) Könnerschaft und implizites Wissen. Münster

Nußbeck, S. (2001) Zum so genannten Paradigmenwechsel in der sonderpädagogischen Diagnostik. Sonderpädagogik 31, S.46-52

Oevermann, U. (1996) Theoretische Skizze einer revidierten Theorie professionalisierten Handelns. In: Combe, A., Helsper, W. (Hg.): Pädagogische Professionalität. Frankfurt a.M., S.70-182

Oevermann, U., Allert, T., Konau, E., Krambeck, J. (1979) Die Methodologie einer „objektiven Hermeneutik" und ihre allgemeine forschungslogische Bedeutung in den Sozialwissenschaften. In: Soeffner, H.G. (Hg.): Interpretative Verfahren in den Sozial- und Textwissenschaften. Stuttgart, S.352-434

Petermann, F. (Hg.) (1977) Methodische Grundlagen Klinischer Psychologie. Weinheim

Piaget, J. (1975[1959]) Das Erwachen der Intelligenz beim Kinde. Gesammelte Werke 1. Stuttgart

Preuss-Lausitz, U. (1988) Zum Stand der Integrationsforschung. In: Eberwein, H. (Hg.): Behinderte und Nichtbehinderte lernen gemeinsam. Handbuch der Integrationspädagogik. Weinheim, S.241-247

Preuss-Lausitz, U. (1999) Integrationsnetzwerke – Zukunftsperspektiven eines Bildungs- und Erziehungssystems ohne Selektion. In: Heimlich, U. (Hg.): Sonderpädagogische Fördersysteme. Auf dem Weg zur Integration. Stuttgart, S.33-44

Preuss-Lausitz, U. (2001) Qualitätsmerkmale, Leistungsmessung und Evaluation der pädagogischen Arbeit im Gemeinsamen Unterricht und in der Sonderschule. Zeitschr. f. Heilpädagogik 52, S.46-50

Rheinberg, F., Bromme, R., Minsel, B., Winteler, A., Weidemann, B. (2001) Die Erziehenden und Lehrenden. In: Krapp, A., Weidemann, B. (Hg.): Pädagogische Psychologie. Ein Lehrbuch. 4. Aufl. Weinheim, S.271-355

Röber-Siekmeyer, C., Spiekermann, H. (2000) Die Ignorierung der Linguistik in der Theorie und Praxis des Schriftspracherwerbs. Zeitschr. f. Pädagogik 46, S.753-771

Roeder, P.M. (1999) Gelingende Integration? Anmerkungen zur Studie von D. Katzenbach u.a. über den Hamburger Schulversuch „Integrative Grundschule" in ZfPäd 45 (1999), S.567-590. Zeitschr. f. Pädagogik 45, S.941-946

Roth, N. (1996) Behindertenhilfe. In: Kreft, D., Mielenz, I. (Hg.): Wörterbuch Soziale Arbeit. 4. Auflage. Weinheim, S.97-102

Sacher, W. (2001) Leistungen entwickeln, überprüfen und beurteilen. Bad Heilbrunn

Sack, F. (1978) Probleme der Kriminalsoziologie. In: König, R. (Hg.): Handbuch der empirischen Sozialforschung. Bd.12. Wahlverhalten, Vorurteile, Kriminalität. 2. Aufl. Stuttgart, S.192-492

Sander, A. (1998) Kind-Umfeld-Analyse: Diagnose von Schülern und Schülerinnen mit besonderem Förderbedarf. In: Mutzeck, W. (Hg.): Förderdiagnostik bei Lern- und Verhaltensstörungen. Konzepte und Methoden. Weinheim, S.6-24

Sassenroth, M. (2002) Verhältnis der Sonderpädagogik zur Allgemeinen Pädagogik. In: Werning, R. et al.: Sonderpädagogik. Lernen, Verhalten, Sprache, Bewegung und Wahrnehmung. München, S.1-14

Schäfer, D. (2002) Zum Wohl des Kindes? Präimplantationsdiagnostik im Spannungsfeld zwischen Medizin und Ethik. Forschung Frankfurt H.3/02, S.40-45

Schlee, J. (1985) Helfen verworrene Konzepte dem Denken und Handeln in der Sonderpädagogik? Eine Auseinandersetzung mit der Förderdiagnostik. Zeitschr. f. Heilpädagogik 36, S.860-891

Schlüter, M. (1998) Pränatale Diagnostik und ihre Auswirkungen auf Behinderung im gesellschaftlichen Kontext. Zeitschr. f. Heilpädagogik 49, S.114-116

Schur, E. (1980) The politics of deviance. Stigma contests and the uses of power. Englewood Cliffs

Singer, P. (1984) Praktische Ethik. Stuttgart

Spiewak, M., Viciano, A. (2002) Wunschkind. In: „Die Zeit" vom 25.04.02, S.27-28

Stahlmann, M. (2001) „Ganzheitlichkeit" als Illusion. Zur Aktualität eines problematischen Modebegriffs in der Sonderpädagogik. Zeitschr. f. Heilpädagogik 52, S.239-244

Stengel-Rutkowski, S. (2002) Vom Defekt zur Vielfalt. Ein Beitrag der Humangenetik zu gesellschaftlichen Wandlungsprozessen. Zeitschr. f. Heilpädagogik 53, S.46-55

Stichweh, R. (1996) Professionen in einer funktional differenzierten Gesellschaft. In: Combe, A., Helsper, W. (Hg.): Pädagogische Professionalität. Frankfurt a.M., S.49-69

Strotmann, M., Tietig, E. (2002) Gemeinsamer Unterricht zwischen Anspruch und Wirklichkeit – Eine Analyse der Bedingungen von Umschulungen körperbehinderter Kinder in die Schule für Körperbehinderte anhand von Fallbeispielen. Zeitschr. f. Heilpädagogik 53, S.69-74

Strupp, H.H. (1976) The nature of the therapeutic influence and its basic ingredients. In: Burton, A. (Hg.): What makes behavior change possible? New York, S.96-112

Tenorth, H.E. (1994) „Alle alles zu lehren": Möglichkeiten und Perspektiven allgemeiner Bildung. Darmstadt

Tent, L., Witt, M., Zschoche-Lieberum, C., Bürger, W. (1991) Über die pädagogische Wirksamkeit der Schule für Lernbehinderte. Zeitschr. f. Heilpädagogik 42, S.289-320

Terhart, E. (1989). Lehr-Lern-Methoden. Weinheim

Tewes, U., Rossmann, P., Schallberger, U. (Hg.): (1999) Hamburg-Wechsler-Intelligenztest für Kinder III (HAWIK-III) Bern

UNESCO (1994) The Salamanca statement and framework for action on special needs education. Salamanca [Internet-Version]

Valtin, R. (1996) Zur Entstehung von Lern-Behinderungen durch falsche Lehr-/Lernkonzepte beim Schriftsprachenerwerb. In: Eberwein, H. (Hg.) Handbuch Lernen und Lern-Behinderungen. Weinheim, S. 369-387

Verband Deutscher Sonderschulen (1997): Sonderpädagogische Förderzentren Entwicklungen und Perspektiven [http://www.vds-bundesverband.de/verband/positionen01.html]

Vernooij, M.A. (2000) Sonderschule zwischen Bildungsauftrag und Rassenhygiene. Sonderpädagogik 30, S.102-110

Wagner, H.J. (1998) Eine Theorie pädagogischer Professionalität. Weinheim

Walter, P. (1998) Gutachten als Kommunikationsprozess – Explorative Untersuchungen sonderpädagogischer Gutachtenpraxis. In: Grubitzsch, S. (Hg.): Psychodiagnostik. Aktuelle Beiträge zur Theorie und Praxis. Pfaffenweiler 1998, S.80-96

Walter, P. (2002) Renaissance des Unbewussten? Zeitschr. f. Pädagogik 48, S.571-590

Weinert, F.E. (1998) Die Vermittlung von Schlüsselqualifikationen. In: Matalik, S., Schade, D. (Hg.): Entwicklung in Aus- und Weiterbildung. Baden-Baden, S.23-43

Weiß, R.H. (1997) Grundintelligenztest Skala 2 (CFT 20). 4. Auflage. Göttingen

Wember, F. B. (2001) Adaptiver Unterricht. Sonderpädagogik 31, S.161-181

Werning, R., Urban, M., Sassenhausen, B. (2001) Kooperation zwischen Grundschullehrern und Sonderpädagogen im Gemeinsamen Unterricht. Auswertung einer Gruppendiskussion mit Sonderpädagogen. Zeitschr. f. Heilpädagogik 52, S.178-186

WHO (1980) International Classification of Impairments, Disabilities, and Handicaps. Genf

Wigger, L. (1990) Die praktische Irrelevanz pädagogischer Ethik. Einige Reflexionen über Grenzen, Defizite und Paradoxien pädagogischer Ethik und Moral. Zeitschr. f. Pädagogik 36, S.309-330

Wittmann, B. (1997) Konsequenzen der KMK-Empfehlungen vom 6. Mai 1994 für die sonderpädagogische Förderpraxis. In: Heimlich, U. (Hg.): Zwischen Aussonderung und Integration: schülerorientierte Förderung bei Lern- und Verhaltensschwierigkeiten. Neuwied, S.26-47

Wocken, H. (1983) Am Rande der Normalität. Untersuchungen zum Selbst- und Gesellschaftsbild von Sonderschülern. Heidelberg

Wolff, G. (1996) Genetische Beratung und pränatale Diagnostik – Entwicklung und aktuelle Probleme. In: Zwierlein, E. (Hg.): Handbuch Integration und Ausgrenzung. Neuwied, S.94-113

Notizen

Notizen

Notizen

Notizen

Notizen

Notizen

Notizen

Notizen